SPUREN DER WEHMUT

Reinhard Heydenreuter

Spuren der Wehmut

Kaiserin Elisabeths Reisen durch das alte Europa

Unter Mitarbeit von Karin Amtmann

Verlag Friedrich Pustet
Regensburg

Umschlagmotiv: Elisabeth, Kaiserin von Österreich.
Gemälde von Franz Xaver Winterhalter, 1864.
Wien, Kunsthistorisches Museum (Foto: AKG Berlin/Erich Lessing)

Die Deutsche Bibliothek – CIP-Einheitsaufnahme

Heydenreuter, Reinhard:
Spuren der Wehmut : Kaiserin Elisabeths Reisen durch das alte Europa / Reinhard Heydenreuter. Unter Mitarb. von Karin Amtmann. – Regensburg : Pustet, 1998
ISBN 3-7917-1623-9

ISBN 3-7917-1623-9

Umschlaggestaltung: Martin Veicht. form fünf, Regensburg
Gesamtherstellung: Friedrich Pustet, Regensburg
Printed in Germany 1998

Inhalt

ANHANG

Einleitung

Alle Biographien der Kaiserin Elisabeth von Österreich widmen den Reisen der Kaiserin und ihren Aufenthalten außerhalb Wiens besondere Aufmerksamkeit. Fast alle Biographien kommen dabei zu der Schlußfolgerung, Elisabeth sei eine kranke, unzufriedene und getriebene Person gewesen, die aus einer inneren Unruhe und Unzufriedenheit heraus wie ein „fliegender Holländer" die Welt durchstreift habe. Sie hätte dabei ihre Pflichten als Kaiserin, Ehefrau und Mutter vernachlässigt. Manche Autoren meinen, Elisabeths Verhalten sei nur verständlich, wenn man ihre Lebensgeschichte als Krankengeschichte sehe. Vielfach werden Parallelen zu König Ludwig II. von Bayern, dem stammverwandten Wittelsbacher gezogen.

Diese negative Beurteilung von Elisabeths Reisetätigkeit und Aufenthalten außerhalb Wiens findet sich auch schon im 19. Jahrhundert im Bereich der antiösterreichischen und antimonarchischen „Sensationspresse", deren Kommentare bis heute in den biographischen Darstellungen Eingang finden. Selbst die beiden zuverlässigsten Biographien Elisabeths von Egon Graf Corti (1. Auflage 1934) und Brigitte Hamann (1. Auflage 1981), die sich um eine objektive Würdigung der Person Elisabeths bemühten, vermitteln den Eindruck, daß Elisabeths Lebensführung und Reisetätigkeit besonders in den letzten Jahren nach dem Tode ihres Sohnes Rudolf „krankhafte Züge" angenommen habe und „nicht normal" gewesen sei. Neben den Pressekommentaren sind es vor allem die Berichte und Tagebücher ihrer oft überforderten Reisebegleiterinnen und ihrer Töchter Gisela und Marie Valerie sowie die immer besorgten Briefe des Kaisers, aus denen für Corti und Hamann die krankhafte Mobilität und Fluchtbereitschaft der „ruhelosen" Kaiserin sichtbar werden.

Der nun 100 Jahre zurückliegende Tod der Kaiserin bietet Gelegenheit, diese Legende von der „rastlosen" und „ziellosen", kranken, einsamen und unglücklichen Kaiserin auf ihren Wahrheitsgehalt hin zu überprüfen. Dabei stellt sich Erstaunliches heraus: Elisabeth war, was ihre Reisen und Aufenthalte außerhalb Wiens betraf, weder unglücklich noch ziellos noch maßlos. Im Gegenteil. Das Problem bestand nur darin, daß Elisabeth auch in diesem Punkt Maßstäbe setzte, die für ihre Zeit so ungewöhnlich waren, daß man den Tadel der Zeitgenossen verstehen kann. Heute indes ist es an der Zeit, das Leben Elisabeths in einen größeren geistesgeschichtlichen und europäischen Zusammenhang zu stellen. Die von Elisabeth beschworenen „Zukunftsseelen" sollten in der Lage sein, ihr nicht gering zu schätzendes „europäisches Vermächtnis" zu würdigen, ein Vermächtnis, das sich weniger aus ihren Aussagen, als vielmehr aus ihrem gesamten Leben und nicht zuletzt aus der Auswahl ihrer Aufenthaltsorte und Reiseziele erschließen läßt. Eine gerechte gesamtheitliche Würdigung ihres Lebens wird ergeben, daß es um vieles intensiver, aussagekräftiger, beispielhafter und moderner war, als es das traditionelle Elisabeth-Bild vermuten läßt.

Was sind die Ursachen des bisher so verzerrten Bildes von Elisabeths Reisen? Zunächst ist festzuhalten, daß wir die Aussagen von Zeitgenossen, insbesondere die empörten und erstaunten Aussagen aus ihrer Umgebung, ungeprüft übernommen haben. Eine Monarchin, die intensiv wanderte, intensiv besichtigte, intensiv Sport trieb und intensiv Sprachen lernte, war für ihre Umgebung zur damaligen Zeit eine Zumutung. Sowohl als Frau als auch als Monarchin durchbrach sie insoweit alle Regeln. Eine Frau, die Genuß dabei empfand, anstrengende und waghalsige Bergtouren zu machen oder bei Sturm auf dem Meer zu kreuzen, die beim Reiten, Fechten und Schwimmen die Grenzen ihrer Leistungsfähigkeit auslotete, mußte im 19. Jahrhundert schlechte Zensuren erhalten und erhielt sie auch. Selbst die Elisabeth nahestehenden Personen, ihre Begleiterinnen, Vorleser und Vorleserinnen, ihre Töchter und auch ihr Mann brachten in ihren Tagebüchern, in ihren Erinnerungen oder in ihren Briefen diese Vorbehalte deutlich zum Ausdruck. Reiht man alle diese Äußerungen aneinander, ergibt sich schnell das Bild der „seltsamen Frau". Heute wissen wir, daß diese von Elisabeth betonte „Freiheit der Bewegung" nicht als Absonderlichkeit abgetan werden darf; sie gehört vielmehr in den großen Problemkreis der Frauenemanzipation. Die Forschung weiß heute, daß die Emanzipation der Frau nicht so sehr durch vermehrte Bildungschancen und politische Mitbestimmung als vielmehr durch die Erweiterung der Bewegungsmöglichkeiten vorangetrieben wurde. Reisen und Sport sind daher nicht Selbstzweck, sondern sie sind Teil eines Befreiungsprogrammes, oder, wie Elisabeth öfters entschuldigend gegenüber ihrem Manne meinte, Teil eines „inneren Gesetzes", einer Mission, die sie zu erfüllen hatte.

Ganz falsch ist auch, wenn man meint, durch eine Aufzählung der vielen Reiseziele und Aufenthaltsorte Elisabeths, den Beweis für die Planlosigkeit und Unruhe in ihrem Leben führen zu können. Zunächst muß festgehalten werden, daß Elisabeth keineswegs so häufig auswärts von Wien oder Ungarn weilte, wie man meinen möchte. Was das Herumreisen betrifft, wurde sie von vielen regierenden Monarchen ihrer Zeit übertroffen. Besonders aber, wenn man die Zeit addiert, die viele Monarchen des 19. Jahrhunderts – besonders auch österreichischen Erzherzöge – auf der Jagd verbrachten, dann sind beispielsweise Elisabeths Reitvergnügen eher bescheiden zu nennen. Auch Elisabeths Kreuzfahrten, die sich ja meistens aufs Mittelmeer beschränkten, sind keineswegs ausgreifend, wenn man sie mit den Reisezielen anderer Mitglieder des kaiserlichen Hauses vergleicht. Hingewiesen sei nur auf die zahllosen Reisen, u. a. nach Brasilien, die etwa Ferdinand Maximilian, der Bruder Franz Josephs, allein in der Zeit zwischen 1860 und 1863 unternommen hatte.

Das Reisen, und das wird auch bei Elisabeth oft übersehen, ist in der 2. Hälfte des 19. Jahrhunderts angesichts der verbesserten Verkehrswege nicht nur zu einer Selbstverständlichkeit geworden, sondern wurde auch als Ausdruck eines völlig neuen Lebensgefühls empfunden. Der gewaltige Umbruch in allen Bereichen, der durch die Erfindung der Dampfmaschine und durch den Ausbau des Eisenbahnnetzes in Europa ausgelöst wurde, ist für uns heute kaum vorstellbar. Kern dieses neuen Lebensgefühls ist eine gesteigerte Neugierde, ein Forschungs- und Bildungsbedürfnis und ein fast unbegrenztes Bedürfnis nach Bewegung. Ohne dieses neue Lebensgefühl ist die schnelle Entwicklung des Fremdenverkehrs und des Hotelwesens nicht denkbar.

Elisabeth wird zu einem Symbol dieses neuen Lebensgefühls, dieses neuen europäischen Zeitalters des Reisens und der zunehmenden Internationalisierung des Lebens. Elisabeth entwickelt dabei ihre eigene „Reiseideologie", ihre eigene Kultur des Reisens, die sich in fünf Punkten zusammenfassen läßt:

1. Für Elisabeth bedeutet Reisen *Erkenntnis.* Nach ihrer Meinung erkennt sich der Mensch vor allem im Reisen, in der Bewegung und ganz konkret im Wandern. Dabei sieht sie etwa im Waldspaziergang ein wirksames Mittel, um zu sich selbst zu kommen.

2. Für Elisabeth bedeutet Reisen *Befreiung.* Das Meer und das Hochgebirge sind für sie die beiden extremen Pole, um die dem Menschen gesetzten Grenzen der Freiheit auszuloten. In einem Sturm auf hoher See und auf den Gipfeln der Berge empfindet sie als „Möwe" diesen unstillbaren menschlichen Urtrieb nach Freiheit am stärksten.

3. Für Elisabeth ist Reisen *ein politischer Prozeß.* Reisen macht neugierig auf andere Menschen und Nationen. Im Reisen vergißt man die falschen Heimatgefühle, man wird zum republikanischen Weltbürger. Nicht zufällig wurde für Elisabeth am Ende des Lebens die Schweiz zu einem Land, wo sie sich geborgen fühlte.

4. Für Elisabeth bedeutet Reisen *körperliche Gesundung.* Ein Großteil von Elisabeths Aufenthalten außerhalb Wiens dienten der Wiederherstellung oder Verbesserung ihrer angegriffenen Gesundheit. Mit großer Konsequenz besuchte sie Heilbäder und konsultierte Ärzte.

5. Für Elisabeth bedeutet Reisen *Bildung* – und zwar im europäischen Maßstab. Elisabeth trat ihrer Umwelt nicht passiv genießend, sondern mit einer gestalterischen Neugierde gegenüber. Sie beschrieb und dichtete, sie erforschte ihre Um-

welt, sie erwanderte Geschichte und die Menschen und sie lernte die Sprachen der Länder, die sie liebte. Sie wurde in Budapest zur Ungarin und in Korfu zur Griechin, und in Heidelberg konnte sie sich in die Geschichte des Mittelalters und in die Burschenherrlichkeit versenken.

Wir müssen uns fragen, warum in Europa das Andenken an Elisabeth um vieles lebendiger ist als das an ihren Mann? Liegt es wirklich nur an der Schönheit und am merkwürdigen Leben dieser „seltsamen Frau"? Ist es nicht bezeichnend, wenn fast alle Denkmäler, die nach ihrem Tod in ganz Europa errichtet wurden, eine nachdenkliche Kaiserin mit einem Buch zeigen? Hat man nicht doch unbewußt in Elisabeth das Gewissen eines besseren und schöneren Europas gesehen? Hat diese Europäerin, die sie zweifellos war, nicht den Untergang des alten Europas erahnt und befürchtet, hat sie nicht zielsicher die Schönheiten und die Kultur Europas gesucht und hat sie nicht gespürt, daß sie in diesem schönen Europa eine zu früh geborene „Zukunftsseele" war? Schließlich wäre zu fragen, ob Elisabeth nicht durch ihre so verpönten „unpolitischen" Reisen für Österreich und Europa mehr getan hat als jene ewig fleißigen Bürokraten und Monarchen wie Franz Joseph, die sich am Schreibtisch abmühten und schließlich doch nur Schlachtfelder hinterließen? Von Elisabeth sind freilich nur „Spuren der Wehmut" geblieben. Doch sie lohnen der Besichtigung.

Wandern wir mit Elisabeth durch das alte Europa!

Abbildungen von Elisabeth selbst, die sie auf Reisen zeigen, gibt es praktisch nicht. Illustriert wurde der vorliegende Band deshalb fast ausschließlich mit zeitgenössischen Darstellungen, die das alte Europa noch in dem Zustand zeigen, in dem es von Elisabeth durchreist worden ist.

Monarchisches Reisen im 19. Jahrhundert

Es ist ein Irrtum anzunehmen, Elisabeth wäre sehr viel mehr gereist, als andere Mitglieder kaiserlicher, königlicher oder fürstlicher Häuser. Was Vielfalt und Entfernung der Reiseziele anlangt, wurde Elisabeth von vielen gekrönten und ungekrönten Häuptern ihrer Zeit übertroffen. Auch was die Abwesenheit von der Hauptstadt Wien betraf, so war Elisabeth keinesfalls ein Sonderfall. Zusammengerechnet hielt sich Elisabeth von ihrer Heirat 1854 bis zu ihrem Tode 1898 weit weniger außerhalb Österreichs und außerhalb Ungarns auf, als man gemeinhin annimmt, nämlich nicht mehr als ein Viertel ihrer zwischen 1854 und 1898 verbrachten Lebenszeit als Kaiserin. Das Regieren von Sommersitzen oder Kurorten aus, ist im 19. Jahrhundert gängige Praxis. Selbst ein so fleißiger Monarch wie der bayerische König Ludwig I. hat viele wichtige Entscheidungen seiner Regierung außerhalb Münchens, etwa in den Kurorten Bad Brückenau und Bad Kissingen getroffen. Viele Monate opferte Ludwig I. auch für seine sonstigen Reisen, etwa nach Italien oder Griechenland. Queen Viktoria verbrachte Jahre ihres Lebens auf ihrem Landsitz in Osborne auf der Insel Wight oder an der Côte d'Azur. Der Bau von Landsitzen (oft im englischen Stil mit englischem Garten) gehört zum monarchischen Herrschaftsstil Anfang des 19. Jahrhunderts. Nicht selten sind diese Landsitze in aufgelösten Klöstern oder an Kurorten errichtet worden, hingewiesen sei etwa auf König Max Joseph I. von Bayern, der sich Kloster Tegernsee zur Sommerresidenz und Wildbad Kreuth als Dependance ausbaute. Aber auch historisierende Schloß- und Parkanlagen hatten seit der 1. Hälfte des 19. Jahrhunderts Konjunktur. Richtungsweisend waren hier etwa das im Stile der Ritterromantik erbaute Schloß Rosenau der Herzöge von Coburg oder

der Ausbau des Schlosses Hohenschwangau durch die bayerischen Könige. Auch die phantastischen Schloßprojekte des Königs Ludwig II. waren nicht unbedingt private Spielereien. Sie alle waren auch als Residenzen gedacht. Als auswärtige Residenzen im kleinen dienten auch die Jagdschlösser. Die Jagd beanspruchte bei den meisten Monarchen des 19. Jahrhunderts, wie etwa bei Kaiser Franz Joseph, einen erheblichen Teil der Zeit.

Der oftmalige Wechsel von (Sommer)residenzen und die zahlreichen Auslandsaufenthalte ließen viele Monarchen des 19. Jahrhunderts zu „reisenden" Landesherren werden, eine Lebens- und Regierungsweise, die durch den Ausbau des Eisenbahnnetzes außerordentlich begünstigt wurde. Dieses „Wanderkönigtum" mancher Monarchen im 19. Jahrhundert hatte auch einen stark politischen Hintergrund. Die Omnipräsenz des Monarchen in den während der napoleonischen Kriege meist unorganisch zusammengefügten Ländern förderte das Zusammenwachsen des Landes. Die „Präsenz in der Provinz" gehört zum Repertoire fast aller Monarchen des 19. Jahrhunderts, wobei diese Präsenz auch durch Residenz- oder Denkmalbauten versinnbildlicht werden konnte.

Neben der Präsenz im eigenen Land gab es aber zunehmend auch eine „internationale" Präsenz in den bekanntesten Bade- und Erholungsorten Europas. Die vornehme, besonders die politische Welt geht nicht nur der Gesundheit wegen ins Bad, sondern auch aus Gründen der Diplomatie. Auch insoweit können wir im 19. Jahrhundert eine Zunahme der monarchischen Mobilität beobachten.

Vergleicht man nun den Reisestil einer Kaiserin Elisabeth mit dem genannten Verhalten der Monarchen des 19. Jahrhunderts, so fällt zweierlei auf: Zum einen sind Elisabeths Reisen in der Regel keine Repräsentationsreisen oder politisch bedingte Reisen einer Landesmutter – mit Ausnahme vielleicht ihrer Aufenthalte in Ungarn. Zum anderen führen Elisabeths Reisen sehr häufig zu außerösterreichischen Zielen, etwa an die Küsten des Mittelmeers und des Atlantiks, nach England, an den Rhein und in die Schweiz, kurzum nach Europa. Für den neutralen Betrachter verhielt sich Elisabeth dabei nicht anders als die zunehmende Zahl der reichen und neugierigen Touristen, für die man nun die vielen prunkvollen Hotelpaläste an den schönsten Aussichtspunkten Europas errichtete. Doch es war nicht die touristische Neugier, die für Elisabeths Reisestil und Reiseideologie von Bedeutung war. Das Besondere an ihrem Reisestil war wohl die Intensität ihrer Aufenthalte, ihre umfangreichen Besichtigungen und Wanderungen. Sie suchte dabei vor allem die Natur und die Einsamkeit. Für die Öffentlichkeit war natürlich auffallend und befremdend, daß Elisabeth in der Regel ohne ihren Mann unterwegs war. Dies hing nicht nur mit ihrer Veranlagung zusammen, sondern auch mit dem Pflichtgefühl ihres Mannes, der meinte, nie sehr lange von der Hofburg entfernt bleiben zu können. Franz Joseph war ein „Kurzausflügler", der zwar gerne reiste, dies auch aus Gründen der Staatsräson für notwendig hielt, der aber seinen Platz in der Hofburg oder in Schönbrunn ungern lange allein ließ. Berühmt sind beispielsweise Franz Josephs nächtliche „Kurzausflüge" zur Jagd, die er mit der Bahn nach Reichenau an der Rax unternahm.

Ausbau des europäischen Eisenbahnnetzes und der Wasserstraßen

Ohne den Ausbau des Eisenbahnnetzes in Europa wäre auch die Reisetätigkeit Elisabeths in diesem Umfang nicht möglich gewesen. Als Elisabeth zur Hochzeit 1854 nach Wien kam, mußte sie noch die Donauroute benutzen. Wenig später war mit der Elisabeth-Westbahn eine Verbindung zwischen München und Wien fertiggestellt. Wie fast in allen europäischen Staaten wurde auch in Österreich der Eisenbahnbau wegen des öffentlichen Geldmangels zunächst privat durch Aktiengesellschaften betrieben. Die erste Bahnstrecke in Österreich war die Kaiser Ferdinands-Nordbahn, die am 23. November 1837 mit Beteiligung des Kaiserhauses eröffnet wurde. Finanziert wurde sie durch den Bankier Salomon Freiherr von Rothschild, dem reichsten Mann Österreichs, der eine pauschale Eisenbahnkonzession für den nördlichen Teil der Monarchie erhalten hatte. Die Konzession für den südlichen Teil der Monarchie hatte der Bankier Georg Sina inne, der zweitreichste Mann Österreichs, der einige Zeit auch Eigentümer des Schlosses Gödöllö war. Mit privatem Kapital wurde auch die Kaiserin Elisabeth-Westbahn gebaut. Die Westbahnaktiengesellschaft eröffnete 1858 die Strecke Wien-Linz, 1860 die Strecke Linz-Salzburg und 1861 die Strecke Wels-Passau. Die Verstaatlichung der großen Eisenbahnunternehmen bzw. ihr (überteuerter!) Rückkauf, erfolgte in Österreich relativ spät. Die Elisabeth-Westbahn wurde erst im Jahre der Wiener Weltausstellung 1873 verstaatlicht. Die nach Prag führende Kaiser Franz-Josefs-Bahn, die erst 1872 fertiggestellt worden war, wurde 1874 verstaatlicht. Für den Verkehr nach Berlin und den Bäderverkehr nach Karlsbad war diese Strecke von großer Bedeutung.

Besonders auffallend ist das Tempo des Eisenbahnbaus in Ungarn. Wurde zwischen 1846 und 1858 ein Streckennetz von insgesamt 1000 km gebaut, so waren die zweiten 1000 km bereits in sieben Jahren, und die dritten 1000 km schon in fünf Jahren fertiggestellt. In den Jahren zwischen 1871 und 1873 erweiterte sich das ungarische Streckennetz jährlich um mehr als 1000 km!

Die schnelle Entwicklung des Eisenbahnwesens und die Steigerung der Fahrtgeschwindigkeiten fanden natürlich auch ihre Kritiker. Bezeichnend sind die Verse des Österreichers Heinrich von Littrows, die er an den Beginn seiner 1863 erschienenen „Eisenbahnlektüre in gemüthlichen Reimen – Von Wien nach Triest" stellte:

> Das Reisen mit der Eisenbahn
> Gehört zu unseren Strafen
> Die halbe Welt durchflieget man
> Die halbe wird verschlafen.
>
> Nach pennsylvanischem System
> Zur Einzelhaft verdammet,
> Sitzt man verlassen im Coupé
> Auf Leder, Tuch und Sammet.
>
> Schluckt Kohlenstaub in Masse ein
> In dem verwünschten Kasten,

Und ist verurteilt noch dazu
Oft tagelang zu fasten.

Andere, wie der Dichter Viktor von Scheffel, beklagten den Verlust der Beschaulichkeit, die gute alte Zeit des Postillons. In seinem Heidelberger Lied „Der letzte Postillon" heißt es:

Bald ist, soweit die Menschheit haust
Der Schienenweg gespannt;
Es keucht und schnaubt und stampft und saust
Das Dampfroß rings durch's Land ...

Jetzt geht die Welt aus Rand und Band,
Die Besten ziehn davon,
Und mit dem letzten Hausknecht schwand
Der letzte Postillon.

Jetzt rennt der Dampf, jetzt brennt der Wind,
Jetzt gilt kein Fruh und Spat,
Die Sonne malt und blitzgeschwind
Briefschreibt der Kupferdraht.

Oh neues Rüstzeug, alter Kampf!
Wo treff'ich Glück und Ruh? ...
O Erdenphosphor, Gas und Dampf!
Fahr zu, mein Schimmel, fahr zu!

Doch alle Nachteile der Eisenbahn wurden durch die enorme Zeitersparnis aufgewogen. Reisen, die vor dem Eisenbahnzeitalter Wochen in Anspruch genommen hatten, konnten nun in Tagen abgewickelt werden. Wenn wir uns die Zeitpläne von Elisabeths Reisen ansehen, wird deutlich, wie problemlos schnell das Reisen von einem Ende Europas zum anderen nun möglich war. Elisabeth benötigte etwa für ihre Fahrten von Budapest/Wien nach London seit den 70er Jahren nicht mehr als zwei Tage. 1877 fuhr sie etwa am 27. Dezember abends um 21 Uhr von Gödöllö ab, passierte Wien am 28. Dezember um 4 Uhr früh und kam am gleichen Tag um 15.30 in München an. Nach einem kurzen Aufenthalt in ihrer bayerischen Heimat fuhr sie am 30. Dezember um 10.30 ab und kam am 31. Dezember um 12.00 in Calais an. Dort schiffte sie sich um 13.00 ein und war um 17.00 Uhr in London, um das alte Jahr zu verabschieden.

Elisabeth war eine nicht ganz unkritische Benutzerin des

Eisenbahnnetzes, nachdem sie am 22. Mai 1889 in Deutschland ein freilich harmloses Eisenbahnunglück miterleben mußte. In der Nähe von Frankfurt nahm ihr Sonderzug, der aus österreichischen und bayerischen Waggons bestand, eine Kurve so schnell, daß der letzte Waggon, ein Gepäckwagen, entgleiste. Die übrigen acht Waggons begannen zu schleudern. Zwar kamen alle Insassen mit dem Schrecken davon, doch für Elisabeth war der Vorfall Anlaß, sich in Zukunft um das Leben ihrer Tochter Valerie Sorgen zu machen, zu der sie sagte: „Das Leben ist schauerlich mit seinen Gefahren. Die Menschen sind nur zum Unglück geboren. Nie mehr werde ich eine ruhige Stunde haben, wenn ich dich auf der Bahn weiß."[1]

Die magische Kraft, die das Reisen mit der Eisenbahn auf die Menschen des 19. Jahrhunderts und des beginnenden 20. Jahrhunderts ausübte, liegt nicht zuletzt darin begründet, daß durch die Eisenbahn die Ursehnsucht des Menschen nach der Ferne wenigstens teilweise befriedigt werden konnte. Stefan Zweigs „Hymnus an die Reise" beschreibt diese Sehnsüchte und Hoffnungen der Menschen am Ende des 19. Jahrhunderts. In unserem Zeitalter des Automobils und des Flugzeugs und der totalen Mobilität können wir diesen ungeheuren Umbruch im Empfinden nur noch schwer nachvollziehen. Stefan Zweigs Bekenntnis zum Reisen, das frei macht, entspricht jedoch ganz der Lebensphilosophie der Kaiserin:

> Schienen, die blauen Adern aus Eisen,
> durchrinnen die Welt, ein rauschendes
> Netz.
> Herz, rinn mit ihnen! Raff auf dich, zu
> reisen,
> im Flug nur entfliehst du Gewalt und
> Gesetz.
> Im Flug nur entfliehst du der eigenen
> Schwere,
> die dir dein Wesen umschränkt und er-
> drückt.
> Wirf dich ins Weite, wirf dich ins Leere,
> nur Ferne gewinnt dich dir selber zurück!
> Sieh! Bloß ein Ruck, und schon rauscht es
> von Flügeln,
> für dich braust eine eherne Brust,

Heimat stürzt rücklings mit Hängen und
Hügeln,
ein Neues, es wird dir neuselig bewußt.

Die Grenzen zerklirren, die gläsernen
Stäbe,
Sprachen, dir fremden, sie eint dir der
Geist
unendlicher Einheit, da er die Schwebe
der vierzehn Völker Europas umkreist.

Und in dem Hinschwung von Ferne zu
Fernen
wächst dir die Seele, verklärt sich der
Blick,
so wie die Welt im Tanz zwischen Sternen
schwingend ausruht in großer Musik.

Neben dem länder- und städteverbindenden rasanten Ausbau des Eisenbahnnetzes spielten sehr bald auch die dem Tourismus dienenden Lokal- oder Bergbahnen eine entscheidende Rolle. Gerade der Bau von Bergbahnen stellte eine große Herausforderung für die Ingenieurwissenschaft dar, die in diesem Bereich wahre Meisterwerke ablieferte, die für die Touristen oft einen ebenso großen Besichtigungswert hatten wie die Landschaft, die sie erschlossen. Berühmt ist etwa wegen ihrer steilen Streckenführung die Arth-Rigi- Zahnradbahn über dem Vierwaldstätter See und die Zahnradbahn auf die Rochers de Naye über dem Genfer See bei Montreux. Diese letzere Bergbahn hat Elisabeth noch kurz vor ihrem Tod benutzt und dabei den Blick auf Genfer See und Alpen in einer Umgebung genossen, die sie sowohl an das Salzkammergut als auch an die Landschaft des Mittelmeers erinnern mußte. Gerade solche spektakulären Aussichten bildeten für den Reisenden im alten Europa eine Attraktion, die wir im Zeitalter des Automobils nicht mehr nachvollziehen können.

Auch der Ausbau der Wasserstraßen trug im 19. Jahrhundert zur Erhöhung der allgemeinen Mobilität bei. Die Schiffahrt auf den Flüssen, etwa auf der Donau, wurde besonders durch die Sprengung von Untiefen erleichtert. Im Strudengau zwischen Linz und Persenbeug strandeten zwischen 1840 und 1880 fünfzehn Dampfer und vierzig Schleppkähne. Eine ganz entscheidende Verbesserung und einen bedeutenden Zeitgewinn brachte dann die Einführung der Dampfschiffahrt. Auf der Donau fuhr das erste Dampfschiff der 1829 gegründeten Donau-Dampfschiffahrtsgesellschaft (DDSG) im Jahre 1830. Es trug den Namen „Franz I.“ und wurde von einer englischen Dampfmaschine angetrieben. Am 1. Februar 1831 begann der fahrplanmäßige Verkehr zwischen Wien und Budapest. Für die 300 km benötigte das Schiff talfahrend 14 Stunden 15 Minuten und bergfahrend 48 Stunden 20 Minuten. Nach dem Ausbau des Eisernen Tors, das damals noch an Ungarn grenzte, und mit der Internationalisierung der Donauschiffahrt auf dem Pariser Kongreß von 1856 wuchs die DDSG zum größten Binnenschiffahrtsunternehmen der Welt an. Wegen ihrer Zuverlässigkeit und sprichwörtlichen Pünktlichkeit übertrug man ihr auch die Postbeförderung. Die Gesellschaft gab sogar eigene Briefmarken heraus.

Das erste Dampfschiff auf einem österreichischen Binnensee war der Dampfer „Sophie“, der am 22. April 1839 auf dem Traunsee seine Jungfernfahrt unternahm. Dabei ging es weniger um die Personenschiffahrt als vielmehr um den Salzabtransport von der Saline Ebensee sowie um die Kohlenversorgung der Saline. Die Verbindung zwischen Gmunden und Ebensee wurde bald auch von den in Ischl weilenden Habsburgern, später dann von Franz Joseph und Elisabeth genutzt.

Unter den Wasserbauprojekten an der Donau war neben dem Ausbau des Eisernen Tors vor allem die Begradigung der Donau bei Wien von Bedeutung. Der Bau des Suezkanals 1859–1869, zu dessen Eröffnung auch Kaiser Franz Joseph nach Ägypten fuhr, hatte die technischen Möglichkeiten des Wasserbaus aufgezeigt. Daher beauftragte man die für den Suezkanal verantwortliche französische Firma mit der Begradigung der Donau (Durchstich) in Wien, die schließlich 1875 vollendet war.

Ausbau des Hotelwesens und die Organisation der kaiserlichen Reisen

An den schönsten Ausflugsorten des alten Europas, soweit sie mit der Eisenbahn erschlossen waren, entstanden nach der Jahrhundertmitte große Hotelanlagen für ein internationales Publikum, das zahlungskräftig war und Zeit für Vergnügungsreisen hatte. In den großen Kurorten Europas hatte sich schon vorher eine bedeutende Hotelkultur entwickelt. Auch in den Großstädten entstanden seit Mitte des Jahrhunderts die ersten großen Hotelbauten. Die Hotels eiferten sowohl von ihren Ausmaßen als von ihrer Architektur her dem aristokratischen und landesherrlichen Villen- und Schloßbau nach. Manches europäische Hotel des 19. Jahrhunderts war größer und prunkvoller ausgestattet als die Schloßbauten regierender Landesherren. In allen diesen Hotels gab es im 1. oder 2. Stock herrschaftlich eingerichtete Suiten für ein anspruchsvolles Publikum und zahlreiche Zimmer in den obersten Stockwerken für die Bediensteten. Der Stolz der jeweiligen Städte auf ihre Hotelneubauten war unübersehbar. In zeitgenössischen Darstellungen von europäischen Sehenswürdigkeiten spielen sie immer wieder eine besondere Rolle. Hotels wurden nun auch zu wichtigen Bestandteilen beim Ausbau der Uferpromenaden, so etwa in Zürich, Luzern oder Genf.

Kaiserin Elisabeth logierte in den Hotels wie andere vermögende Gäste auch, das Essen nahm sie freilich immer getrennt von den übrigen Gästen ein. So versuchte sie nach Möglichkeit ihr Incognito zu wahren. Völlig zuwider war es ihr, wenn man sie ansprach oder anstarrte. Andererseits freute sie sich immer wieder, wenn es ihr gelang, auch bei größeren Menschenansammlungen ihr Incognito zu wahren. Baron Nopcsa schrieb an Ida von Ferenczy: „Titel und Würden bedeuten ihr ja bekanntlich nichts, sie sind nur bunte Lappen, mit denen man sich behängt, um die eigenen Kümmerlichkeiten zu bedecken. So existiert auf diesen Reisen eigentlich die Kaiserin von Österreich gar nicht. Sie trägt sich in den Hotels als Elisabeth, Königin von Ungarn ein und das sehr selten; meistens ist sie die Gräfin von Hohenembs oder eine Frau Tolna oder benutzt den griechischen Namen Megaliostos. Wenn sie sich auf dem Meer bewegt, nennt sie sich Mrs. Nicholson." Das meistbenutzte Pseudonym der Kaiserin war jedoch das einer Gräfin von Hohenembs. Die Grafschaft Hohenem(b)s, die Österreich im Jahre 1765 erworben hatte, war die unbedeutendste derjenigen Besitzungen, die im Titel des Hauses Habsburg-Lothringen geführt wurden. Elisabeth folgte damit einem gängigen Brauch regierender Häuser.

Die Führung eines Pseudonyms hatte vor allem den Zweck, den Besuch der Kaiserin als Privatbesuch zu kennzeichnen. Er konnte und sollte nicht verhindern, daß die Anwesenheit der Kaiserin bekannt geworden wäre, und regelmäßig kündigten auch die Fremdenblätter und sonstigen Zeitungen den Besuch der Kaiserin ohne Scheu an. Selbst ihre Anwesenheit im Hotel Beau Rivage in Genf in der Nacht vom 9. zum 10. September war in den Zeitungen nachzulesen, obwohl auch hier das Incognito grundsätzlich gewahrt worden war. Oft hat es den Anschein, als ob die offiziellen österreichischen Stellen, gedeckt durch den Kaiser, das Incognito der Kaiserin nur formal berücksichtigten, d. h. es sollte nur signalisieren, daß kein offizieller Staatsbesuch mit den entsprechenden Verpflichtungen für Gast und Gastland stattfand. Andererseits war die Bekanntgabe der Anwesenheit aus politischen Gründen vielfach erwünscht, da sich natürlich jede Stadt und jedes Land geschmeichelt fühlte, wenn es von der österreichischen Kaiserin mit ihrer Anwesenheit beehrt wurde. Typisch für diesen Zwiespalt bei der Behandlung des kaiserlichen Incognitos ist etwa die Reise Elisabeths in die Normandie Ende Juli 1875. Schon am 4. Juli berichtete das Journal de Fécamp, daß dank einer Information des österreichisch-ungarischen Botschafters in Versailles, Graf Apponyi, Kaiserin Elisabeth Ende Juli unter Wahrung des strengen Incognitos über Paris nach Fécamp kommen werden, um sich für einige Zeit auf Schloß Sassetôt aufzuhalten.

Der in den 80er und 90er Jahren übliche schnelle und oft unangekündigte Wechsel der Hotels brachte nicht nur den für die Organisation der Reisen verantwortlichen Obersthofmeister der Kaiserin und die Hofdamen in große Verlegenheit. Auch der Kaiser wußte nur selten, wo und wie er seine Gemahlin brieflich oder per telegraphischer Depesche erreichen konnte. Er pflegte daher seine Schreiben sorgfältig zu numerieren und ließ sich die Ankunft bestätigen. Manchmal wußte Franz Joseph gar nicht mehr, wo sich seine Frau aufhielt. Als im Winter des Jahres 1893 Europa unter einer hohen Schneedecke begraben lag, begnügte sich Franz Joseph mit der recht allgemeinen Auskunft, daß seine Gattin im warmen Süden weilte.[2] Außer bei den großen Reisen der Kaiserin waren selbst die zuständigen Hofstäbe in Wien oft bis zum letzten Moment nicht informiert, ob und wann Elisabeth eine Reise plante. Als etwa im November 1888 das „Wiener Fremdenblatt" berichtete, daß Elisabeth im Dezember in München ihre Schwägerin Maria Josepha, die Frau des Herzogs Karl Theodor, besuchen wolle, konnte die bayerische Botschaft selbst beim Obersthofmeisteramt keine Auskunft über die genauen Pläne der Kaiserin erhalten.[3] Das „Wiener Fremdenblatt" erhielt seine Informationen in diesem Fall also offensichtlich nicht von offizieller Seite, sondern von einer gut unterrichteten Quelle im Umkreis der Kaiserin, denn die Reise nach München wurde tatsächlich durchgeführt.

Bei der verkehrstechnischen Abwicklung der Reisen konnte die Kaiserin neben den öffentlichen fahrplanmäßig verkehrenden Transportmitteln auch auf Sonderzüge und Hofzüge der jeweiligen Eisenbahngesellschaften bzw. der Staatsbahnen und Schiffe der k.u.k. Kriegsmarine zurückgreifen. Aus dem Schiffsbestand der k.u.k. Kriegsmarine wurden von Elisabeth vor allem die Schiffe „Fantasie", „Miramar" und „Greif" benutzt.

Ein Wort sei noch zur Finanzierung der oft nicht billigen Reisen der Kaiserin gesagt. Der schon von der zeitgenössischen Presse geäußerte Vorwurf der Verschwendung beruht auf dem Mißverständnis, daß die Reisen der Kaiserin aus Steuergeldern bezahlt worden wären. Das ist falsch. Die Reisen der Kaiserin wurden aus dem Privateinkünften des Kaiserhauses finanziert, die vor allem nach dem Tode Kaiser Ferdinands 1875 reichlicher zur Verfügung standen. Fast immer wird übersehen, daß ein beträchtlicher Teil des Reiseaufwands aus Ausgaben der

Kaiserin für wohltätige Zwecken bestand. Elisabeth hat auf jeder Reise in großzügigster Weise, aber auch sehr diskret, geholfen und gespendet. Obwohl nur wenige Zahlen bekannt sind, geht man nicht fehl, wenn man diejenigen Ausgaben der Kaiserin, die Dritten zugute gekommen sind, auf mindestens ein Viertel ihrer Gesamtausgaben taxiert.

Ein Ärgernis für die tendenziell antimonarchischen und nationalen Journalisten war natürlich auch die Tatsache, daß Elisabeth ihr Geld im Ausland ausgab. Dabei übersahen die Journalisten natürlich geflissentlich, daß viele der neureichen Industrie- und Bankbarone Österreichs und viele Mitglieder des alten grundbesitzenden Adels, die oft vermögender waren als das Kaiserhaus, im Ausland Unsummen verschwendeten oder verspielten. An die österreichische Kaiserin legte man merkwürdig strenge und heuchlerische Maßstäbe an!

Der Mensch erkennt sich nur im Handeln: Elisabeth als Reisende

Elisabeth hat ihre „Reiseideologie", die sich nur aus ihrem Freiheits- und Erkenntnisdrang heraus verstehen läßt, mehrfach dichterisch ausformuliert:

> Was einst mich schmerzte, wurde mir nun teuer
> Zum Paradies ward die Verlassenheit;
> Entfalten kann mein Geist die Schwingen freier,
> Fremd sind ihm alle Erdenseelen heut'...
>
> Du stilles Leben unter hohen Bäumen,
> Wo unbemerkt die Stunden flüchtig zieh'n!
> Ich wandle hin in einem Wald von Träumen
> Und ahne nicht, dass meine Jahre flieh'n.
>
> Ich steh'am Strand in Anbetung versunken,
> Unendlich liegt vor mir das hohe Meer;
> Die Seele tobt in mir, als wär'sie trunken,
> Und donnernd jauchzt sie auf: Dort ist der Herr!
>
> Dann tagelang auf hohem Berge liegen
> In Dämmrung gleicher Traumesseligkeit;
> Die Seele formt aus bunten Wolkenzügen
> Ein Horoskop sich für die Zeit ...[1]

Für Elisabeth gab es nach 1854, nach ihrem Umzug nach Wien, keine Heimat im engeren Sinne mehr, keinen Ort, mit dem sie sich unbedingt verbunden gefühlt hätte. Elisabeths Heimat lag immer dort, wo sie sich wohlfühlte, wohin sie sich sehnte, wohin sie aufbrechen wollte. „Zu Hause ist man doch nur dort, wo die Natur schön und die Menschen lustig sind,"[2] meinte sie einmal resignierend. Sie wußte, daß auch eine solche Heimat unerreichbar bleiben mußte. So blieb also die ewige Sehnsucht nach der Heimat, eine Sehnsucht, die sich in der Unendlichkeit der Landschaft verlor, die jede Ferne, jeden Horizont als Verheißung und Hoffnung betrachtete. Es war

Kaiserin Elisabeth, um 1859

eine Hoffnung auf Erlösung in der Ferne, die sich nie erfüllen konnte, so wie auch die Horizonte immer unendlich weit entfernt blieben. Elisabeths Heimat war die Wehmut, ihre Heimat war die nicht zu stillende Sehnsucht zu fliegen, hinauszuwandern, ein „dunkles Heimweh" nach nirgendwo und überall. Ein Mensch, der wie sie die Freiheit liebte, durfte sein Ziel nie erreichen. Diese Haltung bewahrte Elisabeth vor einem falschen Heimatgefühl, machte sie kosmopolitisch und offen.

In einem programmatischen Gedicht, das sie in Ischl im Sommer 1885 verfaßte, hat Elisabeth diese ihre Grundbefindlichkeit festgehalten:

Den Geist, den menschenmüden,
Trüg' gern ich übers Meer
wohl in den fernsten Süden,
Wo's schön und menschenleer.

Kein Haus woll't dort ich bauen;
Denn Wände engen ein;
Ich will die Sonne schauen,
Mich an den Sternen freu'n.

Bald will ich träumend ruhen
Im tiefsten Palmenhain,
Und bald auf leichten Schuhen
Durchstreifen Wald und Rain.

Am Strande will ich stehen
Zum Sonnenuntergang,
Sie goldig sinken sehen
Beim leisen Wellenklang.

Schon stickt die Nacht sich Sterne
In's blaue Himmelszelt;
Ein Purpurstreif noch ferne
Den Horizont erhellt.

Phosphorn die Wogen glänzen,
Wie sie der Nachtwind dreht,
Als hätt' zu losen Tänzen
Die Stern' er d'rein geweht.

Da breiten düst're Schwingen
Sich ober meinem Haupt,
Dass sie auch hieher dringen,
Ich hätt' es nicht geglaubt.

Es ist das dunkle Heimweh,
Weit übern Ocean
Kommt's von der fernen Nordsee,
Und trauernd nehm'ich's an.

Selbst hier im immergrünen,
Im üpp'gen Tropenland,
Soll schmachten ich nach Dünen,
Nach ernstem Nordseestrand?

ACHILLEOS

Ob ich vom tiefen Dünenland
Aus meine See befrage,
Ob er mir nicht ein Wort gesandt,
Dass heim mein Herz sich trage?

Ob ich von hoher Schlossaltan'
Im Mond der Lieb' und Blüten,
Verfolg'des Neckars Silberbahn
Wird nicht mein Herz ihn hüten?

Ob ich ersteig'des Berges Höh!
Den Gletscher zu beschauen,
Wird nicht mein Herz auf Eis und Schnee
Selbst dort den Thron ihm bauen?[3]

Elisabeths Lust am Reisen und an der Bewegung, ihre Liebe zu den Bergen und zum Meer ist aber weit mehr als jene unerklärliche Unruhe, die den Menschen wie eine Krankheit befällt. Sie ist vielmehr die konsequente Lebensweise einer nach Freiheit und Erkenntnis strebenden Frau. Elisabeth wußte, daß sich der Mensch nur im Handeln erkennt, er kann sich nur als Handelnder begreifen. Sie hoffte, die Antwort auf ihre Lebensfragen vor allem durch die Begegnung mit der Natur zu finden. Ihr Leben war so gesehen auch ein Gleichnis. Ihre Suche nach dem, was hinter dem Horizont des Meeres liegt, nach dem, was sich hinter den fernen Bergen verbirgt, ist daher vor allem ein Bild für den ewigen Menschheitsdrang nach Erkenntnis.

Dieser Drang nach „Erkenntnis durch Reisen" ist bei Elisabeth sicher auch ein Erbstück von väterlicher Seite. Herzog Max in Bayern war der erste Wittelsbacher, der das Reisen als Lebensaufgabe und wissenschaftliches Unternehmen ansah und der sich dadurch Freiheit verschaffte. Sein Erkenntnisdrang war jedoch anders als bei seiner Tochter ein konkreter, wissenschaftlicher. Doch beide, Vater und Tochter, gestalteten ihre Reisen: Während Herzog Max seine Reisen in den Orient schriftlich festhielt und durch die Erwerbung von kunst- und kulturgeschichtlichen Gegenständen Museen und Sammlungen bereicherte, bediente sich Elisabeth des Mittels der Poesie.

Die Berge

Der Aufenthalt in den Bergen und besonders das Bergsteigen waren für Elisabeth sowohl eine sportliche Herausforderung als auch ein Mittel, ihren Freiheitsdrang zu stillen. Man muß nur ihre vielen Gedichte lesen, die sie in Ischl verfaßt hat, um die Bedeutung der Berge für ihr gesamtes Gefühlsleben, für ihre „Sendung" würdigen zu können. Mit dem Jainzen, ihrem Ischler „Zauberberg", der sich hinter der Kaiservilla erhob, hatte sich Elisabeth sogar ein eigenes Bergreich geschaffen und aus der sonstigen Welt ausgegrenzt. Es liegt nahe, die Liebe Elisabeths zu den Bergen mit dem um diese Zeit mächtig aufblühenden Alpinismus in Verbindung zu bringen. Doch ihr Zugang zur Landschaft war ein anderer als der eines Bergwanderers, der sich von Hütte zu Hütte und von Gipfel zu Gipfel bewegt. Für Elisabeth war die Natur in ihren extremen Formen und in ihren extremen Schönheiten nicht nur Fortbewegungsraum und Anschauungsobjekt, sondern Mittel der Selbsterkenntnis und Selbstfindung. Sie hoffte, durch den Aufenthalt auf sturmumtobten Berggipfeln oder an den wellenbewegten Küsten des Meeres, durch die ganz konkrete, intensive und oft sehr angestrengte Aneignung der Landschaft, Aufschlüsse über sich selbst und über das Wesen der Welt zu finden. Ein hochgespannter Anspruch, den sie sich natürlich nie erfüllen konnte, so oft sie sich auch als Versuchs- und Anschauungsobjekt in neue Landschaften brachte, in neue „Laborfelder". Ein Teil dieses „Selbstversuchs" in der Landschaft stellen auch ihre extrem langen und schnellen Wanderungen dar. Sportlicher Ehrgeiz spielte dabei nur eine untergeordnete Rolle. Elisabeth nahm auch kaum Rücksicht auf Mitwanderer, sondern stürmte immer voran. Ihr Mann hat es bald aufgegeben, ihr zu folgen und warnte nur vor Überanstrengung. Aber gerade das war es, was Elisabeth wollte. Ihre Maxime schien zu sein, daß derjenige, der sich selber quält, nicht gequält wird. Die körperliche Abhärtung, die sie praktizierte, verschaffte ihr auch Freiheit, eine Freiheit, die sie als Vehikel ihrer Erkenntnis nützen wollte. Als inneres Gesetz und Verhängnis beschreibt sie in ihren Gedichten den ihr angeborenen Freiheitsdrang, der sie nicht nur körperlich hinaustrieb, sondern der nach ihrer Meinung grundlegend ist für ihren nicht zu stillenden Drang nach Erkenntnis – oder Erlösung.

Wie eigenartig Elisabeths Verhältnis zu den Bergen war, zeigt der Vergleich mit ihrem Mann. Franz Joseph war ja als Jäger, insbesondere als Freund der Hochgebirgsjagd in seinen steirischen und oberösterreichischen Revieren, ebenfalls sehr häufig in den Bergen unterwegs. Für ihn ging es dabei allein um Entspannung und um den sportlichen Erfolg. Selbst in seinen Briefen an die völlig jagduninteressierte Elisabeth sprach er nicht von den Schönheiten der Berge, sondern von seinen Jagderfolgen.

Elisabeth ging in ihren Wanderungen immer bewußt an die Grenzen ihrer körperlichen Leistungsfähigkeit. Daß es dabei nicht um sportliche Demonstrationen ging, zeigt die jeweilige literarische Aufarbeitung dieser Gewaltmärsche: Nachdem sie am 21. Juni 1888 in einer 10stündigen Bergtour das Tote Gebirge überquert hatte, hielt sie diese Wanderung in einem Gedicht („Der längste Tag. Vom Offensee nach Elmgrub“) fest, das hier nur ausschnittsweise wiedergegeben wird:

> … Ich muss heut, sprach sie, wandern,
> Seen entlang Thäler hinab,
> Von einem Berg zum andern.
>
> … Denn schwer und schwindlig ist der Weg,
> Den ich zu wandern habe,
> Die Gemse nur kennt Steig und Steg
> Im schroffen Felsengrabe.
>
> Und doch muss ich am Ziele sein
> Noch vor dem Abenddunkeln,
> Die Bergesspitzen müssen rein
> In Purpurglut noch funkeln.
>
> So schritten sie den See entlang
> Auf taubedeckten Wegen,

Und aus dem hohen Forste klang
Des Kuckuck's Ruf entgegen

Sonst ruhte alles noch versteckt
Im dunklen Blätterdome,
Bis Leben nicht die Sonne weckt
Mit mächtig gold'nen Strome.

Stumm zog entlang im hohen Wald
Die kleine Karawane;
Allein die Felswand hebt sich bald,
Die Buche weicht der Tanne.

... Im Kessel liegt der Wildensee,
Tief ernst und trauernd düster,
Die stille Klage dringt zur Höh'
Des Welleszug's Geflüster.

Knapp an dem See dringt aus dem Stein
Der Uferwand zur Linken,
ein kleiner Quell, eiskalt und rein,
Mit diamantem Blinken.

Der treue Diener Komareck
füllt flugs den Silberbecher ...[4]

Ihrer Umgebung war es völlig unbegreiflich, wie sich ein Mensch körperlich so herausfordern konnte: „Die Bewegungsmanie Ihrer Majestät steigert sich fort, Gott weiß, wohin das noch führen wird..."[5], schrieb der Obersthofmeister an die Hofdame Elisabeths Gräfin Ida Ferenczy. Man mußte nach körperlich geeigneten Personen Ausschau halten, die bei den Bergtouren der Kaiserin einigermaßen Schritt halten konnten. Mit einer speziell für Bergwanderungen ausgesuchten Hofdame, der 25jährigen Janka Mikesch, die der kaiserliche Leibarzt zuvor auf ihre Marschtüchtigkeit untersucht hatte, machte Elisabeth große Bergwanderungen, übernachtete sogar in Almhütten im Heu.[6]

Einen Teil ihrer „Bergphilosophie" hat Elisabeth 1892 auf dem Gipfel der Aja Kyriaki über dem Achilleion auf Korfu gegenüber ihrem Griechischlehrer und Vorleser Christomanos entwickelt: „Es gibt so wenig Plätze auf der Erde, die nicht abgetreten sind und somit ihren ursprünglichen Charakter unentweiht bewahrt haben. Darunter rechne ich die Gipfel der Berge ... Auch die Hügel genügen; sie sind immerhin Inseln der Einsamkeit ... Ich kann auf den höchsten und einsamsten Höhen der Berge atmen, freier atmen, wo andere sich verloren fühlen würden ... Es ist auch etwas anderes dabei; die Lust am Klettern. Ich muß es von den Ziegen haben, deren Milch ich so gerne trinke ... ich will nur steigen. Das Steigen ist anziehender als jede erreichte Spitze..."[7]

Das Meer

Das Meer und das Hochgebirge waren die beiden in gleicher Weise begehrten und besungenen Pole von Elisabeths Landschaftsverehrung. Dabei spielten Meer und Hochgebirge in der Erlebniswelt der Kaiserin nicht nur wegen ihrer „schauerlichen Schönheit" eine Rolle, sondern weil sie extreme geistige und körperliche Herausforderungen darstellten. Meer und Hochgebirge waren für Elisabeth Experimentierfelder der Selbsterkenntnis und der Selbstfindung. An ihnen konnte man bis an die Grenzen der menschlichen Freiheit gehen. Dabei vermischen sich geistige und körperliche „Rezeption" auch bei der Extremlandschaft des Meeres. Die Betrachtung der unendlichen Weite des Ozeans und der aufgewühlten Wellen sowie das Schwimmen im aufgewühlten Meer als körperlicher Herausforderung waren zwei Seiten eines Annäherungsversuches. Elisabeth schätzte und genoß das Meer vor allem wegen seiner Unendlichkeit. Die Strenge der unendlichen Nordsee war für sie dabei ebenso eindrucksvoll wie die Lieblichkeit des unendlichen Mittelmeers. Symbol für die durch das Meer vermittelte Freiheit war für Elisabeth die Möwe, ihr Lieblingsvogel, mit dem sie sich identifizierte und der in ihren Bemerkungen und Dichtungen immer wiederkehrt. Freiheit setzt sie mit Möwenflug gleich: „Habe ich einmal keine Verpflichtung mehr gegen meine Valerie und ist diese versorgt und glückliche Frau mit recht vielen Kindern, was sich mein ‚Kedvesem' immer wünscht, dann bin ich frei und dann beginnt mein ‚Möwenflug'."[8] Diesen Möwenflug wird sie vor allem literarisch verwirklichen. Ihr Seelenführer ist hier der Dichter Heinrich Heine, dessen Nordseelieder großen Eindruck auf sie machten. In den 80er Jahren dichtet sie selbst zahlreiche „Nordseelieder". In einem davon vom Februar 1885 heißt es:

> Hinaus, hinaus auf's weite Meer
> Treibt mich ein mächtig Sehnen,
> Doch weil ich keine Flügel hab,
> Muss ich sie mir entlehnen.[9]

Wie sehr Elisabeths Liebe zum Meer, diesem Medium der Freiheit und Erkenntnis, auf Heinrich Heine zurückgeht, zeigte sich auch, als sie des Dichters Standbild im Achilleion auf Korfu aufstellte. Nach dem Wunsch der Kaiserin mußte der Dichter aufs Meer hinausblicken. Dem Bildhauer gegenüber bemerkte Elisabeth: „Dort die Gebirge und hier unten das Meer, das er so liebte ... diesen einzigen, labungsvollen Frieden."[10]

Freilich wußte Elisabeth sehr wohl, daß ihr auch das Meer nicht endgültige Erkenntnis und Erlösung bringen werde. Sie landete an keiner fernen Küste, um sich für immer niederzulassen, denn: „Wo immer ich wäre, wenn man mir sagen würde, ich müsse immer dort bleiben, dann würde auch das Paradies für mich zur Hölle werden ..."[11] Deswegen verstand sich Elisabeth auch gerne als der unerlöste „fliegende Holländer", der irgendwann einmal untergehen wird in der Weite des Meeres. „Durch die ganze Welt will ich ziehen, Ahasver soll ein Stubenhocker gegen mich sein, Ich will zu Schiff die Meere durchkreuzen, ein weiblicher, ‚fliegender Holländer', bis ich einmal verschwunden sein werde."[12] Wer sie begleitet, muß wie sie alle Illusionen lassen: „Am besten wäre für mich eine Schiffsmannschaft von lauter zum Tode Verurteilten. Da brauchte ich mir kein Gewissen daraus zu machen, sie der Gefahr auszusetzen."[13] Und an anderer Stelle sagt sie von ihrem endgültigen „Möwenflug" in die Freiheit: „Es dürfen mich dann auch nur Menschen begleiten, die entweder nichts mehr zu verlieren oder mit dem Leben überhaupt abgeschlossen haben."[14] Die Seefahrt ist für sie daher nicht nur ein Mittel, um von einem Hafen zum anderen zu kommen, sondern sie ist Selbstzweck. Das ist für uns heute nichts Ungewöhnliches, für den Menschen des 19. Jahrhunderts ist es aber eine absurde Vorstellung. 1892 meinte Elisabeth zu ihrem Vorleser

Christomanos: „Das Leben an Bord ist doch mehr als bloßes Reisen. Es ist ein verbessertes, wahreres Leben. Ich suche es so voll und so lange als möglich zu genießen … Es ist ein ideales, chemisch reines, kristallysirtes Leben ohne Wunsch und ohne Zeitempfindung. Das Gefühl der Zeit ist uns immer schmerzhaft, denn es gibt uns das Gefühl des Lebens." „Das Meer", meinte Elisabeth weiter, „ist mein Beichtvater, den ich täglich aufsuchen muß. Es macht mich wieder jung, weil es alles Fremde von mir nimmt und mir seine Gedanken gibt, welche die einzige unsterbliche Jugend sind. Es kann selbst nicht sterben und deswegen verjüngt es alles um sich. Von ihm kommt meine ganze Weisheit her."[15]

Wie bei den Bergen, so nahm also auch beim Meer Elisabeth die körperliche Herausforderung mit Freuden an. Es wurde für sie konkret körperlich zum „Objekt der Begierde" und damit zum Mittel der Emanzipation. Ihr Verlangen nach dem Meer ähnelt dem von Albert Camus formulierten menschlichem Urbedürfnis: „Nackt muß ich sein und muß dann, mit allen Gerüchen der Erde behaftet, ins Meer tauchen, mich reinigen in seinem Salzwasser und auf meiner Haut die Umarmung von Meer und Erde empfinden, nach der beide so lange schon verlangen". Wie ihre Schwester Marie war auch Elisabeth eine leidenschaftliche Schwimmerin, eine Fertigkeit, die sich die beiden Schwestern schon am Starnberger See angeeignet haben. Auch nachdem Elisabeth als Kaiserin den Starnberger See und Possenhofen aufsuchte, wurde die Badeanstalt in Feldafing für sie reserviert. Trotz ihrer sonstigen Menschenscheu ist Elisabeth, wenn es um das Schwimmen geht, keineswegs zimperlich gewesen. Auch wenn sie lieber unbeobachtet schwimmt, stört sie die Anwesenheit anderer Menschen nicht. So berichtet sie am 19. August 1875 ihrem Sohn in Ungarisch(!) aus dem französischen Badeort Sassetôt-les-Mauconduits: „Das Meer ist hier sehr ruhig, ich schwimme sehr wenig, da die Küste nicht ideal, voll mit kleinen Steinen ist. Valerie konnte bisher nur viermal baden, sie spielt aber viel am Strand. Manchmal ist sie dreimal am Tag dorthin gegangen. Anfangs war es mir peinlich, mit allen gemeinsam zu baden, jetzt habe ich mich aber schon daran gewöhnt …"[16] Doch nicht nur im Schwimmen sucht sie den körperlichen Kontakt mit dem Meer. Schiffsfahrten bei stürmischer See, für jeden Passagier normalerweise ein Greuel, bereiten ihr körperliches Vergnügen. Das geht soweit, daß sie sich, um die Großartigkeiten der Naturgewalten des Meeres einigermaßen gefahrlos genießen und beobachten zu können, an den Mast ihres Schiffes binden ließ.[17] Christomanos gegenüber äußerte sie 1892: „Ich bin wie ein Sturmvogel. Ich lasse alle Segeltücher abnehmen, um den Anblick der zornigen Wellen nicht zu entbehren; und jedesmal, wenn eine über Deck schlägt, möchte ich aufjauchzen."[18]

Die Liebe Elisabeths zum Meer verbindet sich oft mit einer romantischen Todessehnsucht. „Das Meer will mich immer haben; es weiß, daß ich zu ihm gehöre", meinte sie zu Christomanos 1892. Sie wollte zwar in Korfu bei der Kapelle Aja Kyriaki über dem Achilleion begraben werden, doch immer mit der Einschränkung: „wenn ich nicht einmal im Meere ertrinken sollte."[19]

Im Oktober 1887 dichtet sie über eine Fahrt mit dem Kutter „Lizzy":

Nein, nur namenloses Sehnen
Füllte schmerzlich meine Brust;
Tod in diesen Silberfluten
Dünkte mir die höchste Lust.[20]

Der Waldspaziergang

Der Spaziergang im Wald nahm in der Erlebniswelt Elisabeths einen sehr hohen Stellenwert ein. Die Wälder, sei es in Deutschland oder im Ausland, stillten ähnlich wie das Hochgebirge und das Meer ihr Entfaltungs- und Erkenntnisbedürfnis. Der Waldspaziergang war ihr ein zentrales Gleichnis der Freiheit. Sie schloß sich damit unbewußt an eine für das 19. Jahrhundert charakteristische bürgerliche „Befreiungsbewegung" an, nämlich an die „Errungenschaft" des bürgerlichen Spaziergangs. Schon zu Beginn des 19. Jahrhunderts drängte der Bürger hinaus aufs Land. Es ist dies die Zeit, in der die Stadtmauern, die Stadt und Land trennten, niedergelegt wurden. Damals gehörte es zum guten Ton, in den nahegelegenen Wäldern und neuangelegten Parkanlagen auf den ehemaligen Wällen und vor den Städten zu „lustwandeln“. Der stadtnahe Wald war dabei nicht nur Erholungsort, sondern auch Ort der Besinnung. So geriet auch bald die „romantische“ Landschaft in größerer Entfernung von den Städten ins Blick- und Gefühlsfeld der Dichter, der Studenten und der Gebildeten. Schließlich entwickelte sich der Waldspaziergang und das Wandern zur bürgerlichen Massenbewegung und zu einem wichtigen Teil der bürgerlichen Freiheitsbewegung. Wir können uns heute kaum mehr vorstellen, welche magische Wirkung Josef von Eichendorffs Gedichte „O Täler weit, o Höhen, o schöner grüner Wald“, „Wer hat dich, du schöner Wald“ und „Wem Gott will rechte Gunst erweisen“ auf die Menschen des 19. Jahrhunderts ausübten. In ihrer Vertonung durch Felix Mendelssohn-Bartholdi und Friedrich Theodor Fröhlich sind diese Gedichte zu den volkstümlichsten Zeugnissen dieses neuen Zeitgeistes, zu den Nationalhymnen des wandernden deutschen Bürgers geworden.

Neben dem Wandern als Gemeinschaftserlebnis, fand der Waldspaziergang auch als Mittel der Selbstfindung und Selbstheilung Eingang in die deutsche Gefühlswelt. Der Wald als stiller gottesdienstlicher Ort der Meditation, als deutscher Ort des Nachdenkens und Dichtens. Auf diese Weise ließ auch Elisabeth ihre einsamen Waldspaziergänge auf sich wirken. Ihr Verhältnis zum Wald beschrieb die Kaiserin 1870 in Meran ihrer Begleiterin, der Gräfin Festetics: „... Ich habe mich in mich selbst zurückgezogen und mich der Natur zugewendet, der Wald verletzt einen nicht. Freilich war es im Leben sehr schwer, allein zu sein, aber schließlich gewöhnt sich der Mensch an alles, und ich genieße es nun. Die Natur ist viel dankbarer als die Menschen.“[21] Noch schöner formuliert Elisabeth die heilsame Gleichheit der Natur in einem Gedicht:

> Alles ist wandelbar in dieser Welt,
> Und ein leerer Schall ist nur die Treue.
> Ewig treu herrlich erhaben,
> Bist nur du allein, gewalt'ge Natur! ...[22]

Wie anders (und „sinnlos" nach der Meinung Außenstehender) die einsamen Waldspaziergänge Elisabeths waren, zeigt sich, wenn man zum Vergleich das Verhältnis ihres Ehemanns zum Wald betrachtet. Für den Kaiser spielte der Wald fast nur als Ort der Jagd eine Rolle. Die Jagdleidenschaft des Kaisers war sehr ausgeprägt und zeitraubend. Sie wurde ihm nur deswegen nicht zum Vorwurf gemacht, weil sie immer noch zum guten Ton bei Monarchen des 19. Jahrhunderts gehörte und weil er dadurch seine Regierungsgeschäfte nie vernachlässigte. Außerdem fanden die Jagdausflüge in Gesellschaft statt und waren daher kontrollierbar. Elisabeth hat sich – sieht man von den Fuchs- oder Hirschjagden ab, die sie nach englischem Vorbild ritt – selten an einer Jagd beteiligt. Trotzdem hat sie die Jagdleidenschaft ihres Mannes kritiklos akzeptiert und auch gefördert. Weihnachten 1859 schenkte sie ihrem Mann mehrere Jagdgewehre eines Wiener Büchsenmachers, die angeblich von so außerordentlicher Reichweite waren, daß sich selbst König Max II. von Bayern über seine Botschaft nach diesem Geschenk erkundigte.[23]

Der Stadtspaziergang

Erstaunlicherweise hat Elisabeth auch den Stadtspaziergang geschätzt, also die Besichtigung von Sehenswürdigkeiten bzw. das ungezwungene touristische Flanieren und Einkaufen. Voraussetzung für die Wertschätzung einer Stadtbesichtigung war freilich immer, daß ihre Anonymität gewahrt blieb. Anfangs hat Elisabeth selbst in Wien versucht, unerkannt die Straßen zu durchstreifen, was sie allerdings bleiben ließ, nachdem sie 1873 von der neugierigen Menge, die sie entdeckt hatte, fast erdrückt worden wäre. Die ehrwürdigen deutschen Städte am Rhein hat sie mit großem Interesse besucht und die Hauptsehenswürdigkeiten studiert. Besonders hingezogen fühlte sie sich zu Heidelberg, das sie wegen der malerischen Symbiose von Natur und Baukunst besonders anzog. Den Blick vom Schloß auf Stadt und Neckar hat sie in ihren Gedichten öfters besungen. Auch sonst liebte sie in den Städten die weiten

Blicke, etwa in Budapest den von der Burg oder in Genf den Blick auf den See und das Montblanc-Massiv.

Wir wissen, daß Elisabeth historisch sehr interessiert war, weit mehr als ihr Gemahl. Um möglichst viel von einer Stadt zu sehen, führte sie auch ihre Stadtbesichtigungen im sportlichen Eiltempo durch. Großstädte liebte Elisabeth nicht nur wegen der Anonymität, mit der sie sich dort bewegen konnte – hier war sie eine unter vielen –, sondern auch wegen ihres internationalen Charakters. Aus diesem Grunde bevorzugte sie am Ende ihres Lebens Genf, die Stadt, die schon im 19. Jahrhundert den kosmopolitischen vornehmen und kühlen Charme besaß, den sie bis heute bewahrt hat. Gegenüber Christomanos betonte sie einmal ausdrücklich diese Wohltat der Anonymität einer internationalen Stadt: „Da ziehe ich vor, in den Städten zu flanieren, zumal in Genf. Es ist das mein liebster Aufenthalt, weil ich so ganz verlorengehe unter den Kosmopoliten – das gibt eine Illusion von dem wahren Zustand der Wesen."[24] Elisabeth pflegte auch die „Freizeiteinrichtungen" in den Städten zu nutzen. Sie hielt sich also keineswegs nur in Geschäften, bei den Sehenswürdigkeiten und in den Hotels auf. Selbst für Schwimmbäder zeigte sie Interesse: Als sie auf der Reise nach Frankreich im September 1895 in Zürich Station machte, beklagte sie sich bei ihrem Mann, daß die dortigen Schwimmschulen geschlossen waren.

Sprachenstudien

Wie wenig man die Reisen und Auslandsaufenthalte Elisabeths unter dem reinen Aspekt der Erholungs- oder Vergnügungsreisen sehen darf, zeigt auch die Tatsache, daß Elisabeth ein sehr gezieltes Fremdsprachenstudium betrieb. Das Erlernen von Fremdsprachen war für sie ein Erkenntnisvorgang, eine Möglichkeit, in den Geist des jeweiligen Volkes einzudringen. Ganz deutlich wird das an Elisabeths Bemühungen um die ungarische und die neugriechische Sprache. Ihr genügte in beiden Fällen nicht, die für die Konversation oder das Reisen notwendigen Grundbegriffe zu lernen. Sie wollte mehr. Sie wollte eine solche Perfektion in der Beherrschung der beiden Sprachen erreichen, daß sie Literatur nicht nur verstehen, sondern auch schreiben konnte. Tatsächlich hat Elisabeth nicht nur in das Ungarische oder Neugriechische übersetzt, sondern auch in diesen Sprachen gedichtet. Es ist des öfteren geschildert worden, wie sie gerade in der ungarischen Sprache in beharrlichster Weise versucht hat, ihren Stil fortzubilden. Einer der größten Dichter des Landes, Baron Josef Eötvös, Präsident der Ungarischen Akademie der Wissenschaften und langjähriger Kultusminister, mußte ihre Briefe korrigieren. Eigene ungarische Vorleserinnen haben Elisabeth mit der ungarischen Literatur vertraut gemacht; so war sie in der Lage, das ungarische Wesen und die ungarische Geschichte auch über das Medium der Sprache zu erfassen und lieben zu lernen.

Viel hat Elisabeth als Lernende dem ungarische Historiker und Schriftsteller Graf Mailáth zu verdanken, der ihr schon in Possenhofen die Fähigkeit vermittelte, schnell und effektiv zu lernen. Mailáth war der Verfasser eines Lehrbuchs über Mnemotechnik. Ähnlich intensiv, ja leidenschaftlich waren die neugriechischen Studien der Kaiserin. Elisabeth hatte ihre Begeisterung für die neugriechische Sprache nicht durch ein humanistischen Studium erworben, auch nicht über die Griechenbegeisterung (Philhellenismus), wie sie seit den griechischen Freiheitskämpfen 1821 besonders in München herrschte. Ihr erster Lehrer, Rhoussos Rhoussopoulos, beantwortete die Frage, warum Elisabeth Neugriechisch lernte, wie folgt: „... Aus Dankbarkeit. Vor Jahren suchte sie, um für ihr Brustleiden Linderung zu schaffen, die Ionischen Inseln auf und unter dem milden Klima fand sie auch die gewünschte Linderung. In ihrer edlen Seele erwachte das Dankgefühl für dieses Land und indem sie es liebgewann, erstreckte sich ihre Zuneigung auf die Sprache der griechischen Nation. Die geheiligten Erinnerungen Hellas' erweckten ein Echo in ihrer poetischen Seele und unter den alten Ruinen träumte sie von dem Glanze des Altertums. Ihre starke Neigung für das Schöne, die sich in jeder Epoche ihres Lebens und in jeder ihrer Handlungen so prägnant äußerte, veranlaßte sie, sich auch mit der Sprache der Nation zu befassen." Rhoussopoulos hat auch einige Bemerkungen zu Elisabeth als Lernende gemacht: „Sie lernte mit bewunderungswürdiger Raschheit. Man sah, daß die Fortschritte nicht nur durch ihren starken Willen, sondern auch durch die warme Sympathie beflügelt wurden, die sie für das griechische Volk empfand ..."[25]

Weniger gut als das Ungarische und Neugriechische scheint Elisabeth, trotz ihrer längeren Venedig- und Italienaufenthalte, die italienische Sprache beherrscht zu haben. Zumindestens hat sie Italienisch nicht systematisch gelernt, was möglicherweise mit ihrer Abneigung gegen die Politik des italienischen Königshauses zusammenhing. Französisch und Englisch beherrschte sie ebenfalls sehr gut, doch ihre Briefe an Ehemann und Sohn pflegte sie vor allem auf Ungarisch zu schreiben.

Ihre Sprachkenntnisse erwarb sich Elisabeth teilweise „im Wandern". Deswegen hatten besonders ihre Griechischlehrer wie Christomanos, Pali und Barker keinen leichten Dienst bei ihr. Die an der kaiserlichen Seite marschierenden Lehrer mußten abwechselnd Englisch, Französisch und Griechisch parlieren. Wissenschaftliche Themen wechselten sich mit Dramen und Gedichten ab. Dieser Dienst erstreckte sich täglich auf vier bis fünf Stunden, ob auf Korfu oder in der Hitze Afrikas. Den Griechen Barker lernte Elisabeth in Kairo kennen, er war der richtige Mann für sie, ein Fußgänger nach ihrem Sinne. Er berichtete: „Es gab Tage, da ich zwölf Stunden sprach, sang, vorlas. Ich las im Gehen, ich rezitierte, mitunter setzten wir uns, und ich sang griechische Schäferlieder oder Gedichte zur Gitarre. Sie plauderte griechisch, französisch oder englisch mit mir."[26]

Die Große Welt im Bad oder: Die neue Lust an der Gesundheit

Ein Großteil der Reisen Elisabeths dienten der Wiederherstellung ihrer Gesundheit. Daher gehörten Zeit ihres Lebens Ärzte zu ihren wichtigsten Gesprächs- und Korrespondenzpartnern. Diese gewannen besonders seit ihrem ersten Aufenthalt in Kissingen Macht über ihren Tagesablauf. Der erste Arzt, dem sie ihr Vertrauen schenkte, war der Münchner Leibarzt Dr. Fischer, der sie 1862 zu ihrer erste Kur nach Kissingen schickte. Seit dieser Zeit hat sich Elisabeth fast jedes Jahr in Kurorten aufgehalten, vorzugsweise aber in Kissingen. Das große Ansehen Kissingens im 19. Jahrhundert beruhte wohl weniger auf der Heilkraft seiner Quellen als vielmehr auf der Kompetenz seiner Ärzte, die ihre Kurgäste sehr gewissenhaft behandelten und streng überwachten. Das Aufblühen der europäischen Kurorte im 19. Jahrhundert hatte freilich Gründe, die über das rein medizinische Bedürfnis hinausgingen. Von Bedeutung war vor allem, daß Kurorte als legitime „Urlaubsorte“ anerkannt waren. Da es im 19. Jahrhundert auch für höchste Bedienstete grundsätzlich keinen Anspruch auf Urlaub gab, war man gehalten, ein Urlaubsgesuch mit der schlechten Gesundheit zu begründen. Man konnte also seinen Urlaub in der Regel nur dazu verwenden, seine Gesundheit wiederherzustellen. Das war aber nur in einem anerkannten Kurort oder/und in gänzlich anderen klimatischen Verhältnissen möglich. Die großen Kurorte boten ihren Gästen eine ganzheitliche Behandlung an: Die Heilkraft der Kurmittel, also etwa der Thermalquellen, sollte ergänzt werden durch die Heilkraft der Landschaft. Umfangreiche Kuranlagen und Wanderwege gehörten daher im 19. Jahrhundert mehr als heute zur Grundausstattung eines jeden Bades. Das Wandern, wie es Elisabeth seit ihrem Aufenthalt in Kissingen praktizierte, gehörte also immer auch zum festen Bestandteil der jeweiligen Kur, zur Kurtherapie. Elisabeth machte freilich mehr daraus.

Dem ärztlichen Rat folgte Elisabeth nur, wenn sie der medizinischen Kompetenz des jeweiligen Arztes vertraute. Ein solcher war der von Elisabeth geschätzte Kissinger Badearzt Dr. Sotier, der sie 1897/98 behandelte. Dr. Sotier war bereits 64 Jahre alt, als er die schwierige Aufgabe als Badearzt der Kaiserin übernahm. Er verlangte von ihr Disziplin und Befolgung seiner Anweisungen, und es gelang ihm, Elisabeths Vertrauen zu gewinnen. Die Kur begann frühmorgens. Man mußte sich mit nüchternem Magen im Kurgarten zur Einnahme des Brunnens einfinden. Die jeweiligen Ärzte hatten die Anwesenheit ihrer Patienten zu überwachen. Wenn die Kaiserin von Kissingen abreiste, ließ sie sich stets von Dr. Sotier beraten, da sie viel von seinen Rezepturen hielt. Über die medizinische Versorgung der Kaiserin durch Dr. Sotier gibt uns der Briefwechsel zwischen der Kammerfrau der Kaiserin, Marianne von Meissl, und dem Arzt Auskunft. Am 26. Juni 1897 schrieb sie aus Schwalbach an Dr. Sotier, um sich Im Auftrag der Kaiserin nach Eisenpillen zu erkundigen, die ein Chemiker ihr zusammengestellt hatte:

Sehr geehrter Herr Doctor.
Ihre Majestät läßt Sie grüßen und Ihnen sagen, daß sie recht mit Ihrer Prophezeiung hatten, Ihre Majestät ist jetzt furchtbar „Constibirt", ja aber was kann man tun, Eisen muß Ihre Majestät nehmen, so heißt es eben ertragen, nun läßt Sie, hoch geehrter Herr Doctor, Ihre Majestät bitten, Sie möchten nachdenken und für Ihre Majestät Eisenpillen mit Salz zusammenstellen, da Sie sagten, für Ihre Majestät sei es von großer Wichtigkeit, gewisse Salze zu bekommen und sagte Ihre Majestät: Doctor Sortier könnte mir mit seinem Freund, ich glaube, Sie sprachen mit I. M. von einem Professor der Chemie, welcher Ihr Freund ist, solche Pillen zusammenstellen und kann Ihrer Majestät das Rezept durch mich schicken und diese würde Ihre Majestät dann sofort nehmen, wenn I. M. von hier nach Hause geht.
Im ganzen geht es Ihrer Majestät Gott sei Dank unberufen gut ...[27]

Während sich der Kissinger Badearzt Dr. Sotier eher im herkömmlichen Rahmen der medizinischen Lehre hielt, waren die Künste des in Amsterdam, Wiesbaden und Paris praktizierenden Masseurs Dr. Metzger, die Elisabeth häufiger in Anspruch nahm, eher fragwürdiger Art, so daß sich sogar Franz Joseph bemüßigt fühlte, zu warnen. Besonders 1884 und 1885 konsultierte Elisabeth Dr. Metzger längere Zeit in Amsterdam, um sich von ihrer Gicht heilen zu lassen. 1890 ließ sie sich zwei Wochen lang in Wiesbaden von Metzger behandeln. Metzger galt als Wunderdoktor. Mit 32 Jahren hatte er 1870 im Hotel „Amstel" in Amsterdam eine Praxis aufgemacht. Zu seinen Patienten zählten viele gekrönte Häupter, darunter auch König Leopold II. von Belgien, der Schwiegervater des Kronprinzen Rudolf.

Elisabeth hat im Laufe ihres Lebens ein sehr intensives Gesundheitsbewußtsein entwickelt, ein Gesundheitsbewußtsein, das auch die Wahl ihrer Aufenthaltsorte stark beeinflußt hat. Die höchste Anspannung und Selbstprüfung des Körpers hielt sie, anders als viele ihrer Ärzte, für ein probates Mittel der Gesundheitserhaltung. Das Wandern war für sie daher ebenso Therapie wie das Schwimmen und das Turnen.

Politische Dimensionen von Elisabeths „Reisen"

Bei den Reisen Elisabeths lassen sich Anlaß und Motive nicht immer genau bestimmen. Viele dienten, besonders wenn sie zusammen mit dem Kaiser unternommen wurden, offiziellen oder offiziösen Zwecken. Dazu gehörten natürlich auch die Sommeraufenthalte in Ischl oder die Aufenthalte in Budapest und Gödöllö, die man eigentlich nicht unter der Rubrik „Reise" abhandeln kann, da hier Elisabeth als „Königin von Ungarn" durch ihre Präsenz und „Residenz" in Ungarn nichts anderes machte, als den verfassungsmäßigen Zustand der Donaumonarchie nach dem Ausgleich von 1867 privat zu konkretisieren. Vieles deutet darauf hin, daß der Kaiser dies ähnlich gesehen hat und daß er Elisabeth trotz der für ihn schmerzlichen Trennung als seine Statthalterin in Ungarn betrachtete. Für die Ungarn selbst war der Aufenthalt ihrer Königin im Lande selbstverständlich eine hochpolitische Angelegenheit und eine Garantie dafür, daß der Kaiser die Vereinbarungen von 1867 ernst nahm. Dezidiert politisch waren natürlich die ersten offiziellen Reisen Elisabeths mit ihrem Gemahl nach Böhmen, Ungarn und Italien. Halb offiziös war ihre Fahrt nach Rom im Jahre 1869, wo sie nicht nur ihre Schwester besuchen wollte, sondern auch dem Vatikanischen Konzil beiwohnte.

Ihre offiziellen Verpflichtungen als Kaiserin und Königin hat Elisabeth – wenn auch widerwillig – auf ihren Reisen nach besten Kräften erfüllt. Dazu gehört die große Zahl von offiziellen und inoffiziellen Audienzen, die sie gehalten und die vielen Gespräche, die sie geführt hat und denen sie als Kaiserin und Landesmutter nicht immer ausweichen konnte. Konsequent incognito ist Elisabeth erst nach dem Tode Rudolfs im Januar 1889 gereist, also etwa die letzten 8 Jahre ihres Lebens.

Ein nicht unbeträchtlicher, vielleicht sogar der größte Teil derjenigen Reisen der Kaiserin, die nicht als Staatsbesuche absolviert wurden, sollte in erster Linie der gesundheitlichen Wiederherstellung der Kaiserin dienen, so die von Ärzten überwachten Aufenthalte der Kaiserin in Kissingen, Gastein, Baden-Baden, Brückenau, Nauheim, Schwalbach, Herkulesbad oder Bartfeld. Doch spielte bei solchen Kuraufenthalten immer wieder auch die Politik, zumindestens die dynastische Familienpolitik, eine bedeutsame Rolle. Es sei nur an die Aufenthalte der Kaiserin seit 1863 in Kissingen erinnert, die von Kaiser Franz Joseph zu Treffen mit anderen deutschen und europäischen Monarchen genutzt wurden.

Auch der Aufenthalt der Kaiserin auf Korfu und der Bau des Achilleions wurde mit der Gesundheit der Kaiserin begründet. Doch muß es erlaubt sein, den Bau einer kaiserlichen Villa auf fremden Territorium vor der Küste des Osmanischen Reiches politisch zu hinterfragen. Nicht weit von Korfu, auf der Insel Lokrum vor Dubrovnik, hatte sich ja schon Kronprinz Rudolph ein Domizil ausgebaut. War die Präsenz von Kronprinz und Kaiserin vor den Küsten des Balkans vielleicht nicht ein deutlicher Hinweis auf die Ansprüche Österreichs auf die Erbschaft des Osmanischen Reichs? War nicht Kronprinz Rudolph derjenige gewesen, der die welthistorische Auseinandersetzung zwischen der mitteleuropäischen Kultur und der „moskowitischen" Unkultur auf dem Balkan entschieden sehen wollte? Sollte nicht das seit 1878 von Österreich besetzte Bosnien-Herzegowina zum Angelpunkt einer österreichischen Balkanpolitik mit deutscher Hilfe werden? Die Ziele der Balkanpolitik des Kaisers und seine eher auf Verständigung ausgerichtete Politik brauchen hier nicht näher erörtert werden. Es steht aber fest, daß er die betont privat gehaltene Präsenz seiner Frau im Balkanraum durchaus wohlwollend sah. Elisabeths Aufenthalte in Korfu sind natürlich nicht vergleichbar mit ihrer „Statthalterrolle" in Ungarn, sie haben aber, wie viele der Aufenthalte der Kaiserin im alten Europa, unterschwellig politische Bedeutung.

Franz Joseph hat, was man oft übersah, Politik mit familiären Mitteln gemacht und das liefert uns auch den Schlüssel für sein angeblich „unendliches Verständnis“ für die Eskapaden seiner Frau. Franz Joseph hat als „Selbstherrscher“, als der er von seinem Lehrmeister Schwarzenberg getrimmt worden war, erfahren müssen, daß man sich beim Regieren eines Vielvölkerstaats nur auf persönliche Bindungen und Verpflichtungen verlassen kann und vor allem auf die Anhänglichkeit und das Mitgefühl der Untertanen. Die Geschichte vom einsamen Herrscher und seiner auswärts weilenden Frau war ihm sicher nicht unwillkommen. Vor allem sah er eher einen Vorteil darin, daß man seine Frau als liberalen und republikanischen Geist bewunderte bzw. verdächtigte. Ihre Aufenthalte in England, in Frankreich und in der Schweiz, in den Hochburgen der Demokratie, ihre europaweite Unvoreingenommenheit, was den Wahl des Aufenthaltsortes betraf, kamen ihm gar nicht so ungelegen. Er schmückte sich sozusagen mit einer Frau, die nicht nur äußerlich Aufsehen erregte, sondern die auch durch ihr Verhalten für Gesprächsstoff sorgte. Es war eine sehr reale Politik des sich nach allen Seiten Absicherns. Indem er gleichzeitig seine Familientragik als österreichische Tragik dem Mitgefühl seiner Völker empfahl, konnte Franz Joseph auch aus den bittersten Rückschlägen im privaten Bereich Kapital schlagen. Die Rolle des einsam vor dem Bild der Kaiserin in der Hofburg arbeitenden Herrschers war ganz in seinem Interesse. Die Verbreitung dieses Bildes sollte Eindruck machen, Mitgefühl bei seinen Völkern erwecken. Und denjenigen, die ihn und seine militärische Art trotz seines bürgerliche Fleißes partout nicht leiden konnten, blieb das Bild der durch Europa huschenden unglücklichen Kaiserin, der Republikanerin, der Freundin Heines, der Gegnerin der Hohenzollern! Franz Joseph hat es verstanden, das Unglück der Dynastie und sein eigenes vermeintliches Unglück als staatserhaltendes Moment zu nutzen, indem er das Mitleid seiner Völker, „seiner“ großen Familie, aktivierte. So gesehen, kommt den Reisen Elisabeths durch Europa sogar zugunsten des Kaisers politische Bedeutung bei.

Elisabeths Reisen durch das alte Europa

Deutschland

Seit ihrer Vermählung 1854 war für Elisabeth das Königreich Bayern zum Ausland geworden. An ihrer Zuneigung zur alten Heimat hat das nichts geändert. Bayern und Deutschland sind für Elisabeths Reisen dreifach von Bedeutung gewesen. Zunächst war ihre Heimatlandschaft um den Starnberger See bis in die letzten Lebensjahre hinein ihr familiärer Stütz- und Treffpunkt, aber immer auch Ruhepunkt. Der zweite Lebens- und Reisebereich in Bayern und Deutschland war für sie die Welt der Bäder – besonders zu nennen sind hier Kissingen, Baden-Baden und Wiesbaden, wo sie nicht nur eine europäisch ausgerichtete Lebensart kennenlernte, sondern auch die Kunst der körperlichen und geistigen Selbstfindung erlernte und praktizierte. In einem dritten Schritt hat sich Elisabeth schließlich die landeskundliche und historische Tiefendimension Deutschlands erschlossen. Ihre Aufenthalte in Heidelberg, ihre Bemühungen um die deutsche Geschichte am Rhein legen dafür Zeugnis ab. Im Stadt- und im Waldspaziergang hat Elisabeth ein Deutschland erfahren, das als Teil des alten Europas vielfach vergangen ist.

Possenhofen, Garatshausen, Feldafing, Starnberger See und Roseninsel

Obwohl die Schlösser Possenhofen und Garatshausen am Starnberger See, in denen Elisabeth ihre Jugend verbrachte, streng genommen nicht als Reiseziele Elisabeths gelten können, so sind sie doch für ihr Naturverständnis und Reiseverhalten von größter Bedeutung. Dazu kommt, daß die Besuche der späteren Kaiserin in Possenhofen oder Feldafing nicht nur den Eltern und Geschwistern galten, sondern auch Sommeraufenthalte oder zumindestens Zwischenaufenthalte auf dem Weg von Wien ins Ausland darstellten.

Historischer Überblick

Schloß Possenhofen wurde im Jahre 1536 von Jakob Rosenbusch, Kanzler der Landstände in Bayern, erbaut. Wenig später läßt sich der reiche Münchner Patrizier und landesherrliche Beamte Kaspar Weiler nicht weit davon entfernt Garatshausen als Landsitz errichten. Sowohl Possenhofen als auch Garatshausen sind Beispiele dafür, wie im 16. Jahrhundert die durch Handel reich gewordenen Münchner Patrizier adelige Lebensformen annahmen und zu Landadeligen wurden. Nach mehrmaligem Besitzwechsel verkauften nach dem Tode des 1834 verstorbenen Freiherrn Desiderius von La Rosée dessen Erben den Besitzkomplex Possenhofen, Pöcking, Garatshausen, Feldafing, Wieling und Traubing an Herzog Max in Bayern. Den Kauf finanzierte der Herzog aus dem Erlös der von seiner Mutter ererbten französischen Güter.

Possenhofen wurde von Herzog Max zum repräsentativen Familiensitz ausgebaut, im Inneren neu gestaltet und mit einem Erweiterungsbau versehen. Nach dem 2. Weltkrieg fiel das Schloß an den bayerischen Staat, der es an eine Privatfirma verkaufte. Heute ist Possenhofen eine exklusive Eigentumswohnanlage.

Das Schloß Garatshausen war zunächst Absteigequartier bei Familienzusammenkünften, dann übertrug es Herzog Max seinem ältesten Sohn Ludwig. Dieser verkaufte es an die Gattin des in Prag lebenden Kaisers Ferdinand I. von Österreich, einer Tochter Viktor Emanuels von Sardinien, die es 1870 ihrem Neffen, dem König Franz II. von Neapel, dem Schwiegersohn von Max schenkte. 1887 kam es an die älteste Schwester Elisabeths, Helene von Thurn und Taxis, deren Nachkommen es heute noch besitzen. Ein mit modernen Erweiterungsbauten versehener Teil des Schlosses dient heute als Krankenhaus und Altersheim.

Die Roseninsel im Starnberger See hieß ursprünglich Wörth

und wurde im Jahre 1850 vom bayerischen König Max II. erworben. Der König hatte damals die Absicht, am Ufer einen Schloßbau auszuführen und in die Parkanlagen auch die Insel Wörth einzubeziehen. Der Schloßbau wurde nicht ausgeführt. Lediglich die Parkanlagen in Feldafing sowie die Roseninsel erinnern noch an das Vorhaben. Auf der Insel kam es zum Bau eines Kasinos, eines Kiosks, einer Laube, eines Gärtnerhauses und eines Rosengartens. Intensiv wurde die Roseninsel noch unter König Ludwig II. genutzt, verfiel aber bald nach dem Tod des Königs 1886.

Elisabeths Aufenthalte

In Possenhofen verbrachte Elisabeth einen großen Teil ihrer Kindheit. Bis zu ihrer Vermählung 1854 sah sie außer den Besitzungen der Herzöge in Bayern in München, Possenhofen und Banz nicht viel von der Welt. Freilich, in dieser kleinen Welt, in der sie aufwuchs, war sie glücklich. Elisabeth hat sich ihre Liebe zum Starnberger See Zeit ihres Lebens bewahrt. Das hing nicht nur mit ihrer Bindung an Eltern und Geschwister zusammen, die sie regelmäßig zu besuchen pflegte, sondern vor allem mit ihrer Liebe zur Natur, zum See, zum Wald und zu den Bergen, eine Liebe, die sie seit frühester Jugend prägte.

Als Kaiserin kam Elisabeth erstmals am 21. Juni 1855 nach Possenhofen zurück. Täglich ging sie damals bei jeder Witterung, auch bei strömendem Regen, an den Ufern des Starnberger Sees spazieren. Denkwürdig ist ihr zweiter Aufenthalt in Possenhofen im Jahre 1860. Nach Differenzen mit dem Kaiser verließ sie im Juli zusammen mit ihrer kleinen Tochter Gisela fast fluchtartig Wien. Für die Reise nach München benutzte sie erstmals die „Kaiserin-Elisabeth-Westbahn“ und zwar noch vor der offiziellen Eröffnung. In Possenhofen verbrachte sie ihre Zeit vor allem mit Reiten. Kurz vor dem Geburtstag des Kaisers fuhr sie wieder zurück und wurde von ihrem glücklichen Gemahl in Salzburg abgeholt.

Es folgten weitere kurze Aufenthalte in Possenhofen im Juli 1862, im Juli 1864 oder anläßlich der Verlobung Sophies mit König Ludwig II. im Januar 1867. Besondere Bedeutung erhielt

Schloß Possenhofen

ihr Zusammentreffen mit dem bayerischen König im Jahre 1868: Nach der Geburt der jüngsten Kaisertochter Marie Valerie am 22. April war die Kaiserin nach einem mehrmonatigen Erholungsaufenthalt in Ungarn nach Garatshausen am Starnberger See gefahren. Am 13. August traf sie dort mit dem bayerischen König Ludwig II. zusammen. Es war die erste Begegnung seit der für die ganze Familie der Herzöge in Bayern so peinlichen Auflösung der Verlobung ihrer Schwester Sophie mit Ludwig II. Dieses Wiedersehen trug dank der Vermittlungstätigkeit Elisabeths dazu bei, die noch bestehenden Spannungen zwischen der herzoglichen Familie und dem bayerischen König zu beseitigen.[1] Nach einem fast sechswöchigen Aufenthalt reiste die Kaiserin nach Ungarn zurück.

Ein Jahr später, im Juli 1869, mietete Kaiserin Elisabeth das Schloß Garatshausen für sechs Wochen. Damaliger Besitzer des Schlosses war Elisabeths Bruder Ludwig. Bei diesem Aufenthalt empfing Elisabeth demonstrativ ihren nicht standesgemäß verheirateten Bruder mit seiner Gemahlin Freiin Henriette von Wallersee, geborene Mendel, zum Essen. Weitere Verwandte wurden wegen der nicht standesgemäßen Verbindung des Bruders nicht geladen. Die Kaiserin meinte dazu:" ... ich stelle mir vor, wie sie fluchten, doch konnte ich so hohe Persönlichkeiten nicht derartig beleidigen, daß ich sie mit meiner Schwägerin an einen Tisch gesetzt hätte!"[2]

Als Mitte September 1872 Elisabeth wieder nach Possenhofen fuhr, meldete sich auch König Ludwig II. für den 21. September an, ließ aber gleichzeitig mitteilen, daß niemand außer Elisabeth anwesend sein dürfe. Gräfin Festetics vermerkte in ihrem Tagebuch, daß der König sehr verärgert gewesen sei, weil ihn die Kaiserin in Anwesenheit ihres Obersthofmeisters Nopsca und ihrer Hofdame Festetics empfangen hatte.[3]

Elisabeth verbrachte nahezu 24 Sommer in Possenhofen, Garatshausen und Feldafing. Wenn die Kaiserin ihre Familie in Possenhofen besuchte, quartierte sie sich in der Regel in Feldafing ein. Seit 1870 stieg die Kaiserin dort im Hotel Strauch ab, wo sie 21 mal, zuletzt noch 1894, Quartier nahm. Während Elisabeths Aufenthalt war das Hotel für andere Gäste geschlossen. Darüber hinaus hatte die Kaiserin noch Räume im gegenüberliegenden Pfarrhof angemietet. Zumeist kam sie in einem Sonderzug nach Feldafing. Mitgeführt wurden neben den Pferden auch mehrere Equipagen. Das kaiserliche Gefolge bestand in der Regel aus ca. 50 Personen, Beamten und Dienerschaft. Auch die Köche und das Geschirr nahm man aus Wien mit.

Das Hotel Strauch war im Jahre 1856 von Joseph Anton Ritter von Maffei, einem der großen Industriellen und Bankiers Bayerns, errichtet worden. Maffei hatte sich schon vorher im Hotelgeschäft engagiert: Er beteiligte sich auch an der Gründung des Hotels Bayerischer Hof in München. In Staltach an den Osterseen erwarb er ein großes Landgut. Der Hotelbau in Feldafing war in Abstimmung mit dem königlichen Haus geschehen, da König Max II. am Ufer des Starnberger Sees in Feldafing eine große Schloßanlage mit Park bauen wollte. Teil dieses großen Planes, der dann beim Tod des Königs 1864 nicht mehr weiterverfolgt wurde, waren auch der Rosengarten und die sonstigen Anlagen auf der Roseninsel. Trotz des fehlenden königlichen Schlosses entwickelte sich das Hotel Strauch so gut, daß es 1876 durch den Zubau eines weiteren Gebäudes vergrößert werden mußte.

Nach der Chronik des Feldafinger Oberlehrers Kistler war es immer ein großes Ereignis, wenn der Sonderzug der Kaiserin samt Gefolge eintraf: „Zur Huldigung war am Eingang des Hotels Herr Pfarrer und Dekan Dr. Eduard Klos und Herr Lehrer Josef Deischl mit der Schuljugend anwesend: Mädchen, weiß gekleidet und mit Blumensträußen versehen, machten ihre erlernten Verbeugungen und trugen Begrüßungsgedichte vor. Auf den Vortragenden winkten dann Geschenke, Broschen, goldene Kreuze, auch Bilder der Kaiserin. Nach Besichtigung der Gemächer erschien die Majestät auf dem Balkon und warf von hier aus Bonboniers aus."[4]

Bei ihren Besuchen in Feldafing ging die Kaiserin häufig in die umliegenden Bauernhäuser und ließ sich „kuhwarme" Milch servieren, eine Angewohnheit, die sie bei allen ihren Reisen bis zuletzt beibehielt. Sofern es das Wetter zuließ, nahm sie frühmorgens ein Bad im Starnberger See. Dann war die Badeanstalt – das „Strauchsche Damenbad" – für die

Öffentlichkeit geschlossen und durch Gendarmen bewacht. Im Jahre 1882 ließ die Kaiserin im ersten Stock des Hotels einen Turnsaal einrichten und den Boden mit Matratzen auslegen. Im Pfarrhaus erhielt die Kaiserin darüber hinaus noch Unterricht im Florettfechten. Bei schönem Wetter fand der Unterricht im Freien statt. Nachmittags ruhte sie häufig in einer Hängematte des Pfarrgartens, der vor neugierigen Blicken von außen geschützt war. Besonders gerne ging Elisabeth am Ufer des Starnberger Sees entlang und wanderte nur in Begleitung ihrer Hundes am Seeufer nach Garatshausen. Auch Bootsfahrten auf dem See und auf die Roseninsel gehörten zum Standardprogramm. Ein beliebtes Ausflugsziel der Kaiserin war ferner die Wallfahrtskirche in Andechs. Die Marschleistungen der Kaiserin waren auch in Feldafing Anlaß für staunende Kommentare. Begleitet wurde sie bei ihren stundenlangen Fußmärschen von ihren Hofdamen. In den Starnberger Lokalnachrichten war im Juni 1883 zu lesen:

Am letzten Freitag machte Ihre Majestät die Kaiserin von Österreich in Begleitung einer Hofdame und eines Kammerdieners von Pasing aus über Planegg, Maria Eich und Petersbrunn eine Fußtour, kam nachmittags 1 Uhr dahier an und nahm bei Herrn Cl. Obermayr, Gastwirt zum Seefelderhof, das Mittagsmahl ein. Ihre Majestät war bei gutem Appetit und in bester Laune über ihr gelungenes Incognito, da sie dortselbst nicht erkannt wurde. Nach 2 Uhr setzte Ihre Majestät den Weg nach Feldafing fort.

Wie oft Elisabeth bei ihren Aufenthalten in Possenhofen bzw. Feldafing König Ludwig II. gesehen hat, läßt sich nicht mehr genau rekonstruieren. Im Jahre 1885 machte Elisabeth einen unangemeldeten Besuch auf der damals noch romantisch ausgebauten Roseninsel im Starnberger See, wo sie vielleicht den König anzutreffen hoffte. Sie hinterließ ihm ein Gedicht, das auf eine gemeinsame Bootsfahrt bei ihrem letzten Zusammentreffen im Jahre 1881 anspielte:

Du Adler, dort hoch auf den Bergen,
Dir schickt die Möve der See
Einen Gruss von schäumenden Wogen
Hinauf zum ewigen Schnee

Einst sind wir einander begegnet
Vor urgrauer Ewigkeit

Die Roseninsel

Am Spiegel des lieblichsten Sees,
Zur blühenden Rosenzeit.

Stumm zogen wir nebeneinander
Versunken in tiefer Ruh ...
Ein Schwarzer nur sang seine Lieder
Im kleinen Kahne hinzu.[5]

Im September erfuhr der König von diesem Besuch der Kaiserin auf der Insel und schrieb an Elisabeth: „Seit Jahren erfolgte meinerseits kein Besuch der Roseninsel, erst vor ein paar Tagen erfuhr ich, welche Freude meiner harrt. Auf diese Nachricht hin fuhr ich eilends nach dem idyllischen Eiland und fand dort den theuren Gruß der See-Möve! Tiefsten, innigsten Dank!"[6]

Auch am 13. Juni 1886, dem Todestag des bayerischen Königs Ludwig II., hielt sich Elisabeth in Feldafing auf, was später Anlaß zu allerlei Spekulationen bot. Wochenlang beschäftigte sich die Kaiserin mit Ludwigs Tod, den sie aus nächster Nähe miterleben mußte. So kreiste auch ihre Dichtung dieser Zeit fast ausschließlich um das Schicksal von Ludwig II.

... Du sandtest mir blühende Rosen
Einst über den lieblichsten See
Mit Zweigen des weissen Jasmines,
Gleich duftendem Nachwinterschnee.

Doch jüngst erst band ich dir ein Sträusschen
Aus duftendem weissen Jasmin;
Sie brachten's wohl über das Wasser,
Sie legten aufs Herz es dir hin.

Darauf wand ich aus blühenden Rosen
Den Kranz von berauschendem Duft,
Den trug ich voll Sorgfalt und Liebe
Hinab in die dunkelnde Gruft.

Dort habe ich Abschied genommen
Und drückte noch leise zum Schluss,
Mein unvergesslicher König,
Auf deinen Sarg einen Kuss.[7]

1894 war Elisabeth das letzte Mal in Feldafing; doch hielt sie den Kontakt mit dem Gastwirt Strauch weiter aufrecht. Dieser sollte am 10. September 1898 sogar Zeuge von Elisabeths Ermordung in Genf werden.

Erinnerungen an Elisabeth

Das Hotel Strauch (seit 1900 Hotel Elisabeth) trägt heute den Namen „Golf Hotel Kaiserin Elisabeth" und bewahrt noch viele Erinnerungen an den hohen Gast. Auch in der Dorfkirche von Feldafing erinnert ein nach dem Tode der Kaiserin von ihrem Gemahl gestiftetes Kirchenfenster an sie. Das neben dem Marienaltar befindliche Fenster zeigt die hl. Elisabeth.

Im Park des Hotels „Kaiserin Elisabeth" steht seit 1926 ein eindrucksvolles Marmordenkmal. Die Statue, die Elisabeth sitzend mit Buch zeigt, wurde im Jahre 1905 von dem aus Eger stammenden Bildhauer Karl Wilfert d. J. geschaffen und war ursprünglich für den Kurort Franzensbad bestimmt. Als man dort nach der Gründung der Tschechoslowakei die Habsburger-Denkmäler beseitigte, gelang es 1924 dem Bildhauer Wilfert, der inzwischen am Starnberger See lebte, die Statue nach Feldafing bringen zu lassen. Er übergab sie der Gemeinde mit der Bedingung, daß sie stets der Öffentlichkeit zugänglich sein müsse. Die Gemeinde Feldafing veranlaßte den Hotelier Georg Kraft, das Elisabeth-Denkmal in seinem Hotelpark aufzustellen.

Bad Kissingen

Geschichte und Sehenswürdigkeiten

Kissingen (seit 1883 Bad Kissingen) war im Mittelalter Besitz der Grafen von Henneberg, die sich in zahlreichen Fehden mit ihrem größten Konkurrenten, dem Bischof von Würzburg, um die Rechte an Kissingen stritten. 1308 wurde Kissingen bei einer der vielen Fehden völlig zerstört. Schließlich kam die Stadt an die Fürstbischöfe von Würzburg. Während der Reformation schloß sie sich unter Führung ihres Pfarrers Johannes Wüst dem neuen Glauben an und verbündete sich mit den aufständischen Bauern der Umgebung. Kissingen wurde gestürmt und geplündert. Im Zuge dieser Auseinandersetzungen wurde auch die hoch über der Stadt gelegene Burg der Henneberger, Stammburg des Minnesängers Otto von der Bodenlauben, zerstört. Nachdem die schlecht bewaffneten Bauern geschlagen waren, ließ Fürstbischof Konrad von Thüngen (1519–1540) 295 Rebellen und Pfarrer Johannes Wüst enthaupten. In die Annalen der Geschichtsschreiber kam Kissingen erst wieder 1866, als hier die bayerischen Truppen den Preußen in einer 10stündigen Schlacht unterlagen.

Die Salzquellen von Bad Kissingen sind schon sehr lange bekannt. Seit 1587 wird das Mineralwasser verwendet. Bedeutung als Heilbad erlangte der Ort jedoch erst im 18. Jahrhundert mit der Entdeckung der Rakoczy-Quelle und des Schönbornsprudels. Aus dieser Zeit stammen auch das nach Plänen von Balthasar Neumann erbaute Kurhaus (1737–1739) und der Kurgarten. 1814 kam Kissingen zu Bayern und genoß bald die Förderung des ersten bayerischen Königs Max I. Josef (1806–1825). Nun entstanden Arkadenbau, Kuranlage und Salinenbad. Sehr bekannt wurde das Staatsbad unter anderem durch die häufigen Aufenthalte von Bismarck, der gesagt haben soll: „Nebst Gott und meinem Leibarzt Schweniger verdanke ich die zweite Hälfte meines Lebens Kissingen". Bismarck residierte mit kurzen Unterbrechungen von 1876 bis 1893 in seiner Kissinger Villa, dem „Salinenschlößchen", einem ehemaligen Jagdschloß des Würzburger Fürstbischofs Friedrich von Seinsheim. Die altpreußischen Junker und die reiche geadelte Industrie- und Bankenprominenz schätzten Kissingen vor allem auch deswegen, weil das Heilwasser die rasche Gewichtsabnahme förderte. Die sechs Kissinger Mineralquellen halfen und helfen fast gegen alles. Sie wurden und werden angewandt bei Beschwerden von Magen, Darm, Leber, Galle, Herz und Gefäßen, bei Stoffwechselstörungen, Rheuma, Frauenleiden, bei Fettsucht und Diabetes. Zu Trinkkuren eignen sich vor allem die Rakoczy-, Pandur- und Maxbrunnen, die Sole-, Schönborn- und Luitpoldsprudel werden vor allem für Bäder gebraucht.

Das Stadtbild Kissingens hat eine erstaunliche architektonische Vielfalt zu bieten. Die Stadtmauern entstanden im 14. Jahrhundert nach der ersten und einzigen vollständigen Zerstörung der Stadt 1308. Der Großteil dieser Mauern, die die Stadt 500 Jahre lang schützten, wurden auf Anordnung des bayerischen Königs Ludwig I. (1825–1848) abgetragen, „damit man schon von weitem in die Stadt hineinsehen kann." Auf den Fundamenten baute man neue Häuser, die ganz auf Kurbedarf und Fremdenverkehr ausgerichtet waren.

Wie in anderen Kurorten, so mußte auch in Kissingen auf die andersgläubigen Kurgäste Rücksicht genommen werden. Daher errichtete man 1846/47 auf Anordnung Ludwigs I. die evangelische Erlöserkirche. Die Baukosten zahlte der König aus seiner Privatschatulle. Architekt des später erweiterten Gebäudes war Friedrich von Gärtner (1792–1847). Gärtner hat für Ludwig I. auch noch 1834–1838 den Arkadenbau errichtet.

Kissingen, das im Jahre 1883 amtlich zum Bad erhoben wurde, hat in der 2. Hälfte des 19. Jahrhunderts viel für seine Modernisierung getan. In den Jahren 1886 bis 1889 wurde eine vorbildliche Kanalisation eingerichtet, die erste in einer bayerischen Stadt. Ferner ließ der bayerische Staat ein neues Post-, Bau- und Finanzamt errichten, und 1895 die Alleen im Kurgarten erneuern. 1892 gab es im Ort bereits 17 Telephonanschlüsse, und ein Hotel führte bereits die Auersche Gasglühlichtbeleuchtung ein. In den Jahren von 1897 bis 1898 wurden sämtliche Kurmittelhäuser mit elektrischem Licht versehen. Darüber hinaus gaben zahlreiche private Unternehmer Millionen Goldmark für Neu- und Umbauten von Sanatorien, Gasthäusern, Kurhäusern, Villen und Restaurants aus. In dieser Zeit entwickelte sich der Ort zum Weltbad.

Elisabeth und Kissingen

Kissingen war der erste in einer langen Reihe von Kurorten, die Elisabeth im Laufe ihres Lebens aufgesucht hat. Sie hat das Bad insgesamt sechsmal besucht, nämlich viermal als junge enttäuschte Frau in den Jahren 1862 bis 1865 und zweimal als resignierte 60jährige 1897 und 1898. So spiegeln sich in ihren Aufenthalten in Kissingen Beginn und Ende eines Lebens. Hier in Kissingen begegnet uns Elisabeth als eine kranke Frau, die Gesundheit für Körper und Seele sucht und auf die Kraft der Heilquellen, der Natur und nicht zuletzt auf die Kunst der Ärzte vertraut. Und wenn man den Äußerungen Elisabeths

Glauben schenken darf, so ist Kissingen unter allen Kurorten der Kaiserin der „erfolgreichste" gewesen.

Der erste Kuraufenthalt der Kaiserin in Kissingen erfolgte auf Rat ihres Münchner Hausarztes, des Hofrats Dr. Fischer, der seine Patientin seit ihrer Kindheit kannte. Da sich Elisabeth nach ihren Aufenthalten in Madeira, Korfu und zuletzt Venedig, wo sie sich bis Mai 1862 aufhielt, immer noch leidend fühlte, meinte Dr. Fischer, daß eine Kur in Kissingen Hilfe bringen könnte. Elisabeth fuhr von Venedig zunächst nach Reichenau an der Rax, um dem verhaßten Wien auszuweichen und Sohn und Tochter zu besuchen und traf dann am 2. Juni in Kissingen ein, wo sie sich im Hause eines Herrn Hess neben dem königlichen Kurhaus in Kissingen einquartierte. Auf den ausdrücklichen Wunsch Elisabeths verzichtete man bei ihrer Ankunft auf einen großen Empfang; die Kaiserin wollte so weit wie möglich incognito bleiben. Die Dienerschaft des Hauses wurde verpflichtet, strengstes Stillschweigen über den hohen Gast zu wahren. In der Kurliste wurde lediglich eingetragen:

Eingetroffen am 2. Juni 1862 im Haus Carl von Hess:
Frau Gräfin von Hohenembs aus Wien,
Seine Exzellenz der Herr General-Major Alfred Graf Königsegg-Aulendorf,
Ihre Exzellenz Frau Paula Gräfin Königsegg-Aulendorf, geborene Gräfin Hunyady,
Herr Dr. Fischer, Hofrath,
Frl. Marie Doré, Elise Herzog,
Haus-Offiziere und Dienerschaft aus Wien.[8]

Als es der Kaiserin gesundheitlich besser ging, begann sie die Umgebung zu erwandern. Sie entdeckte für sich den Altenberg: „Westlich, jenseits der Saale, dem Kurplatze gegenüber, erhebt sich diese Anhöhe schroff und steil. Auf zwei Pfaden gelangt man auf die Fläche desselben, die mit Anlagen bepflanzt ist. Eine freundliche Aussicht erquickt das Auge. Einige Ruinen finden sich vor; die Sage läßt hier die Katten (= Chatten, germanisches Volk, von dem das Land Hessen seinen Namen hat) ihre erste Ansiedlung gründen."[9] Häufig stieg Elisabeth auf den Altenberg, der selten von Kurgästen besucht wurde.

Sie erwählte ihn zu ihrem Lieblingsaufenthalt, wenn sie in Kissingen verweilte. Täglich erschien Elisabeth auch auf der Promenade, wo sie sich nicht selten derer annahm, die in Kissingen schwerkrank und invalid Heilung suchten.[10] Bereits Elisabeths wittelsbachische Verwandte hatten den Altenberg für sich entdeckt. Ihr Onkel König Ludwig I. von Bayern ließ hier einen tempelartigen Pavillon bauen und ihr Cousin König Max II. ließ den früher kahlen Hügel aufforsten. Auch Elisabeths Vater, Herzog Max in Bayern, war in Kissingen Stammgast. Am 25. Juli 1862 beendete die Kaiserin ihren ersten Kissingenaufenthalt mit dem Vorsatz, im nächsten Jahr wiederzukommen.

Tatsächlich weilte Elisabeth konsequent und dem Rat ihres Arztes folgend auch im nächsten Jahr vom 16. Juni bis 25. Juli 1863 zur Kur in Kissingen. Diesmal übernachtete sie im Kurhaus. Am 17. Juni war im Intelligenzblatt zu lesen:

> Willkommen
>
> Willkommen hoch, Erhabendste der Frauen
> Es schlingt sich fest um Dich der Liebe Band,
> Hier in dem alten treuen Heimathland
> Wo alle Herzen Dir Altäre bauen! –
>
> Vernimmt Dein Ohr kein flüsternd leises Rauschen!
> Die Nymphen reissen aus der Quelle Schoos
> Im Jubelrausche Alle heut' sich los,
> Den Grazien, welche mit Dir nah'n, zu lauschen.
>
> Und Hygias steigt vom tiefen Schacht,
> Den sie als Priesterin getreu bewacht,
> Und eilet ihres Sieges sich bewusst,
>
> Dir, die geschmückt mit allen Erdenkränzen,
> Den ewig frischen Becher zu kredenzen,
> Aus dem Du schlürfest neue Lebenslust.[11]

Großes Aufsehen machte diesmal Elisabeths Erscheinen auf der Kurpromenade, wo sie sich um den blinden Herzog von Mecklenburg und den gelähmten Engländer John Collett kümmert. Mit letzterem verband sie in der Folgezeit eine herzliche Freundschaft.[12] Während ihres Aufenthalts besuchten sie der Kaiser und ihr Bruder Karl Theodor. Während ihr Gemahl und ihr Bruder auf die Jagd gingen, streifte Elisabeth durch die Wäl-

Kurgarten in Bad Kissingen

der und Höhen des Altenbergs. Auch der bayerische König Max II. machte am 14. und 15. Juli 1863 der Kaiserin seine Aufwartung.

Im Juni und Juli 1864 besuchte Elisabeth Kissingen zum dritten Mal. Wie im letzten Jahr traf sie am 16. Juni zusammen mit dem Kaiser dort ein. In diesem Jahr begegneten sich dort zahlreiche gekrönte Häupter: Zar Alexander II. reiste mit seiner Frau Maria Alexandrowna, Prinzessin von Hessen-Darmstadt, mit Sohn und zwei Töchtern sowie 88 Personen Hofstaat an. Auch der junge bayerische König Ludwig II. machte dem Kaiser und dem Zaren seine Aufwartung. Da der Vater des jungen Königs, König Max II., am 10. März 1864 gestorben war, sorgte die Tatsache, daß Ludwig II. fast vier Wochen, vom 19. Juni bis zum 15. Juli, in Kissingen blieb, für gehöriges Aufsehen. Anschließend finden wir den König auch noch einige

Tage in Bad Schwalbach (20. Juli bis 12. August). Es war wohl eher sein Interesse für Elisabeth und weniger die kolportierte geplante Eheschließung mit der 11jährigen Zarentochter, die den jungen König in Kissingen hielt. Er benutzte den Aufenthalt auch dazu, seinen Großvater Ludwig I. in Aschaffenburg zu besuchen. Ludwig I. rät in einem Brief seinem Enkel dringend von einer Eheverbindung mit der Zarenfamilie ab. Der junge König beeilte sich, die Heiratspläne als Gerücht abzutun.[13]

Auch 1865 weilte Elisabeth vom 1. Juli an für sechs Wochen in Kissingen. Damals ließ sie sich ihren Hund „Horseguard" nachschicken. Am 17. Juli schrieb sie von der „Waldhalle" am Altenberg an Ida v. Ferenczy:

> ... Hier ist ein großer, dichter Wald, ich fahre jeden Morgen aus, nach dem Frisieren, und wo der Wald beginnt, steige ich ab und gehe zu Fuß zu einem schönen Platz, wo sich unter den Bäumen, unter einem kleinen hölzernen Dach ein Tisch und einige Bänke befinden. Ich bleibe dort bis zum Mittagessen, lesend, schreibend oder mit der Dame plaudernd. Ich lese auch oft laut, zwecks guter Aussprache ...[14]

Elisabeth las um dies Zeit auf Ungarisch den Roman „Karthausi" des Josef v. Eötvös.

1866 war wegen des preußisch-österreichischen Krieges, den ja Kissingen aus nächster Nähe miterleben mußte, ein Kuraufenthalt Elisabeths nicht möglich. Für 30 Jahre sollte Elisabeth nun nicht mehr in den Badeort kommen.

Es war wohl der gute Ruf der Kissinger Ärzte, der Elisabeth veranlaßte, am 10. Mai 1897 nach langer Pause wieder nach Kissingen zurückzukehren. Jetzt nahm sie im königlichen Kurhaus gegenüber den Kuranlagen Quartier. Wie bei früheren Aufenthalten trug sie sich auch diesmal unter dem Namen „Gräfin Hohenembs" auf der Kurliste ein. Begleitet wurde Elisabeth von Graf Bellegarde, Gräfin Sztáray, dem Sekretär Petrowsky, ihrem griechischen Vorleser Barker und der Wiener Dienerschaft. Am Nachmittag um fünf Uhr besuchte die Kaiserin in Begleitung ihrer Hofdame Sztáray das Konzert der Kurkapelle. Diese präsentierte die Uraufführung einer Phantasie aus der Oper „Kunihild" von Cyrill Kistler, eines mit Wagner befreundeten Komponisten, der sich in Kissingen angesiedelt hatte. Die Kissinger „Saale-Zeitung" berichtete bereits am 10. Mai:

Kaiserin Elisabeth von Österreich in Bad Kissingen. Am heutigen Montag, präcis 12 Uhr 26 Min. lief der Zug ein, mit welchem Ihre Majestät, die Kaiserin und Königin Elisabeth von Österreich-Ungarn, in unserem Kurorte zu mehrwöchigem Kuraufenthalte eintraf. Den Zug, in den zwei Salonwagen eingestellt waren, führte der königl. Betriebsmaschineningenieur Herr Kuffer von Schweinfurt. Ihre Majestät entstieg raschen Schrittes dem Salonwagen und nahm huldvoll die Vorstellung des k. Bad-Commissärs, Herrn Regierungsraths Baron Bechtolsheim entgegen. Ihre Majestät trug ein schwarzes Capothütchen ohne Schleier und fußfreien schwarzen Rock. Herr Bahnverwalter Uhl geleitete Ihre Majestät durch den Königssalon zu den offenen Equipagen, deren erste Ihre Majestät mit der Hofdame bestieg. Im zweiten Wagen folgte Obersthofmeister Herr Graf v. Bellegarde mit dem k. Bad-Commissär. Das zahlreiche anwesende Publikum grüßte Ihre Majestät ehrfurchstvollst. In langsamen Trab ging es durch die Prinzregentenstraße, Theaterstraße nach dem königlichen Kurhause, dessen gartenartig angelegte Einfahrt prächtig mit Blattpflanzen, Lorbeerbäumen u.s.w. geschmückt ist. Auch hier hatte sich eine große Menschenmenge eingefunden. Am Portale wurde die Kaiserin von Herrn Hofrath Streit und dem Kurdirektor Schraeleiten begrüßt. Das Gefolge zählt insgesamt zwölf Personen, welche in vierzehn Salons und Zimmern untergebracht sind. Die Salons der Kaiserin, die auf die Theaterstraße führen, wurden gänzlich neu und auf das Allervornehmste eingerichtet. Ihre Majestät wird in der Kurliste als Gräfin Hohenembs eingetragen werden. Vor drei Jahrzehnten hat Ihre Majestät an Kissingens Heilquellen ihre Gesundheit wiedergefunden. Mögen auch diesmal unsere wunderthätigen Quellen von reichem Segen für Ihre Majestät die Kaiserin sein ...[15]

Elisabeth äußerte sich sehr besorgt, als ihre Hofdame ihr die neueste Ausgabe der „Saale-Zeitung" vorlas. Sie fürchtete um ihre ersehnte Ruhe. Verärgert nahm sie die Nachricht mit der Wiedergabe der Daten ihres ersten Badetages zur Kenntnis. Es hieß:

Kurz nach Ihrer Ankunft empfing gestern Nachmittag Ihre Majestät die Kaiserin von Österreich den behandelnden Arzt Herrn Medicinalrath Dr. Sotier in erster Audienz. Abends gegen sechs Uhr unternahm die Kaiserin in dessen Begleitung einen Spaziergang nach der Saline, von welcher sie um sieben Uhr zurückkehrte. Heute früh erschien Ihre Majestät bereits am Brunnen, um ihre Trinkkur zu beginnen und kaufte später persönlich ihr Frühstücksgebäck in der Hofconditorei in der Kurhausstraße. Mittags zwischen zwölf und ein Uhr begibt sich die Kaiserin in das königliche Kurhausbad, nachmittags fünf Uhr wird das Diner eingenommen. – Es muß leider constatiert werden, daß das Publikum Ihre Majestät gestern Nachmittag bei ihrem Spaziergang durch allzunahes Herandrängen und Nachgehen stark belästigte. Das Recht eines jeden Kurgastes, Ruhe und Erholung im Badeort zu suchen, sollte auch unserem hohen Kurgast um so bereitwilliger eingeräumt werden, als Ihre Majestät sich von den furchtbaren Schicksalsschlägen, die sie in jüngster Zeit betroffen, nur schwer erholen wird. Heute früh erschien die Kaiserin ohne jedes Gefolge am Brunnen und ging auch allein in den Anlagen spazieren; es ist demnach anzunehmen, daß Ihre Majestät sich ganz zwanglos zu bewegen wünscht und hoffen wir deshalb, daß fernere Belästigungen unterbleiben, wie auch heute früh das Kurpublikum sich durchaus in angemessenen Grenzen hielt ...[16]

Dennoch war Elisabeth dem regen Interesse des Kurpublikums ausgesetzt. Um weniger belästigt zu werden, promenierte sie nur in den äußeren Kuranlagen. Ihre täglichen Spaziergänge machte sie auf die umliegenden Berge. Wie bei den Aufenthalten vor 30 Jahren verweilte sie auch diesmal häufig auf dem Altenberg und erinnerte sich wehmütig an vergangene Zeiten. Der kaiserlichen Korrespondenz ist zu entnehmen, daß Elisabeth mit ihrem Aufenthalt und auch mit ihrem Kurerfolg sehr zufrieden war. Der Kaiser bemerkte in einem seiner zahlreichen Briefe an die Kaiserin: „... Du scheinst wirklich zufrieden mit Deiner Cur und ich bin sehr neugierig, wie lange Du noch in Kissingen bleiben und wann Du nach Schwalbach übersiedeln wirst. Deine Stimmung scheint auch eine gute zu sein, jedenfalls besser als meine, die durch die großen Schwierigkeiten unserer inneren Verhältnisse eine recht trübe und traurige ist ..."[17] Und vier Tage später: „... Gestern erhielt ich durch einen Brief Bellegardes vom 25. wieder Nachricht von Dir. Ich bin erstaunt, daß Du im Gegensatz mit der früheren Absicht, länger in Kissingen und kürzer in Schwalbach bleiben willst und eigentlich recht traurig, daß Du erst am ersten Juli zurückkommst; das ist noch eine lange Zeit, aber Deine Gesundheit ist die Hauptsache und so schweige ich in Geduld ..."[18]

Ganz nach ärztlicher Vorschrift setzte Elisabeth ihre Kur fort und verlängerte sogar um 9 Tage, so daß sie nicht, wie ursprünglich geplant, am 31. Mai, sondern erst am 9. Juni abreiste. Da der Kurerfolg zufriedenstellend, die Witterung gut und das Kurpublikum zurückhaltend war, dehnte die Kaiserin ihre Ausflüge aus. Sie ging nun auch größere Entfernungen, wie etwa zum Forsthaus Klaushof. Auch der „Saale-Zeitung" blieb die offensichtliche Zufriedenheit der Kaiserin mit der immer geringer werdenden Belästigung durch das Publikum nicht verborgen: „Möge man sich nach wie vor danach richten."[19] Selbst Elisabeths Hofdame, Gräfin Sztáray wußte nur positives über den kaiserlichen Kuraufenthalt in Bad Kissingen zu berichten:

In Kissingen nahm Professor Sotier die Kaiserin in Behandlung. Anfänglich fühlte sie sich etwas fremd, doch gewöhnte sie sich rasch, weil sie eine gute Wirkung zu verspüren vermeinte. Frühmorgens war sie schon am Brunnen, trank das Wasser und promenierte am Ufer der Saale, wohin sich nur selten ein Kurgast verirrte. Wir spazierten auch oft auf den zum Bade gehörigen, hundert Kilometer umfassenden, schön gepflegten Promenadewegen; immerhin weniger als die Kaiserin gewünscht hätte, weil die Kur größeren Ausflügen Grenzen zog. Auch ihr Gemüt erheiterte sich. Sie kämpfte gegen die Traurigkeit und Gedrücktheit an und nahm es dankbar auf, wenn ich ihr darin zu Hilfe kam. Die letztverflossenen traurigen Ereignisse wurden so selten als möglich besprochen. Wir vermieden es, die schmerzenden Wunden zu erregen; mochten sie doch, so weit es eben ging, verharschen, statt immer neu aufzubrechen. Wenn ich sie etwas heiterer sah, war ich glückselig. Die Königin von Hannover und Prinzessin Mary dienten der Kaiserin zu einiger Zerstreuung. Beide liebe, gute Seelen. Die Prinzessin war eine ebenso begeisterte Musikfreundin wie ich und wir besuchten zusammen einige Konzerte.[20]

Der letzte Aufenthalt Elisabeths in Kissingen im April und Mai 1898 ist uns besonders gut dokumentiert: Das Vertrauen der Kaiserin in den Arzt Dr. Sotier war so groß, daß man ihn sogar von der Schweiz aus mit der Vorbereitung des Frühstücks in Kissingen beauftragte. Die Kammerfrau schrieb ihm am 14.4.98 aus Territet:

Hoch geehrter Herr Doctor!
Ihre Majestät läßt Sie ersuchen, zur Ankunft das Frühstück zu bestellen, aus dem Hotel guten schwarzen Kaffee von Metzner, $^1/_2$ Liter Milch und $^1/_4$ Liter sehr guten, dicken, sehr frischen Rahm, beides unabgekocht und auf sechs Grad eingekühlt, von Widmaier die Schachtel gemischter Bäckerei, so wie selbe voriges Jahr Ihrer Maje-

stät täglich geschickt hat, richtig vom Hotel eine Portion von diesem Fleischgelee, wie Sie, sehr geehrter Herr Sanitätsrat, selbes Ihrer Majestät verordnet haben und zwei ganz frische Eier, selbe müssen aber gewiß vom Nachmittag des vergangenen Tages sein, ja nicht älter, also bitte das Frühstück soll gleich nach der Ankunft Ihrer Majestät bereitet sein, und Sie, Herr Doctor, möchten die Güte haben, eine Stunde später zu Ihrer Majestät zu kommen …

Mit großer Sorgfalt hatte Elisabeths Arzt auch die Trinkkuren verordnet:

Wollen Ihre Majestät vor allem zu berücksichtigen geruhen, daß größere Quantitäten von Eisenwasser nur Magenbeschwerden und Unverdaulichkeiten hervorbringen müssen, daß das Eisen in größerer Menge unverdaut stuhlfärbend abgehen wird. Die Verdaulichkeit des Eisenwassers ist ganz individuell, weshalb der Genuß auf ganz kleine Dosen beschränkt wird, weil größere Dosen von Eisen nicht assimiliert werden können. Unter dieser Berücksichtigung habe ich erlaubt, Ihrer Majestät die leichte Stahlquelle von Brückenau zu allerhöchsten Genehmigung vorzuschlagen. Es ist nicht nötig, daß diese Brückenauer Stahlquelle in größeren Quantitäten hintereinander genossen wird, im Gegenteil würde ich unter den mir bekannten Verhältnissen, um jeden der obengenannten Zufälle beim Eisen zu vermeiden, folgende Trinkmethode zur allerhöchsten Genehmigung unterbreiten. Majestät geruhen des Morgens in langsamer Weise Portionen zu je 100 Gramm Stahlwasser und zwar zwei Mal in Pausen von 20 Minuten auf nüchternem Magen frisch von der Quelle nehmen zu wollen. Dies für die ersten Tage unter Berücksichtigung, wie das Wasser vertragen wird, später dann 300 Gramm. Das Frühstück so bald als möglich nach dem letzten Glas zu nehmen. Milchkaffee mit entsprechenden Broten, eventuell Fleischgenuß, wie kaltes Fleisch, Fleischgelee nach bekannter Ordination. Kurz vor dem Diner weitere 100 Gramm Stahlwasser, gegen Abend nach dem Spaziergang nochmals 100 Gramm. Sollte sich nach dem Gebrauch des Stahlwassers – weil Rakoczygebrauch aufgehoben – träger Stuhl oder sogar Verstopfung eintreten, so bitte ich, daß Majestät eventuell zu einem Mittel greifen. Somit währen höchstens des Tags über 500 Gramm Stahlwasser zu trinken. Hiezu kommen ausgerahmte Milch – 500 Gramm – ferner bei ausgesprochenem Durstgefühl 150–200 Gramm Wernarzer Wasser mit gutem Wein. Mit Wernarzer Wasser kann gegurgelt werden.[21]

Dr. Sotier war durch ein Schreiben des Wiener Hofarztes Dr. Kerzl genauestens über den Zustand der Kaiserin informiert:

Hochgeehrter Herr College!
Trotzdem für Ihre Majestät die Kaiserin eher ein Eisenbad indiziert ist, kommt Allerhöchstdieselbe doch zuerst nach Kissingen aus folgendem Grund. Neben der bedeutenden Anämie bestehen einzelne Erscheinungen im Verdauungssystem, so eine sehr langsame, mit viel Gasentwicklung einhergehende Verdauung, eine Verminderung der peristaltischen Bewegung der Eingeweide …

Nach ihrer Ankunft am 18. April 1898 in Kissingen, diesmal wohnte sie in der am Fuße des Altenbergs liegenden Villa Mon Bijou, bat Elisabeth ihren Gemahl, sie zu besuchen: Dieser meinte: „… Deinem Wunsche, Dich in Kissingen zu besuchen, werde ich, wenn ich nur halbwegs von hier abkommen kann, sehr gerne entsprechen, denn nach so langer Trennung sehne ich mich natürlich unendlich nach dem Wiedersehen und ich werde jede Gelegenheit ergreifen, welche dasselbe ermöglicht …“[22] Der Kaiser war bereits durch den Obersthofmeister über das Quartier in Kissingen unterrichtet. Er bekam eine Ansicht und einen Plan der Villa am Altenberg und meldete sich bereits für den 25. April an.

Die „Saale-Zeitung“ widmete der Ankunft der Kaiserin zwei Drittel der Titelseite. Man begann mit einem Gedicht, welches der Kaiserin besonders gut gefiel:

Kaiserin Elisabeth in Bad Kissingen.

Warum erklingt der Vögel Lied so freudig
Am Altenberg, im frischen grünen Hain?
Warum erblühten über Nacht die Blumen,
Und strahlt so hell der Sonne goldner Schein?

Den Willkommgruß bringt die Natur Dir, Fürstin!
Die heute Du beglückest unser Thal,
Und alle Herzen jubeln Dir entgegen,
O sei willkommen uns, viel tausendmal!

Ein neues Leben auf ergrünten Fluren,
Hat wieder uns der junge Lenz beschieden;
Wie schön ist's jetzt auf unsrer Berge Höhn,
Wenn uns umfängt der stille Waldesfrieden.

O möcht sich unsrer Quellen Kraft bewähren,
Aufs Neu Dir bringen der Gesundheit Glück,
Dann denkst Du freundlich noch in weiter Ferne
An unser liebes Kissingen zurück.

Bad Kissingen, 18. April 1898. In der am Fuße des Altenberges im schönen „Rosenviertel" gelegenen Villa Monbijou hat heute Ihre Majestät Kaiserin von Österreich, Königin von Ungarn, ihren Einzug gehalten, um vier Wochen in Bayerns Bajä, dem waldbekränzten Kissingen, zu weilen und Gesundheit aus den heilkräftigen Quellen zu trinken, den Körper zu baden in der wunderthätigen Soole und der würzigen ozonreichen Luft unseres Saalethales ...32 Jahre waren im letzten Sommer verflossen, seitdem Kaiserin Elisabeth zum letzten Male Kissingens Heilschätze aufgesucht hatte; wie in den 60er Jahren unsere Quellen an Ihrer Majestät ihre ganze Wunderkraft bewiesen, so konnte auch im vorigen Jahre schon nach kurzem Aufenthalt der hohen Frau ein ausgezeichneter Kur-Erfolg constatiert werden und als Ihre Majestät nach vierwöchentlichem Aufenthalt unseren Badeort verließ, waren wir sicher, daß Kaiserin Elisabeth fortan zu den hohen Stammgästen des Bades zu zählen sein werde ... Ihre Majestät hat nicht bis zum Wonnemonat gewartet, sondern ist schon im wetterwendischen April aus dem sonnigen Süden zu uns gekommen; sie findet noch keinen üppigen Wiesengrund, keine dichtbelaubten Waldeshöhen, aber das Werden der Natur merkt man überall, zarte Knospen und die ersten Blumen erfreuen bereits des Menschen Herz. Auch in den Promenaden und Anlagen ist noch nicht alles gethan, obgleich sich seit Wochen Hunderte fleißiger Hände regen, um Kissingen in das prächtige Gewand zu kleiden, das von jeher sein Ruhmestheil war. Möge Ihre Majestät auch zur jetzigen Vorsaison an unserer Bäderstadt gleiches Gefallen finden wie bisher, möge die Kur von den wohlthätigsten Folgen für Kaiserin Elisabeth begleitet sein, das ist unser aller Wunsch mit dem wir Ihre Majestät in unserem Badeorte hochwillkommen heißen ... Vom Altenberge grüßt heute die österreichische Flagge herüber und auf den Bergeshöhen ringsum wehen lustig bayerische Fahnen im Winde. Am Bahnhofe hatte sich schon frühzeitig ein ziemlich zahlreiches Publikum eingefunden, das sich vor dem Königssalon und innerhalb des Perrons aufstellte. Gestern Nachmittag Ein Uhr 25 Min. hatte Kaiserin Elisabeth per Extrazug Territet am Genfersee verlassen, um in ununterbrochener Fahrt hierher zu eilen. In Würzburg bestieg der kgl. Oberbahnamtsleiter Eickemayer den Zug, in Schweinfurt begab sich der kgl. Bezirksmaschinen-Ingenieur Kuffer auf die Lokomotive, um den Train hereinzuleiten. Sechs Uhr 35 Min. traf der Sonderzug, der zwei österreichische und einen schweizerischen Salonwagen, sowie einen Personenwagen erster Klasse mit sich führte, dahier ein. Raschen und elastischen Schrittes entstieg Kaiserin Elisabeth in eleganter Trauerkleidung mit fußfreiem Rock dem Salonwagen und begrüßte mit huldreichem Lächeln den kgl. Bad-Commissär Herrn Baron Bechtolsheim, den rechtskundigen Bürgermeister und Landtagsabgeordneten Herrn Theob. Fuchs, den behandelnden Arzt Herrn Medizinalrath Hofrath

Dr. Sotier und Herrn Bahnverwalter Uhl, die sie zum Handkuß zuließ. Dann durchschritt Ihre Majestät den Königssalon und begab sich nach der harrenden Equipage, die Ihre Majestät mit der Hofdame Gräfin Sztáray nach Villa Monbijou brachte, woselbst der Besitzer Herr Heinrich Schmitt und Herr Hotelbesitzer Steinbach die Kaiserin empfingen. Im zweiten Wagen folgte Se. Exzellenz General Berzeviczy, in den weiteren vier Equipagen das übrige Gefolge. Recht vorteilhaft machten sich die hiesigen prächtigen Wagen mit dem vorzüglichen Pferde-Material bemerkbar. Das Gefolge der Kaiserin besteht außer den schon genannten Persönlichkeiten aus Herrn Intendantur-Rath Dr. Kroner (Kromar) und Herrn M. Barka (Barker). Dazu kommen sieben Personen Dienerschaft. Ihre Majestät bewohnt die erste Etage der Villa, während die untere Etage das Gefolge inne hat. Die Kaiserin empfing kurz nach ihrer Ankunft den Besuch des behandelnden Arztes Herrn Medizinal-Raths Dr. Sotier, unternahm mit demselben einen Spaziergang und besuchte hiebei das medicomechanische Institut des Herrn Dr. O. Sander im Hotel Victoria. Der Kaiser von Österreich trifft mit großem Gefolge am Montag, den 25. April per Sonderzug von Dresden hier ein. Am gleichen Tag kommt Prinz Albrecht von Preußen und wohnt in Hotel & Villa Diana.[23]

Und wie schon 1897 wird auch jetzt ausführlichst über den Kurgebrauch der Kaiserin berichtet:

Ihre Majestät Kaiserin Elisabeth hat heute bereits mit ihrer Kur begonnen. Um $^1/_2$ acht Uhr erschien die hohe Frau am Brunnen und trank in der Zeit bis $^1/_4$ neun Uhr drei Glas Rakoczy. Vorher fuhr die Kaiserin mittelst Handchaise in das Aktienbad-Etablissement, auf dessen östlichem Pavillon die österreichische Flagge aufgezogen ist, um ihr erstes Bad zu nehmen. Ihre Majestät wurde am Portal von Herrn Commerzienrath Heilmann und Herrn Inspektor Streit empfangen ... Die frohe Kinderschar der hiesigen Erstcommunicanten, welche am gestrigen Nachmittag mit ihrem Seelsorger einen Spaziergang über die grünen Auen nach „Bellevue" ausführten und daselbst mit ihren Eltern und Lehrern einige Stunden vergnügt verweilten, wurden auch durch einen Besuch Ihrer Majestät der Kaiserin Elisabeth beehrt, hochwelche die geschehene Begrüßung freundlichst erwiderte und sich einige Zeit unter der Kinderschar bewegte, um dann ihren Spaziergang des ersten Aufenthaltstages fortzusetzen.[24]

In einem Brief an ihre Tochter Valerie lobt sie Kissingen: „... Es ist nicht großartig schön, aber so liebenswert, so gut und ruhig. Ganz wie am Land, und die Luft ist wie Balsam ..."[25]

Der Racoczy-Brunnen in Bad Kissingen

Wie angekündigt, traf der Kaiser am 25. April 1898 mit einen Sonderzug aus Dresden in Kissingen ein. Jeden Morgen begleitete Franz Joseph nun seine Gattin zum Badehaus und machte mit ihr Spaziergänge. Das Kaiserpaar verlebte die gemeinsamen acht Tage ganz privat und voller Harmonie. Auch in der Kurliste war der Kaiser ganz Privatmann, er hatte sich als Graf Hohenembs eingetragen. Am 9. Mai traf die jüngste Kaisertochter Marie Valerie mit Ehemann in Kissingen ein. Sie blieben acht Tage, während der Kaiser bereits am nächsten Tag abreiste. Mutter und Tochter machten verschiedene Ausflüge zusammen.

Wieder in Schönbrunn angekommen, schrieb der Kaiser etwas wehmütig an Elisabeth:

... Ich denke viel an Dich und an Kissingen und hoffe, daß das Wasser, welches Dir so schmeckt, Dir fortgesetzt gut thut, daß Dein Appetit glänzend geblieben ist, daß Du bei günstigem Wetter schöne und nicht zu anstrengende Promenaden machst und daß der baldige Besuch Valeries Dich erheitern wird...Ich war erstaunt, wie sich während meiner Abwesenheit hier die Vegetation entwickelt hat und welcher Unterschied in dieser Beziehung mit Kissingen und mit den von mir durchfahrenen Gegenden Bayerns besteht. Hier sind die Blätter vollkommen entwickelt, sogar die Eichen sind schon belaubt, die Kastanien, der Flieder, der Goldregen sind in voller Blüthe. Der Wienerwald ist jetzt im frischen Grün der Buchen wunderschön und auch der hiesige Garten ist fast so dicht und undurchdringlich belaubt, wie voriges Jahr ... vor sechs Uhr bin zur Freundin gefahren ... Das Essen war gut, aber lange nicht so gut, wie in Kissingen ... Durch Valerie, von welcher ich einen Brief beilege und die in wenigen Stunden in Kissingen sein wird, hoffe ich bald Nachricht von Dir zu erhalten, nach der ich mich so sehne. Es ist schon so lang, daß ich nichts mehr von Dir weiß und ich möchte so gerne erfahren, wie es Dir geht, ob Du noch so guten Appetit hast, wie zur Zeit unseres Beisammenseins, ob die Eintheilung Deiner Kur noch dieselbe ist und ob Du hübsche Promenaden machst ...[26]

Die Kaiserin war 1898 von Kissingen so begeistert, daß sie den Badeort nicht mehr wechseln wollte. „... Sie ist voll des Lobes über Kissingen, über den Erfolg der Badekur, die Wohnung, die landschaftliche Schönheit, die unvergleichliche Luft, die Sauberkeit des Badeortes und die Haltung der Einwohnerschaft".[27] Am 21. Mai 1898 schließlich verließ sie Kissingen, um die geplante Nachkur in Bad Brückenau anzutreten. Die Saale-Zeitung meldete die Abreise Elisabeths wie folgt:

Bad Kissingen, 20. Mai. Nach fast fünfwöchentlichem Kuraufenthalt dahier wird Ihre Majestät Kaiserin Elisabeth von Österreich morgen Samstags in den Mittagsstunden unseren Badeort verlassen, um sich zur Nachkur nach Bad Brückenau zu begeben. Die Fahrt dorthin erfolgt mit Equipagen und ist bei schönem Wetter eine durchaus angenehme, da der Weg meistens durch unsere herrlichen Buchenwälder führt. Wie im vorigen Jahre, so ist die Kaiserin auch diesmal hoch befriedigt von ihrem hiesigen Aufenthalt und zwar sowohl von den Erfolgen der Trink- und Badekur, als auch von der Wohnung, von der landschaftlichen Schönheit, der unvergleichlichen Luft, der Propertät des Badeorts und auch von der Einwohnerschaft, welche Ihrer Majestät zwar mit der höchsten Ehrerbietung begegnete, aber ihr auch das Recht jeden Badegastes, ganz sich und der Kur zu leben, nicht durch irgend welche Belästigung verkümmert.[28]

Erinnerungen an Elisabeth

Im Jahre 1906 ließ die Stadt Kissingen auf dem Altenberg von dem Bildhauer Gerhard ein Elisabeth-Denkmal errichten und zwar an der Stelle, wo sie gerne saß und verweilte, um ins Tal der fränkischen Saale und hinüber zur Burg Bodenlauben zu blicken.

Bad Brückenau

Die Stadt Bad Brückenau, eine der bayerischen „Staatsbäder", liegt im Sinntal, südwestlich der Rhön in Unterfranken. Eine Mineralquelle wird dort bereits 1647 erwähnt. Unter den Fürstäbten von Fulda wurden Ende des 18. Jahrhunderts diese Quellen gefaßt und erste Kurbauten errichtet. Die von dem Fuldaer Fürstabt Amand von Buseck verwirklichte, streng geometrisch gegliederte Anlage des Bades Brückenau von 1747 hat sich bis heute erhalten. König Ludwig I. von Bayern war von Bad und Landschaft so begeistert, daß er sich ca. 26 mal in Bad Brückenau aufhielt und es mit folgenden Versen besungen hat:

> Ruhe ist dem Menschen hier beschieden,
> Wie von Berg und Tal, von Hain und Flur,
> Dringt ins Herz von Erd' und Himmel Frieden,
> Friedenskuß erteilet die Natur.

Die von König Ludwig I. veranlaßten baulichen Erneuerungen, vor allem der 1827–1833 im römisch-italienischen Stil aufgeführte Kursaalbau, prägen das Gesicht des Bades bis heute. Auch die landschaftlichen Reize des Bades fanden schon im 19. Jahrhundert Bewunderer. Jakob Grimm schrieb 1838 an seinen Bruder, „daß die Kissinger Gegend sich nicht mit der Brückenauer messen kann und nur mittelmäßig ist".[29] Die wichtigste Quelle ist die „Wernarzer" Quelle, die nach dem Dorf Wernarz benannt ist. Sie ist kochsalzfrei mit schwacher Mineralisation und starkem Kohlensäuregehalt. Aufgrund ihrer entzündungshemmenden Eigenschaften hat sie harntreibende Wirkung. Die Bäderbehandlung erfolgt in kohlensauren Stahl- und Moorbädern. Angewendet werden die Kuren bei Erkrankungen der Harnorgane, des Magens und Darmes sowie bei rheumatischen Erkrankungen und Frauenleiden. 1845 erbaute man in Brückenau, wie in vielen anderen Kurorten auch, eine der damals modischen Molkenanstalten. 1846 bot man zudem Moorbäder an.

Elisabeth war nur einmal in ihrem Leben in Brückenau und zwar im Anschluß an Kissingen vom 21. Mai 1898 an für vier Wochen. Gräfin Sztáray, die als Hofdame die Kaiserin begleitete, schilderte den Ort wie folgt:

Die ausgedehnten Buchenwälder dieses stillen Talkessels prangten im saftigsten Grün. Der Ort selbst ist klein und anspruchslos, doch recht nett gehalten. Die um diese Zeit hier herrschende Stille und Ruhe, im Vereine mit der uns umgebenden, frisch emporkeimenden Vegetation, übte eine sehr gute Wirkung auf die Kaiserin. Wir führten im Brückenau ein Leben voll stiller Innerlichkeit. Im sprießenden Walde spazierend, empfanden wir sehr bald die belebende Kraft des Frühlings. Es wurde großer Wert auf die Diners gelegt. Auch saßen wir oft zwei bis drei Stunden im Freien am gedeckten Tische, von allem Möglichen plaudernd und unseren Seelen freien Flug gewährend.[30]

Für die vier Wochen Nachkur in Bad Brückenau empfahl Dr. Sotier seine kaiserliche Patientin dem Brückenauer Kurarzt Felix Schlagintweit. Dieser prangert in seinen Memoiren Elisabeths „unsinniges stundenlanges Spazierengehen" an. Seine Behandlung beschränkte sich auf das Pulsmessen!

Bad Schwalbach

Schwalbach gehörte wie Schlangenbad, Wiesbaden und Homburg zu den berühmten nassauischen Taunusbädern. Schon 1628 hielten sich hier 439 Kurgäste auf. Im 19. Jahrhundert weilten hier mit Vorliebe die Frankfurter Bankiersfrauen, die den Ruf des Bades als Frauenheilbad begründen halfen. Elisabeth hat Schwalbach nur einmal, im Juni 1897, nach einer Kur in Kissingen, besucht. Sie wohnte im Hotel „Metropole". Elisabeth nahm ihre Speisen in einem gesonderten Speisesaal ein, der deswegen später von dem Hotelpersonal „Hoheitssälchen" genannt wurde. In Schwalbach machte Elisabeth ausgedehnte Waldspaziergänge. An ihren Kuraufenthalt erinnert der später errichtete „Elisabethen-Tempel" auf dem Berg Busemach, von dem aus man einen schönen Blick auf die Stadt hat. Eines der Ausflugsziele der Kaiserin war der Markt Rauenthal im Rheingau mit seinen Weinbergen. Von der verfallenen Kapelle auf der Bubenhäuser Höhe genoß 1839 der Dichter Karl Simrock einen Ausblick auf beide Ufer des Rheins, „wie sie Fee Morgana nicht zauberischer schaffen könnte". Bei dieser Gelegenheit dürfte sich Elisabeth auch die Reste des Klosters Tiefenthal angesehen haben, das im Mittelalter auch Elisabethental hieß und bis zur Säkularisation den Bußrock der hl. Elisabeth, der Landgräfin von Hessen, aufbewahrte.

Während das Hotel „Metropole" in Schwalbach offensichtlich nicht nach dem Geschmack der Kaiserin war, fand sie Gefallen an der Umgebung. Am 2. Juli 1897 schrieb der Kaiser aus Ischl: „... Ich bedauere, daß Du mit Deiner Wohnung in Schwalbach in der Mitte der Stadt nicht zufrieden bist, bin aber ganz erstaunt, daß Dir die dortige Gegend gefällt und daß Bellegarde von Brückenau entzückt ist, während sich Barker in seinen Briefen über Beides sehr abfällig äußert ..."[31]

Bad Nauheim

Der letzte Kurort, den Elisabeth in ihrem Leben aufsuchen sollte, war Nauheim, wo sie sich vom 16. Juli bis zum 29. August 1898 aufhielt. Nauheim liegt am Hang des 268 m hohen Johannisbergs, eines Taunusvorpostens. Die salz- und kohlesäurehaltigen Quellen haben seit der Keltenzeit Siedler angezogen. Während bis ins 19. Jahrhundert die Salzgewinnung im Vordergrund stand, wurde seit 1846 der erste der drei großen Sprudel erschlossen, die dann die Grundlage des Kurbetriebs

Bad Nauheim

bildeten. Seit 1858 dient Nauheim (seit 1869 Bad Nauheim) als Herzheilbad.

Elisabeth wohnte in Bad Nauheim in der „Villa Kracht". Sie traf dort gesundheitlich ziemlich angeschlagen ein. Nach ihren Kuraufenthalten in Kissingen und Brückenau hatte sie sich noch in Wien und Ischl aufgehalten, wo sich ihr Zustand merklich verschlechterte. Doch sie erholte sich in Nauheim, und bald nahm sie ihre gewohnten Spaziergänge auf. Mit Vorliebe bestieg sie den nach drei Seiten steil abfallenden Johannisberg, den schon Kelten und Römer befestigt hatten und auf dem sich noch der Turm einer bis ins 8. Jahrhundert zurückreichenden und auf römischen Resten stehenden Kirche befindet. Nach ihrem Nauheimer Kuraufenthalt reiste Elisabeth unmittelbar zum Genfer See weiter. Offensichtlich war sie mit ihrem Kurergebnis zufrieden, da sie beabsichtigte, im nächsten Jahr wieder hierherzukommen.

1901 wurde in Bad Nauheim von Edmund Hellmer eines der ersten Elisabeth-Denkmäler errichtet.

Tegernsee und Wildbad Kreuth

Das Wildbad in den Alpen unweit des Achenseepasses mit seiner am Fuße des Hohlensteins entspringenden eisenhaltigen Quelle war schon den Mönchen des Klosters Tegernsee bekannt, die in der Einsamkeit der Berge im späten Mittelalter ein eigenes Badhaus errichteten. Die daneben gebaute barocke Kapelle stammt aus dem Jahre 1707. Nach der Säkularisation des Klosters 1803 erwarb 1817 König Max vor allem auf das Drängen seiner Frau Karoline hin das Klostergebäude in Tegernsee sowie das Wildbad Kreuth. Während das Tegernseer Klostergebäude durch den Architekten Klenze zu einer Sommerresidenz umgestaltet wurde, ließ er in Wildbad von 1818 bis 1824 ein neues modernes Kurgebäude mit Wandelhalle bauen. Durch die Anwesenheit des Hofes beflügelt, entwickelte sich in Wildbad bald ein weltmännisches Badeleben, doch sorgte der König auch für die wenig Bemittelten: „Wenn ich mich hier im Tal vergnüge, dann sollen wenigstens andere davon profitieren", meinte er. Durch eine Stiftung von 50.000 fl. sollte es auch bedürftigen Heilungsuchenden ermöglicht werden, das Bad in Anspruch zu nehmen.

Die Familie der Herzöge in Bayern war in vielfacher Weise mit dem Tegernseer Tal verbunden. Am 9. September 1828 hatten Elisabeths Eltern, Herzog Maximilian in Bayern und Prinzessin Luise Wilhelmine (Ludovica) in der ehemaligen Klosterkirche von Tegernsee geheiratet. Schloß Tegernsee und Wildbad Kreuth gehörten damals der Mutter Ludovicas, der Königinwitwe Karoline, die es von ihrem 1825 verstorbenen Mann König Max Joseph I. als Witwensitz geerbt hatte. Nach dem Tode der Königin Karoline 1841 erbte deren Sohn Karl die Tegernseer Besitzungen. Nachdem Karl 1875 bei einem Reitunfall ums Leben gekommen war, erhielt Ludovica, die Mutter Elisabeths, Tegernsee. Diese wiederum überließ den Besitz ihrem Sohn, dem Augenarzt Karl Theodor, dem Lieblingsbruder Elisabeths, der dann 1876 ins Tegernseer Schloß zog. In Tegernsee gründete er wie in Meran und München ein Krankenhaus mit Augenklinik. Finanziell wurde er dabei auch von Elisabeth unterstützt: Im Jahre 1889 feierte Karl Theodor in Tegernsee seine 1000. Staroperation.

Das Schloß in Tegernsee und das Wildbad Kreuth wurden durch die Anwesenheit Karl Theodors neben Possenhofen zur kleinen „Residenz" und zum Familientreffpunkt der Herzöge in Bayern. Wegen eines Familientreffens kam auch Elisabeth nach einem mehrwöchigen Aufenthalt im englischen Seebad Cromer im August 1887 nach Wildbad Kreuth. Dort fanden sich auch der Kaiser und die jüngste Tochter Marie Valerie ein. Elisabeth hatte in Cromer und auf der Reise viele Gedichte verfaßt, die sie nun ihrem Bruder Karl Theodor vorlas. Kurz vorher war sie in Hamburg auf den Spuren Heines gewandelt, und nun eiferte sie ihrem großen Vorbild nach. Tochter Valerie hielt alles akribisch in ihrem Tagebuch fest: „Es ist ein eigentümliches Leben, das meiner Mutter, ihre Gedanken beschäftigen die Vergangenheit, ihr Streben die ferne Zukunft. Die Gegenwart ist ihr ein wesenloses Schattenbild, ihr größter Stolz, daß niemand ahnt, daß sie eine große Dichterin ist ..."[32] Während ihres Aufenthaltes in Tegernsee und Wildbad Kreuth

Wildbad Kreuth

unternehmen Elisabeth und Valerie Ausflüge zum Achenpaß und zur Achenseestraße.[33]

Wie wenig die Kaiserin diesem Familientreffen am Tegernsee jedoch abgewinnen konnte, machte sie in ihren in Kreuth verfaßten Versen deutlich:

Ich habe den Lenz verträumt
Auf einsamer Felsenhöh',
Und dann den Sommer gereimt
Allein auf der blauen See.

Und nun, da der Herbst erschienen,
Soll ich Verwandte hier seh'n;
Und doch in dem Waldesgrün
Will stets ich ihnen entgeh'n.[34]

Elisabeth liebte unberührte Landschaften und sie haßte die höfische Gesellschaft. Sehr kritisch äußerte sie sich daher zu den aristokratischen und bürgerlichen Sommerwohnsitzen, die um den Tegernsee herum entstanden, seitdem Schloß Tegernsee Sommerresidenz des bayerischen Königs Max I. Joseph geworden war. Ganz zuwider war ihr offensichtlich das Hofpersonal ihres Bruders in Tegernsee. Insgesamt zeigt das Gedicht „Was mir der Tegernsee erzählt" fast sozialkritische Töne:

Wie ich heut' im See geschwommen,
Hat der See mir vorgeklagt;
Alles, was ich da vernommen,
Treues Buch, dir sei's gesagt!

Ja, ich bin herabgekommen,
Seit so manchen hundert Jahr';
Weiter waren meine Ufer,
Selbst nicht heut'wird man's gewahr.

Trag ich auch dieselben Berge
Jetzt im Schoss wie dazumal;
Waren sie doch einst bewaldet,
Heute steh'n sie öd und kahl.

Statt der reichgezierten Villen,
Die hier mein Gestad' umsteh'n,
Waren kleine, fromme Hütten
Armer Fischer nur zu seh'n.

Besser waren auch die Fischer,
Ehrlich, arbeitsam und schlicht,
Als das Heer Aristokraten,
Das auf fauler Haut hier liegt.

In den reichen Equipagen
Zieh'n sie prunkhaft mir vorbei,
Damals nahten kluge Hirsche
Meinen Wassern ohne Scheu.

Doch was mir die grösste Kränkung,
– Und ich überwind' sie nicht –
Ist, wie dieses Schloss verändert,
Dessen Abbild hier sich bricht.

Einst, vor altersgrauen Zeiten,
War's ein Kloster, stolz und hehr;
Zu den altersgrauen Mönchen
Ging die Weisheit selbst zur Lehr'.

Weisheit war in ihren Köpfen,
In den Bäuchen Klosterbier,
Weitberühmt war die Gelehrtheit
Und die Trunk des Klosters Zier.

Längst verschimmelt sind die Mönche,
Dünn und sauer ward das Bier;
Jene modern in den Grüften,
Dieses wird zu Wasser schier.

In den Marmorcorridoren
Wandeln andre jetzt umher;
Drückt die Dummheit wohl auch manchen,
Doch die Weisheit keinen schwer ...[35]

Auch im Sommer 1888 hielt sich Elisabeth wieder in Kreuth auf, von wo aus sie Wanderungen und Ausflüge in die Umgebung machte. Dabei schrieb sie ihr Gedicht „An der grünen Isar“:

Wo duftend sich die Elsenblüten neigen
Zum grünen Strom in Luna's Silberlicht,
Das gaukelnd auf des Baumes schlanken Zweigen
Bezaubernd sich zugleich im Wasser gebricht,
Dem wird die Elfenkönigin sich zeigen, -
Entschleiernd ihm ihr bleiches Angesicht.
Doch wird ein Sterblicher den Pfad wohl finden,
Um den sich tausend Silberwellen winden?[36]

Baden-Baden

Tummelplatz der großen Welt

Die Heilquellen von Baden-Baden waren schon den Römern bekannt. Begründer der Badener Badekultur war Kaiser Mark Aurel, nach dem der Ort den Namen „Aquae Aureliae“ erhielt. Seit dem Mittelalter residierten hier die Markgrafen von Baden und späteren Großherzöge, deren Bauten noch heute die Altstadt beherrschen. Nachdem schon im Mittelalter der Badebetrieb wieder aufgenommen worden war, drang der Ruf des Bades in das Bewußtsein der Öffentlichkeit, als im benachbarten Rastatt 1795–1799 der Friedenskongreß tagte, der den ersten Koalitionskrieg beendete. Als die Stieftochter Napoleons, Stephanie Beauharnais, die den badischen Markgrafen Karl geheiratet hatte, nach dem Tode ihres Mannes Baden-Baden zu ihrem ständigen Wohnsitz wählte, wurde das Bad Treffpunkt der internationalen Gesellschaft. Die Mischung von Residenz und Bad gab der Stadt jenen vornehmen Charakter, den sie sich bis heute bewahrt hat. In der ersten Hälfte des 19. Jahrhunderts entstanden die typischen klassizistischen Bauten, so etwa das „Konversationshaus“ des Friedrich Weinbrenner, das den Kern des heutigen Kurhauses bildet. Die Stadt erlebte einen geradezu kometenhaften Aufstieg, und in der Mitte des Jahrhunderts gaben sich hier an den Abhängen des Schwarzwaldes fast alle gekrönten Häupter Europas ein glanzvolles Stelldichein.

Wichtiger Anziehungspunkt Baden-Badens war die Spielbank, die unter dem Spielbankpächter Jacques Benazet, dem ungekrönten „roi de Bade“ außerordentlich florierte. Die reich fließenden Einnahmen verwendete Benazet nicht zuletzt dafür, die berühmtesten Schauspieler und Musiker nach Baden-Baden zu holen. Benazets Sohn rief 1858 die Pferderennen von Iffezheim ins Leben. Damals war Baden-Baden für die tonangebende Pariser Gesellschaft zur Sommerhauptstadt Europas geworden. Alles war französisch: Die Zeitungen, die Speisekarte, die Konzertprogramme und die Kurliste. Die Lichtentaler Allee war die vornehmste Promenade Europas. Hier

Baden-Baden

standen die wichtigsten Gebäude der Kuranlage und die bedeutendsten Hotels und Privatvillen. Frauen spielten in Baden-Baden und seinem Kurleben immer eine wichtige Rolle, wobei man freilich Hochstaplerinnen und Herzoginnen nicht immer unterscheiden konnte, wie ein Prinz Hohenlohe-Ingelfingen 1861 notierte: „In Baden mischt der Auswurf der vornehmen Welt von Paris sich auf eine bedenkliche Weise mit den besten Ständen aller Nationen. Ich konnte nun einmal diesem Leben keinen Geschmack abgewinnen, wo man Herzoginnen, Fürstinnen und Marquisen traf, ohne zu wissen, zu welcher Klasse der menschlichen Gesellschaft man sie rechnen sollte..."[37] Auch Schriftsteller gehörten zur Kundschaft von Baden-Baden, so etwa Turgenjew und Dostojewski. Beide haben es literarisch gewürdigt. An die Liebe der Russen zu Baden-Baden erinnert heute noch die russische Kirche.

Nach dem Deutsch-Französischen Krieg 1870/71 blieben die Franzosen ihrer „Sommerhauptstadt" fern. Als nun durch die neue Reichsgesetzgebung auch noch die Spielbank aufgehoben worden war, entwickelte sich Baden-Baden zu einem ganz normalen, gediegenen deutschen Kurort, bei dem die Gesundheit und weniger das Vergnügen im Vordergrund stand.

Elisabeth in Baden-Baden

Nach Baden-Baden kam Elisabeth erstmals im Jahre 1883. Ihre Schwester Mathilde, die Gräfin Trani, die sich schon seit längerem in Baden-Baden aufhielt, hatte sie dazu animiert.

Am 4. April 1883 berichtete das „Wochenblatt":

> Ihre Majestät die Kaiserin von Österreich, Königin von Ungarn, und Ihre Kaiserl. Königl. Hoheit Erzherzogin Valerie sind nebst hohem Gefolge und Dienerschaft mit Extrazug heute früh halb 8 Uhr hierselbst von Wien eingetroffen, von wo die Abreise gestern Mittag halb 1 Uhr erfolgt war. Da Ihre Majestät im strengen Incognito reist, war sowohl auf der Reise, wie hier, jeder Empfang verbeten worden. Auf dem hiesigen Bahnhofe wurde Ihre Majestät von Seiner Königl. Hoheit dem Grafen Trani begrüßt. Nachdem Allerhöchstdieselbe im „Europäischen Hof" Ihr Absteigequartier genommen, stattete die Kaiserin I.K.H. der Gräfin Trani einen Besuch ab.[38]

Nach einem fünfwöchigen Aufenthalt verließ Elisabeth am 8. Mai 1883 Baden-Baden wieder und reiste mit Extrazug über Stuttgart nach München. Im „Badeblatt" hieß es: „... Ihre Majestät haben Baden sehr befriedigt verlassen..." Wie bei ihren sonstigen Kuraufenthalten ließ Elisabeth auch in Baden an Wohltätigkeitsvereine Geschenke überreichen. Der Badische Frauenverein erhielt 400 Mark, die Armen der Stadt 500 Mark und die Schutzmannschaft ebenfalls 500 Mark.

Der nächste längere Besuch Elisabeths, abgesehen von einer Visite bei ihrer Schwester 1885 von Heidelberg aus, fand 1886 statt. Am Morgen des 2. März kam sie in Begleitung ihrer jüngsten Tochter Valerie und der üblichen Dienerschaft per Extrazug nach Baden-Baden. Auch diese Ankunft erfolgte ohne öffentlichen Empfang. Die Baden-Badener Zeitung schrieb: „... In der Fremdenliste als „Gräfin von Hohenembs" eingetragen, bewohnt sie mit Gefolge die „Villa Wilhelma", „Helena" und Dependance des „Hotel Messmer"." Nach zwei Monaten reiste Elisabeth am 25. April 1886 wieder ab.

Erst zwei Jahre später machte Elisabeth – von England kommend – für vier Tage, vom 17. bis 22. April 1888 in Baden-Baden Station, wo sie erneut im „Europäischen Hof" wohnte.

Wiesbaden

Schon die Römer kannten die heißen Quellen von Wiesbaden, doch beginnt der eigentliche Aufstieg des Bades erst im Jahre 1744, als die Fürsten von Nassau, die später unter Napoleon Herzöge wurden, ihre Residenz nach Wiesbaden verlegten. Das Nebeneinander der höfischen Welt im Barockschloß von Biebrich und der immer prunkvoller werdenden Badeeinrichtungen sowie die seit 1771 betriebene Spielbank trugen zum Ruhm des Ortes bei. Zum internationalen Bad stieg Wiesbaden nach 1866 auf, nachdem das Herzogtum Nassau von Preußen annektiert worden war. Ein besonders eifriger Besucher Wiesbadens war Kaiser Wilhelm II.

Nach Wiesbaden kam Elisabeth erstmals 1884. Mit 23 Personen Gefolge logierte sie im Hotel „Vier Jahreszeiten" vom

17. März bis 6. April. Ihr Hauptinteresse galt damals nicht den Heilquellen des Bades, sondern den Heilkünsten des holländischen Masseurs Dr. Metzger, der seine Künste in Wiesbaden, Paris und Amsterdam anbot. Elisabeth nutzte ihren Aufenthalt auch zu Reitausflügen, obwohl sie das intensive und sportliche Reiten seit 1882 aufgegeben hatte. In Wiesbaden ritt sie vor allem im Schloßpark von Biebrich.

Ihren längsten Aufenthalt in Wiesbaden verbrachte die Kaiserin 1889 nach dem Tode ihres Sohnes Rudolf. Sie blieb dort fast zwei Monate, von Anfang April bis zum 22. Mai. Diesmal hatte sich Elisabeth vergleichsweise bescheiden in der Villa Langenbeck eingemietet.

Heidelberg

Die alte Universitätsstadt Heidelberg am Neckar, die Residenzstadt der pfälzischen Kurfürsten galt im 19. Jahrhundert wegen ihres malerischen Stadt- und Landschaftsbildes und auch wegen ihres regen geistigen Lebens als der Inbegriff der deutschen Romantik. Nirgends meinte man, deutsche Geschichte und deutsches Wesen besser fassen zu können als hier. So unterschiedliche Dichter wie Mark Twain und Viktor von Scheffel zeigen in ihren Beschreibungen Heidelbergs, welche Faszination diese Stadt auf die Menschen ausübte. Der Besuch des Schlosses, des großen Fasses und der Blick vom Schloß auf die Stadt und den Neckar bzw. der Blick vom Philosophenweg auf das Schloß und die alte Neckarbrücke gehörten zum Pflichtprogramm eines jeden Deutschlandreisenden des 19. Jahrhunderts. Für Elisabeth bedeutete der Aufenthalt in Heidelberg mehr als nur eine romantische Reise durch die deutsche Geschichte. Er war auch eine Reise in die Vergangenheit ihrer Familie, in die Vergangenheit des Hauses Wittelsbach. Die Wittelsbacher waren seit 1214 auch Kurfürsten in der Pfalz und auch die Herzöge in Bayern, also Elisabeths Familie, führten die Titulatur „Pfalzgrafen bei Rhein". Zu den ältesten Besitzungen der Pfalzgrafen, die ihren Namen von der Pfalz im Rhein (bei Kaub) ableiten, gehörte Heidelberg, das

Am Kochbrunnen in Wiesbaden

bald Hauptstadt der Pfalzgrafschaft bei Rhein wurde. Die Macht dieser Pfalzgrafen beruhte darauf, daß sie als Kurfürsten (Königswähler) die Reichsgeschichte mitgestalteten. Wenn Elisabeth durch Heidelberg ging, traf sie auf Schritt und Tritt auf das Wappen ihrer Dynastie, auf die bayerischen Rauten und auf den pfälzischen Löwen.

Nach der Zerstörung des Schlosses und der Stadt im Pfälzischen Erbfolgekrieg 1689 und 1693 durch die Franzosen (General Mélac) und der Verlegung der kurpfälzischen Residenz nach Mannheim verlor Heidelberg zwar an Bedeutung, doch blieb die Stadt dank der 1386 gegründeten Universität, der ältesten auf deutschem Boden, eine Stadt der Wissenschaft, des Geistes und der fröhlichen Burschenherrlichkeit. Gebaut ist der Großteil der Stadt aus dem leuchtenden Buntsandstein des sagenumwobenen Odenwalds, der die Stadt einrahmt. Bekanntestes Ausflugsziel hoch über Heidelberg ist der 568 m hohe Königsstuhl.

Deutsche Geschichte an Neckar, Rhein und Mosel

Die erste Bekanntschaft mit der Neckarstadt machte Elisabeth bei einem Ausflug, den sie am 2. April 1883 von Baden-Baden aus unternahm. Dabei fuhr man zuerst in die Berge über Heidelberg, besuchte die historische Waldgaststätte „Wolfsbrunnen" in Schlierbach, fuhr dann weiter zur Molkenkur hinauf, wo man eine schöne Sicht über die Stadt hatte und dann wieder hinunter zum Schloß. Die jüngste Kaisertochter Marie Valerie hielt in ihrem Tagebuch fest:

> Wir gingen dann hinunter in die Restauration neben dem Schloß und speisten dort in einem langen Zimmer kreuzfidel. Dann ging es zu den Ruinen. Man sagte: „O wie schade wie schade, alles zerstört zu sehen"! Ich bin sehr froh darüber, denn diese guterhaltenen Ruinen sind doch tausendmal interessanter als ein noch ganz stehendes Schloß, das keine Gedanken an eine Erinnerung erwecken kann ... O, wenn wir noch länger in Heidelberg geblieben wären.

Die 15jährige gab hier sicher auch die Gedanken der Mutter wieder, denn Elisabeth beschloß, der Stadt einen ausführlichen Besuch abzustatten.

Terrasse des Heidelberger Schlosses

Der zweite Aufenthalt Elisabeths sollte vom 5. April bis zum 1. Mai 1884 dauern. Auch diesmal war die Tochter Marie Valerie dabei. Jetzt nahm man Quartier im „Schloßhotel", das oben neben dem Schloß stand. Zunächst vertiefte sich Elisabeth in das studentische Leben; sie kaufte sich eine Fechtmontur und begann Fechtunterricht bei dem Heidelberger Universitätsfechtmeister Friedrich Schulze zu nehmen. Im Schloßhotel wurde ein Raum für ihre Fechtübungen leergeräumt.

Bereits auf ihrer Reise nach Heidelberg hatte sie die Sehenswürdigkeiten um das Binger Loch besucht. Von Rüdesheim aus fuhren Elisabeth und Valerie mit dem Boot zunächst nach Rheinstein. Das Schloß Rheinstein gegenüber von Aßmannshausen war von Prinz Friedrich von Preußen als eine der ersten Burgen am Rhein in den 20er und 30er Jahren des 19. Jahrhunderts wiederaufgebaut. worden. Dann fuhr Elisabeth hinüber nach Aßmannshausen, um im Hotel Krone zu frühstücken. Das Hotel zur Krone war seit dem 19. Jahrhundert eine der prominentesten Quartiere für Rheinreisende. Schon bei der Grundsteinlegung für das Niederwalddenkmal hatte hier Prinz Wilhelm von Preußen, der spätere Kaiser Wilhelm II. gewohnt. Der in Aßmannshausen gewonnene Rotwein galt und gilt als einer der besten Deutschlands.

Von Aßmannshausen wanderte man hinauf zum Niederwald mit dem Nationaldenkmal, das an den Krieg gegen Frankreich von 1870/71 und die Reichsgründung erinnern sollte. Kaum ein anderes Denkmal in Deutschland brachte die nationalen Befindlichkeiten um diese Zeit besser zum Ausdruck. Der Entwurf des 38 m hohen Denkmals stammte von Johannes Schilling, einem Professor an der Dresdner Kunstakademie. Es zeigt eine 12 m hohe, mit einem 7 m langen Schwert bewaffnete Germania, die eine Kaiserkrone in der Hand hält. Gegossen wurde die Bronzefigur in München von Ferdinand Miller. Als Motto stehen am Denkmalsockel die Verse aus dem in den 40er Jahren in der Schweiz entstandenen Gedicht und Lied des Schwaben Max Schneckenburger „Die Wacht am Rhein", damals die inoffizielle Nationalhymne des Deutschen Reichs.

Es braust ein Ruf wie Donnerhall,
Wie Schwertgeklirr und Wogenprall,
Lieb Vaterland magst ruhig sein,
Fest steht und treu die Wacht am Rhein.

Das Denkmal war am 28. September 1883, also ein Jahr vor Elisabeths Besuch, durch Kaiser Wilhelm I. eingeweiht worden. Dabei planten zwei – später hingerichtete – Anarchisten auf den Kaiser einen Sprengstoffanschlag, der allerdings wegen des feuchten Wetters mißglückte.

Mit der Eisenbahn fuhr die Kaiserin am 21. April 1884 nach Worms, der Stadt, die wie andere für sich in Anspruch nimmt, die älteste Stadt Deutschlands zu sein. Worms kennen wir als Schauplatz des Nibelungendramas. Auf der Domtreppe zu Worms fand die folgenreiche Begegnung Kriemhilds und Brünhilds statt. Der heutige Dom, der zur Zeit des Wormser Konkordats 1122 vollendet wurde, ist eines der bedeutendsten Zeugnisse der salischen Kaiser und der romanischen Kunst in Deutschland. Für die Protestanten hat Worms einen magischen Klang: Auf dem Reichstag von 1521 weigerte sich Luther dem abzuschwören, was die Römische Kirche als Irrlehre empfand. Ob Luther damals wirklich gesagt haben soll: „Hier steh ich und kann nicht anders ..." ist sehr strittig. Das 1868 fertiggestellte Luther-Denkmal mit den 12 Figuren der berühmtesten Reformatoren wurde von Elisabeth ebenso besichtigt wie die berühmte Synagoge, die älteste Deutschlands. Die gotische Liebfrauenkirche vor Worms war weniger wegen ihrer kunstgeschichtlichen Bedeutung Ziel der Besuche, sondern wegen ihrer schönen Lage in den Weinbergen und wegen des Ruhms der „Liebfrauenmilch", einem Wein, der sich schon damals weit über Deutschland hinaus allgemeiner Wertschätzung erfreute.

Die Wormser Zeitung berichtete am 22. April 1884: „Worms, 21. April (Hoher Besuch). Die Kaiserin von Österreich traf heute Nachmittag 2 Uhr 19 von Heidelberg zum Besuch unserer Stadt ein. In zwei Wagen fuhr die Kaiserin mit ihrer Begleitung zuerst nach dem Dom, besichtigte alsdann die Synagoge, die Liebfrauenkirche, den Rhein, das Lutherdenkmal und fuhr mit dem Zug 4 Uhr 32 wieder nach Heidelberg zurück."

Einen längeren Ausflug machte Elisabeth nach Heilbronn. Das Heidelberger Tagblatt meldete: „Heilbronn 26. April – Gestern nachmittag $4^1/_2$ Uhr traf Ihre Majestät die Kaiserin Elisabeth von Österreich mit der Erzherzogin Valerie und Gefolge von Heidelberg hier ein und nahm im Hotel ‚Zur Eisenbahn' Wohnung". Wie üblich, machte die Kaiserin zunächst einen längeren Spaziergang durch Wälder und Weinberge. Ziel war das im Stadtwald liegende Jägerhaus, damals die bekannteste Ausflugsgaststätte von Heilbronn. Der Weg führte durch die Weinberge über den 308 m hohen Wartberg. Dann fuhr man weiter zum Besuch der 10 km entfernten Burg Weibertreu über dem Weinort Weinsberg. Die Besichtigung der Stadt nahm die Kaiserin am Nachmittag des nächsten Tag, dem 26. April 1884, vor. Kilianskirche, Rathaus, Käthchenhaus und der Kirchbrunnen erweckten ihre Aufmerksamkeit. Weinsberg und Heilbronn dürften vor allem literarische Erinnerungen in ihr hervorgerufen haben (Justinus Kerner, Heinrich von Kleist). Um 4 Uhr 33 reiste Elisabeth mit dem Schnellzug nach Heidelberg zurück. Der Aufenthalt in Heilbronn mußte vorzeitig beendet werden, da das Inkognito Elisabeths nicht mehr gewahrt werden konnte und die neugierigen Passanten immer lästiger wurden. Schon bei der Ankunft des Zuges war bekanntgeworden, daß die österreichische Kaiserin Heilbronn besuchen wollte.

Wenn Elisabeth in Heidelberg wegen ihrer Gicht (die sie dann anschließend von Dr. Metzger in Amsterdam behandeln ließ!) oder sonstigen Beschwerden auf Wanderungen verzichten mußte, beschäftigte sie sich mit Lektüre oder dichtete selbst. Als Vorbild diente ihr dabei vor allem Viktor von Scheffel, dessen 30 Jahre vorher entstandenen Heidelberg-Gedichte inzwischen zum allgemeinen deutschen Bildungsgut gehörten. In einem Frühlingsgedicht stimmte Elisabeth in das allgemeine Lob der Neckarstadt ein und schilderte dabei auch eine Besteigung des Königsstuhls, eines hoch über Heidelberg liegenden Aussichtsbergs:

Mir ward schon ernstlich bange,
Der Lenz käm heuer nicht;
Er zögerte so lange
Der lose, liebe Wicht.

Die Bäume, wie im Winter,
Mit grämlichem Gesicht
Und totem Laub dahinter,
Nein, das gefiel mir nicht!

Doch all' dies ist gewesen,
Die Not, Gottlob, vorbei;
Frau Erde scheint genesen
Des schönsten Monat Mai.

Die Höhen ringsum bringen
Ihr weisses Brautgewand,
In das sie duftig schlingen
Der Blüten rosa Band.

Durch dunkeln Ernst der Tannen
Drängt keckes Lärchengrün;
Und blaue Lüfte spannen
Sich wonnig d'rüber hin.

Den schönsten Teppich breiten
Auf's ganze Felsenmeer
Jetzt aus nach allen Seiten
Die liebe Heidelbeer.

Aus jungem Buchenlaube
Tönt froh des Kuckucks Gruss,
Worauf verschämt Wildtaube
Ihm Antwort girren muß.

Um mich zu überzeugen,
Dass ich nicht blos geträumt,
Den Königsstuhl ersteigen
Will ich nun unversäumt.

Da liegt zu meinen Füssen
Das schöne Bad'ner Land,
Erweckt mit tausend Küssen
Hat es des Frühlings Hand!

Doch in die Schlossruinen
Lockt frischer Weisen Klang,
Dort eifern Violinen
Mit freiem Vogelsang.

Es gaukeln Schmetterlinge
Und Stürmer, weiss und rot
Maikäfer, guter Dinge,
Die Blütenpracht bedroht.

Citronenfalter schwirren,
Und Kappen, gelb und grün
In den Bosketten irren
Sieht man bald her, bald hin.

Rings fröhliches Gekicher
Eljen! Vivat! Hurrah!
Nun weiss ich es erst sicher:
Der Lenz ist wirklich da![39]

Elisabeths Aufenthalt im Jahre 1885 dauerte vom 2. April bis 10. Mai. Ihre Ankunft in Heidelberg – Elisabeth kam von Amsterdam, wo sie sich von Dr. Metzger wieder einmal hatte behandeln lassen – schildert uns die Tochter Marie Valerie, die sie auf dem Bahnhof erwartete: „Um $^1/_2$8 Uhr rennen wir zur Bahn herunter, um 8 Uhr kam der Zug von Mama hereingebraust. Das war ein Wiedersehen. Um 9 Uhr waren wir im Hochamt (in der Jesuitenkirche), sonst war alles wie immer." Wiederum wurden ausführliche Waldspaziergänge und größere Ausflüge gemacht. Elisabeth wanderte zum Bierheldenhof, zum Wolfsbrunnen und auf dem Philosophenweg.

Am 9. April fuhr die Kaiserin von Heidelberg nach Trier, zu einer Reise in die römische Antike. Sie besichtigte dort den Dom, die römischen Bäder, den Kaiserpalast sowie die Porta Nigra. Am nächsten Tag besuchte Elisabeth das Landgut Schneidershof in Trier und die Igeler Säule, eine 23 m hohe Grabstele eines römischen Tuchmachers aus dem 3. Jahrhundert nach Christus. Die Trierer Zeitung berichtete am 11. April 1885:

Trier, 11. April. Die unter dem Namen einer Gräfin Pretory reisende Kaiserin Elisabeth von Österreich hat Trier heute Morgen mit dem um 7 Uhr 50 nach Coblenz fahrenden Schnellzuge wieder verlassen. Dem Ruf, eine tüchtige Fußgängerin zu sein, hat die Kaiserin auch bei ihren hiesigen Touren durch ihr sehr rasches und ausdauerndes Gehen Recht gegeben.

Am 13. April fuhr die Kaiserin um 10 Uhr mit dem Zug von Trier nach Koblenz. Dort ging es dann vom Moselbahnhof aus per Wagen rheinaufwärts zur Besichtigung von Schloß Stolzenfels, das „der Romantiker auf dem preußischen Throne", König Wilhelm IV., der 1840 an die Regierung kam, schon als Kronprinz durch den Baumeister Schinkel im neugotischen Stil hatte aufbauen lassen. Hier wohnte er, wenn er von Berlin abkömmlich war, mit seiner Gemahlin, der 1873 verstorbenen Elisabeth von Bayern, der Tante Kaiserin Elisabeths. Ihr zuliebe hat man viele Räume des Schlosses in den Farben Weiß-Blau gehalten.

Zurück in Koblenz wanderte Elisabeth durch die Parkanlagen am Rhein, besuchte die romanische St. Castorkirche und speiste im Hotel „Zur Belle Vue", um dann um 2.20 wieder nach Heidelberg zurückzufahren. Ein sehr gedrängtes Progamm, das aber typisch für die Kaiserin war, die nicht nur beim Wandern auf Tempo drängte.

Am 4. Mai 1885 besuchte Elisabeth von Heidelberg aus ihre Schwester in Baden-Baden und wanderte nachmittags zu Fuß zur Ruine Eberstein. Die Ebersteinburg war ein uralter Dynastensitz, Stammsitz der im 17. Jahrhundert ausgestorbenen Grafen von Eberstein, mit einem Bergfried aus dem 13. Jahrhundert.

Im Jahre 1886 machte Elisabeth zwar nicht in Heidelberg

Station. Sie besuchte die Stadt aber von Baden-Baden aus am 3. und am 18. April mit ihrer Tochter Marie Valerie.

Ein letztes Mal kam die Kaiserin vom 3. bis 8. April 1890 in die Neckarstadt. Während dieses Aufenthaltes wohnte sie wieder im „Schloßhotel". Diesmal wurde Elisabeth nicht nur von ihrer Tochter Valerie, sondern auch von deren Verlobten, Erzherzog Franz Salvator, begleitet. Die Kaisertochter vermerkte über diesen Heidelbergbesuch in ihrem Tagebuch:

Der Wald wimmelte, auf dem Gaisberg und Königsstuhl, von lustigen Menschen und hallte von Gesang, – diese echt Heidelberger Fröhlichkeit, die dem lieben Fleck so ganz besonders eigen ist. Mama hat recht, man fühlt sich hier in eine jugendfrische Generation, in ein anderes Jahrhundert zurückversetzt ... Nach Tisch suchten wir mit Mama noch alle lieben Plätzchen des Schlosses auf, schauten hinab auf die alte Stadt, den grünen Neckar und die blühenden Ufer und sagten uns mit Wehmut, daß wir dieses unvergleichliche und liebgewordene Bild vielleicht nie mehr zusammen schauen werden.

Dieser gemeinsame Heidelbergaufenthalt von 1890 war der letzte. Die Kaiserin hat die Neckarstadt, in der sie so viele schöne Tage verbracht und vor der aus sie die Städte um den Rhein besichtigt hatte, nie mehr gesehen. An die Aufenthalte der Kaiserin Elisabeth erinnert in Heidelberg am Elisabethenweg eine Gedenktafel.

Österreich

Obwohl die meisten Aufenthaltsorte Elisabeths in Österreich und Ungarn im strengen Sinne nicht als Reiseziele gelten können, so sind sie doch in der Regel Orte, in denen sie sich „freiwillig" aufhielt und in denen sie ihre Reise-, Wander- und Lebenskultur entwickeln und entfalten konnte. So gesehen dürfen also alle ihre österreichischen und ungarischen Aufenthaltsorte mit Ausnahme der Wiener Hofburg, des Schlosses Schönbrunn und des Schlosses Laxenburg als „Reiseziele" Elisabeths gelten. Selbst die vergleichsweise ungeliebte Hermesvilla im Lainzer Tiergarten war für Elisabeth ein Ort, an dem sie sich frei fühlte, den sie teilweise mitgestaltete und den sie auch einer dichterischen Verklärung für würdig befand. Zur Hofburg und zu Schönbrunn ist Elisabeth dagegen nie einen freundlicher Vers eingefallen.

Bad Ischl

Zur Geschichte Ischls

Das Salzkammergut ist ein Gebiet, wo schon seit Urzeiten Salz gewonnen wurde. Eines der Zentren der Salzgewinnung ist das unterhalb des Dachsteinmassivs am dunklen Hallstätter See (497 m) gelegene Hallstatt mit dem Salzberg, unter dem sich einer der mächtigsten Salzstöcke der Alpen befindet. Da die Salzvorkommen um Hallstatt und Aussee seit dem Mittelalter dem Kaiser in Wien als Privatdomäne unterstellt waren, hießen sie „des Kaisers Kammergut". Die Einnahmen aus der Salzgewinnung flossen unmittelbar in die Kassen der Wiener Hofkammer, der Vorläuferin des Finanzministeriums. Aus dem „Kammergut" entwickelte sich schließlich die Landschaftsbezeichnung „Salzkammergut". Das Salz wurde im Salzkammergut durch Auslösung des Salzes in künstlich hergestellten und mit Wasser gefüllten Hohlräumen, den sogenannten „Werken" gewonnen. Sobald ein Salzgehalt von 32 Kilo pro Hektoliter erreicht war, ließ man die Sole ab und leitete sie in die Sudhäuser, wo das Wasser verdampft wurde. Um 1890 lieferten die Salzberge in Aussee 620.000, in Hallstatt 1.900.000. und in Ischl 600.000 Liter Sole. Die Hallstätter Sole wurde in Soleleitungen zum größten Teil nach Ischl und von dort nach Ebensee weitergeleitet. Insgesamt waren in den Salinen Aussee (5 Pfannen), Hallstatt (1 Pfanne), Ischl (3 Pfannen) und Ebensee (7 Pfannen) fast 1600 Arbeiter tätig, die jährlich fast 400.000 Zentner Salz produzierten.

Das so gewonnene Salz wurde in Säcken oder Fässern von Ischl und Ebensee aus auf der Traun bis zur Donau verschifft, später in Gmunden in die Eisenbahn verladen. Im 19. Jahrhundert bildete die Sole die Grundlage für den sich schnell entwickelnden Kurbetrieb: „Dem Zauber und der Frische der umgebenden Landschaft, der centralen Lage in einem der schönsten Theile des österreichischen Alpenlandes, dem durch die geschützte Position des Ortes bedingten relativ milden Klima, dem Reichthum an vorzüglichem Quellwasser, sowie der unmittelbaren Nähe eines Salzlagers hat Ischl seine allmälige Entwicklung zu einem Kurort ersten Ranges zu verdanken..."[1]

In Bad Ischl verbrachten schon seit 1826 Erzherzog Franz Karl und seine Frau Sophie, die Eltern des Kaisers, ihren Sommeraufenthalt. Der Ort hatte als Solebad durch den Wiener Arzt Franz Wirer seit 1823 einen großen Aufschwung genommen. Die kaiserliche Familie bewohnte bei ihrem Aufenthalt vorzugsweise das Haus der Salzfertigerfamilie Seeauer am Ufer der Traun. Dort hatten sich Elisabeth und Franz Joseph bei einem Ball am 17. August 1853 zum ersten Mal gesehen. Am 18. August, dem 23. Geburtstag des Kaisers, hielt dieser um die Hand Elisabeths an, und am 19. August wurde die Verlobung gefeiert. Erzherzogin Sophie kaufte kurz darauf von einem Wiener Notar die später sogenannte Kaiservilla als Geschenk für das Brautpaar. Bis zum Tage der Hochzeit am

24. April 1854 wurde sie mit großem Kostenaufwand ausgebaut. Seit 1854 ist Bad Ischl offiziell die Sommerresidenz des Kaisers, der dort insgesamt 83 Sommer verbracht hat. Die Bauarbeiten an der Kaiservilla und am Park dauerten bis zum Jahre 1865. Im Park errichtete man für die Kaiserin aus rosa Marmorquadern ein Cottage im englischen Stil, das sogenannte Marmorschlössel.

Durch die Anwesenheit des Wiener Hofes wurden auch viele Künstler in den Ort gezogen. Hier weilten Johann Strauß und Franz Lehar, der allein 24 Operetten (darunter die „Lustige Witwe") in Ischl schrieb; in Ischl pflegte Johann Strauß mit Johannes Brahms Karten zu spielen. Brahms, der zuweilen in

Ischl: Elisabeth-Schlößchen im Park der Kaiservilla

seinem Schöpferwahn wie ein wildschnaubendes Tier durch die Wiesen stampfte, komponierte hier das unsterblich gewordene Lied „Guten Abend, gute Nacht", wahrscheinlich an einem jener bezaubernden Sommerabende, die mitunter über dem Ischler Tal hereindämmern. Die bekannten Burgschauspieler Alexander Girardi, Johann Nestroy und Katharina Schratt weilten hier, um für den Kaiser zu spielen.

Ischl entwickelte sich damals zum „Herz des Salzkammerguts" und mit seiner Solequelle (mit 32% die stärkste Europas) zu einem der berühmtesten Kurorte Europas. In den Sommermonaten fanden (und finden) im Kurhaus Operetten-Aufführungen statt. Zu Weltberühmtheit brachte es damals auch die Konditorei Zauner in der Pfarrgasse („Jedem Zauner-Stollen muß man einen Stauner zollen!"). Selbst Kaiser Franz Joseph hatte eine besondere Vorliebe für den Gugelhupf dieser Konditorei.

Um Ischl zu erreichen, fuhr man früher mit der Bahn bis Gmunden am Traunsee und dann mit dem Schiff (seit 1872 Dampfer „Gisela") bis Ebensee. Eine Straßenverbindung bestand zwischen Gmunden und Ebensee nicht. Von Ebensee aus mußte man – bis zum Bau der Eisenbahn Ebensee-Bad Ischl (1873) – mit dem Wagen nach Ischl fahren

Elisabeths Aufenthalte

Das erste Mal lernte Elisabeth Ischl bei ihrer Verlobung im August 1853 kennen. Seitdem sollte sie sich wie Franz Joseph hier fast jedes Jahr aufhalten. In Ischl hat Elisabeth schon früh ihre Neigungen zum Bergsteigen und zum intensiven Naturerlebnis entwickelt, hier hat sie mehr als an anderen Orten ihren Freiheitsdrang ausleben können. Und in Ischl hat sie vor allem in Gedichten immer wieder literarisch Rechenschaft abgelegt von ihren Gefühlen und Gedanken:

Täglich

Im Mondenschein, in Sonnenhitz
Bis zu der höchsten Felsenspitz
Steig' täglich ich hinan.
Ob's donnert auch und stürmt und blitzt,

Ob droben grauer Nebel sitzt,
Was liegt mir wohl daran!
Die Leute fragen hint' und vorn'
Und munkeln gar von einem Sporn,
Der sich jetzt deutlich zeigt.
Ja, das vertragt Ihr alle nicht,
Und wär't Ihr selbst ein Kirchenlicht,
Dass man Euch übersteigt![2]

Über die Wanderungen der Kaiserin sind wir durch die verschiedenen Gedichte, Mitteilungen, Briefe und Tagebucheintragungen der Mitglieder der Kaiserfamilie gut unterrichtet. 1865 schrieb der Kaiser seiner Mutter:

„... Vorgestern habe ich allein mit Sisi beim herrlichsten Wetter eine sehr hübsche Partie gemacht. Wir sind um 10 Uhr zum Steg gefahren und von dort zu Fuß auf der Soleleitung auf den Rudolphsturm und dann nach Hallstatt gegangen, wo wir schon um 1 Uhr waren und um 2 Uhr auf dem Balkon des Wirtshauses speisten. Nach Tisch sind wir zum Waldbachstrub gegangen. Das Tal war herrlich beleuchtet und vom frischesten Grün; nur durch eine Menge Trotteln, wie immer, und durch eine neue, in dieser schönen Gegend höchst unpassenden Zivilisation verunstaltet. Es sind nämlich am ganzen Wege eine Menge Butiken mit Schnitzereien und Steinen aufgestellt und sogar ein Kaffeehaus ist entstanden, so daß ich schon erwartete, man müsse wie in der Schweiz beim Wasserfall Entree zahlen. Allein das ist denn doch noch nicht der Fall. Wir waren beide seit unserem Verlobungstage nicht in dem schönen Tal gewesen und gedachten recht viel der damaligen Zeit. Von Hallstatt fuhren wir zu Schiff nach Gosaumühl, gingen von dort zu Fuß nach Steg, von wo wir zu Wagen hierher fuhren und vor 8 Uhr zu Hause waren. Sisi ist jetzt so gut zu Fuß, daß wir, wenn sie zurückkommt, noch viele große Fußtouren vorhaben; auch wird sie mich auf kleine Gemsjagden begleiten und bei mir auf dem Stande sitzen ..."[3]

Auch über den Tagesablauf in Ischl wissen wir gut Bescheid. Am Sonntag fuhr man zur Messe hinunter und machte um 3 Uhr Dinner. Ausflugsorte, wo man „soupierte", waren etwa Steg oder Gosaumühle am Hallstatter See. Am 21. Juni 1872 berichtete Elisabeths Tochter Gisela ihrem Verlobten Leopold aus Ischl: „Gestern war ich auf der Soleleitung am Hallstättersee und fand einen Menge Alpenrosen; dann sind wir am See gefahren...In der Früh, wenn es schön ist, frühstückt Mama immer am Cottage und Valerie ist auch oben ..." Am 5. Juli:

Hallstadt

„Ich soupierte mit Mama in der Rettenbachmühl, wo schrecklich viel Menschen waren ...", am 17. Juli: „... wir werden ... über den Wolfgang- und Grottensee zum Mondsee und von da zum Attersee fahren, in Weissenbach zu Mittag essen und im Aufzug in Papas Jagdhaus soupieren. In Mondsee nehmen wir uns vor, das alte baierische Kloster zu besuchen und die Kirche anzusehen. Heute bin ich, seit wir hier sind, zum ersten Mal geschwommen. Das Wasser hatte 16 Grad, die Luft 18 Grad, sehr wenig für die Jahreszeit ...". Am 25. Juli: „Wir waren in Langwied, wo wir Kaffee tranken und Italiener tanzen sahen. Jetzt sind nämlich sehr viele hier, um die Ebensee-Ischler Eisenbahn zu bauen."

An keinem Ort hat Elisabeth soviel gedichtet wie in Ischl. Sie schildert dabei häufig die Ausflüge, die sie allein oder mit ihren Kindern machte, vor allem an die umliegenden Seen. Im Sommer 1885 schrieb sie ein Gedicht „An den Attersee":

Immer wieder, blaue Wellen,
Lockt ihr mich an euren Strand,
Scheinen doch die saphirhellen
Wasser mir so wohlbekannt.

Wie die Adria, die blaue,
Schmückt die schönste Farbe euch,
Ob ich auf zum Himmel schaue,
Ob hinab, es dünkt mir gleich.

Und von neuem weckt das Sehnen
Ihr nach der geliebten See,
Möchte zieh'n, gleich Wanderschwänen,
Weit von dieser Felsenhöh'.

Züg'le noch, du ungestümes
Herz, die wilde Sehnsuchtsqual,
Warte, bis mit roten Bannern
Streift der Herbst durch Wald und Thal!

Sage dann den blauen Wellen
Scheidend noch einmal „ade",
Grüssend all'die lieben Stellen
An dem blauen Attersee.[4]

Ischl war der Ort, wo Elisabeth das Bergwandern zu einem wichtigen Lebensinhalt machte. Die merkwürdige Mischung von körperlicher Anstrengung, Naturbetrachtung und literarischer „Erarbeitung“ setzte nicht nur Ihre Mitwanderer in Erstaunen. Es gibt wohl kaum einen der durch Wege erschlossenen Berge in der Umgebung von Ischl, den sie nicht bestiegen hätte. Bevorzugt waren freilich Aussichtsberge in markanter Lage, wie etwa der Salzberg über Hallstatt. Im Juli 1884 meinte der Kaiser, daß Elisabeth den Salzberg in so „sinnlosem Tempo“ hinaufgehen würde, daß alle zurückbleiben mußten, weil sie nicht mehr „schnaufen“ könnten. Ein beliebtes Wanderziel Elisabeths war die 1240 m hoch gelegene Hütteneckalm bei Goisern. Von dort konnte man den schönen Blick auf den Hallstatter See und die Gletscher des Dachsteinmassivs genießen. Hier konnte Elisabeth auch übernachten. Dabei ließ auch sie sich, wie die meisten Bergtouristen des 19. Jahrhunderts, vor allem den Sonnenaufgang nicht entgehen. Nacht und Morgendämmerung auf dem Berg schildert sie in einem 1887 verfaßten Gedicht:

Du wunderbare blaue Nacht
Mit deinen Sterngebilden,
Gleich einem Heer von Feuermacht
Mit funkelnd lichten Schildern!
Und hier und dort fährt ein Geschoss
Blitzschnell am Himmel nieder,
Sie tauschen ihre Pfeile blos
aus goldenem Gefieder.

Doch bald o Nacht! wirst du besiegt;
Ein dämmernd' Licht im Osten,
Es kündet, dass dein Feind schon liegt
Bereit an seinem Posten.
Du blaue Nacht! wie wirst du blass,
Wie muss dein Heer erbleichen,
Wie mancher grosse Held fürbass
Muss nun dem grössten weichen!

Der Horizont wird glühend rot,
Und wie auf Purpurwagen
Wird jetzt der stolze Sonnengott
Zum Sieg emporgetragen;
Die hohen Gletscher rings umher,
Die weisse Riesenrotte,
Sie tauchen aus dem Nebelmeer
Und huldigen dem Gotte.[5]

Für Übernachtungen und sonstige Aufenthalte der Kaiserin ließ die kaiserliche Hofverwaltung in den 80er Jahren auf der Hüttenalm neben dem Alpengasthof ein eigenes Aussichtssalettl, ein Lusthaus, errichten.

Ein weiteres beliebtes Ausflugsziel der kaiserlichen Familie und der Kaiserin war die landschaftlich reizvoll gelegene Rettenbachmühle, die man nicht selten aufsuchte, um das Frühstück einzunehmen. Die Rettenbachmühle war Mühle, Landwirtschaft und Gastwirtschaft. Zu den aufwendigeren Touren Elisabeths gehörten die Wanderungen zum Offensee und zu den beiden Langbathseen. Der Vordere Langbathsee war durch eine 9 km lange Straße von Ebensee aus erreichbar; an ihm stand ein kaiserliches Jagdhaus. „Wer am frühen Morgen sich ein verborgenes Plätzchen an einem der beiden Seen aufgesucht hat, dem mag wohl das Vergnügen zu Theil werden, ein und das andere Stück Rothwild in nächster Nähe belauschen zu können, während in dem Gewände des Hinteren Langbathsees das Rieseln fallender Steine seinen suchenden Blick vielleicht ein Rudel Gemsen erspähen läßt. Wenn aber die Jagdzeit beginnt und es in dem kaiserlichen Jagdhause am oberen Ende des Vorderen Sees lebendig zu werden beginnt, das sind für die vierbeinigen Bewohner des stillen Waldes die Tage bitterer Bedrängnis gekommen."[6] Sowohl die Langbathseen als auch den nördlich malerisch gelegenen Offensee, an dem ebenfalls ein kaiserliches Jagdhaus stand, hat Elisabeth mehrmals literarisch gewürdigt:

Langbathsee

Allein im kleinen Jägerhaus,
Allein am stillen See,
Da rückwärts scheint die Welt schon aus
Mit Felsen, Wänden, Schnee.

Ich wandle wie im Traum bei Tag
Im dunklen Fichtenforst,
Auf samt'nem Moos ist mein Gelag,
Der Felsenblock mein Horst.

Der Bergquell springt von Stein zu Stein,
Und rauscht ein Lied dazu;
Die müden Nerven schläfert's ein,
Dem Hirne bringt es Ruh!

Der Vordere Langbathsee

Und wie die Sonne tiefer sinkt,
Der Schatten länger wird,
Hat, wo die hohe Felswand blinkt,
Mein Fuss sich hinverirrt.

Sie hebt sich silberweiss und kühn
In's blaue Firmament,
Die Zacken rosenrot erglüh'n,
Das leuchtet, funkelt, brennt.

Tiefstille ist es rings umher,
Und doch, die Stille spricht
Im kühlen Wind vom Felsenmeer,
Der sich im Krummholz bricht …

Der Mond steigt langsam in die Höh',
Langsam kehr ich zurück,
Den Waldespfad zum stillen See,
Des reinsten Smaragd's Stück.

In seinem grundlos tiefen Grün
Trägt er der Buchen Kranz,
Die lieblich sein Gestad umzieh'n
In rotem Sommerglanz.

Darüber spiegelt sich der Tann,
Und dunkelt düster nach,
Dass um so schärfer, heller dann
Der Berg sich zeigen mag …[7]

Offensee

Ich trat hinaus in das Septemberdunkel
Und schritt den stillen See entlang;
Am fernen Ufer schien wie ein Karfunkel
Des Fährmanns Licht am Waldeshang.

Ich fühlte mich so einsam und verlassen,
In meiner Brust lag's schwer wie Blei;
Es war ein Ringen zwischen Lieb' und Hassen,
Ein bitt'rer stummer Herzensschrei.

Ich hab' geliebt, wie wenige nur lieben,
Mit jedem Puls- und Herzensschlag;
War's nicht schon Götzendienst, den ich getrieben,
Ein gold'nes Kalb, vor dem ich lag?

Und als ich fragend liess den Blick, den nassen,
Hingleiten auf den tiefen See,

Da schnitten mir die Sterne d'rin Grimassen
Und höhnten mich samt meinem Weh.

Da sprach ein altes Sternbild jetzt von oben:
„Wer liebt, ist immerhin ein Thor;
Doch wer gar Gegenliebe will erproben,
Der kommt mir wahrlich närrisch vor ...[8]

Eine alpinistisch anspruchsvolle Tour war für die Kaiserin der östlich von Ischl gelegene 1783 m hohe Berg Schratt, den sie in einem Gedicht von 1886 „Schrott" nennt:

Auf der hohen Schrott

Auf schmaler Felsenkante
Des hohen Berges Schneid',
Wo heiss die Sonne brannte,
Gestein nur weit und breit,
Wo, meine Beine suchend,
Die Kupfernatter droht,
Da dachte ich mir fluchend:
Zum Teufel Hohe Schrott![9]

Aber nicht nur die Landschaften bilden das Thema von Elisabeths Gedichten, die sie in Ischl verfaßte, sie nahm auch ihre Familie kritisch aufs Korn. Nachdem sich am 18. August 1887, am Geburtstag des Kaisers, 25 Familienmitglieder in der Ischler Kaiservilla zum Diner getroffen hatten, brachte Sie ihre ganz persönlichen Geburtstagseindrücke und Geburtstagswünsche für ihren „Oberon" zu Papier:

Nun sind sie fort, und über Saal und Halle
Schwebt wieder die gewohnte süsse Ruh',
Längst schwand der goldnen Sonne Strahl dem Thale,
O tritt hinaus in Deinen Zaubergarten,
Und freue Dich der stillen Sommernacht,
Wo tausend Blumen Deiner duftend warten.
Von Rosen wird Dir noch ein Hoch gebracht!
Doch sieh! Dort steigen prasselnde Raketen
Zu Deinem Wiegenfeste, Oberon;
Wenn wir auch länger gern bestaunt sie hätten,
Rasch schwinden sie dem Blick im Dunkel schon.
So scheinen sie ein Bild der Lebensjahre,
Die allzu flüchtig Dir dahin geeilt,
Um welche, wie ich heute wohl gewahre,
Dir banges Trauern in der Seele weilt.

O wende Deinen Blick auf jenen Sterne,
Die ewig leuchten dort am Firmanent,
In denen unsre Seele dankbar, gerne
Den Schöpfer alles Hehren preist und kennt!
So werden, wenn die Jahre längst entschwunden,
Noch leben Deine Thaten fort und fort;
Dass Du einst warst, wird dankbar nachempfunden.[10]

Wie ländlich schlicht und folgenreich Übernachtungen auf Berg- und Sennhütten sein konnten, schildert uns Elisabeth ebenfalls in einem Gedicht vom August 1887. Bei einer Wanderung zur östlich des Traunsees gelegenen Karbach-Alm, wo sie übernachtete, erlebte sie eine böse Überraschung:

Karbach-Alm

Ich sass, des langen Wanderns müde,
Am Herde einer kleinen Alm;
Auf meiner Seele lag der Friede,
Ich betete den Abendpsalm.

Weit offen stand die kleine Pforte,
Das volle Mondlicht quoll herein,
Und Milchgeschirre jeder Sorte
Erglänzten hell im lichten Schein.

Im Hintergrund, hoch aufgezimmert,
Der Sennerin ihr Lager stand;
So lang der Mond so göttlich schimmert,
Dacht ich, bleibst du ihm zugewandt.

Das Dierndel schlief schon in der Rauschen,
Erhaben über ihrem Vieh;
Sie wollt' durchaus mit mir heut' tauschen,
Das Bett für mich, das Heu für sie.

Noch einmal trat ich vor die Hütte,
Die Nacht war zaubrisch hehr und schön;
Hoch in des blauen Äthers Mitte
War, blendend schier, der Mond zu seh'n.

Die schneebedeckten Berge hoben
Sich geisterhaft vom Horizont;
Es schien, als sei die Welt hier oben
Von weissen Riesen nur bewohnt.

Das Tosen nur vom Wasserfalle
Drang durch die tiefe Gottesruh',
Und manchmal auch im nahen Stalle
Da seufzte träumrisch eine Kuh.

Doch die Natur ist unerbittlich,
Sie fordert endlich doch ihr Recht,
Und schläfrig sein ist ungemütlich,
Und Bett ist Bett, wenn noch so schlecht.

So legt' ich mich dann endlich nieder,
Und durch die offne Bretterthür'
Da kam auf die geschlossnen Lider
Der Schlaf im Mondgewande mir.

Doch weh! was stürzt aus Paradiesen
Zurück mich in dies Jammerthal:
Zerfleischt, gemartert bin von Bissen
Ich, und Million ist ihre Zahl.

Und als die Senn'rin kam zu wecken,
Genau zwei Stund' nach Mitternacht,
Da habe ich zu ihrem Schrecken
Mein nächtlich' Leid ihr laut geklagt.

Was hast mit Deinem Bett gebrüstet,
Du falsche Alpenjungfrau Dich!
Nach meinem Blut hat Dir gelüstet,
Und grausam traf mich Stich auf Stich.

Mein Körper brennt in heissen Wehen,
Entrüstet sag' ich Dir ade
Sammt den vermaledeiten Flöhen;
Ich flieh' verletzt aus eurer Näh'.[11]

Legendär im Ischler Land wurde Elisabeths zehnstündige Überquerung des toten Gebirges. Diese viertägige Tour wurde im Jagdhaus Elmgrub durch eine Gedenktafel festgehalten. Bei dieser Wanderung, die sie am 21. Juni 1888 begann, kam Elisabeth zunächst an dem am Offensee liegenden kaiserlichen Jagdhaus vorbei und bestieg den 2012 m hohen Rinnerkogel sowie das 1979 m hohen Augsteck. Auf dem Weg lag auch die 1590 m hohe Wildenseealm mit dem Wildensee nahe dem Abfall des Toten Gebirges zum Offensee. Die Kaiserin übernachtete im 1637 m hoch gelegenen Jagdhaus Elmgrub und stieg am darauffolgenden Tag zum Grundlsee ab. Dort übernachtete sie im Hotel Schraml. Am 23. Juni wanderte Elisabeth dann nach Altaussee und bestieg den 1214 m hohen Tressenstein, besuchte in Aussee die hl. Messe, fuhr nach Grundlsee und wanderte noch durch den Koppen nach Obertraun.[12]

Erzherzogin Marie Valerie und ihr Bräutigam Franz Salvator vor der Kaiservilla in Ischl

Am 31. Juli 1890 heiratete in Ischl Elisabeths Lieblingstochter, die am 22. April 1868 in Gödöllö geborene Marie Valerie, den zwei Jahre älteren Erzherzog Franz Salvator. Für Elisabeth war die Hochzeit ein eher trauriges Ereignis, denn Valerie war der einzige Trost Elisabeths in den vergangenen zwei Jahren. Nun, nach dem Tode Kronprinz Rudolfs, nach dem Tode Andrássys und ihrer Schwester Helene von Thurn und Taxis, empfand sie auch die Hochzeit Valeries wie eine Beerdigung. Corti schildert uns die Szene wie folgt:

Leichenblaß ist Elisabeth, als sie im letzten Wagen des Brautzuges mit Valerie allein durch die Reihen „hoch!" rufender Menschen in die Kirche fährt. Würdig verläuft die kirchliche Zeremonie. Beim Umziehen nach der Hochzeit hilft die in Tränen aufgelöste Kaiserin ihrer Tochter. Valerie ist dadurch so bedrückt, daß sie ihrem Onkel Karl Theodor die Hand nimmt und ihm tiefernst sagt: „Ich bitte dich, versprich mir, daß du Mama immer und in jeder Lage des Lebens ein treuer Freund sein wirst. Sie wird es in Zukunft sicher brauchen." ...nun kommt der Augenblick des Scheidens. Der Wagen ist vorgefahren, das junge Paar steigt ein und die mit Alpenrosen und Vergißmeinnicht bekränzten Pferde ziehen an. Fort geht es von Mutter und Elternhaus. Es ist der Kaiserin, als hätte man ihr das Herz aus dem Leibe gerissen.[13]

Wichtigstes „Wanderziel" für Elisabeth in dem 468 m hoch gelegenen Ischl war ihr „Zauberberg", der Jainzen, dem sie auch die meiste literarische Energie widmete. Dieser 830 m hohe bewaldete Berg lag direkt hinter der Kaiservilla im Bereich der kaiserlichen Parkanlagen. In seinen Höhen konnte sich Elisabeth ganz ungestört bewegen.

Ja, wahrlich, ich bin eine Tochter der Luft,
Verachtend die lästigen Kleider;
Ich bade die Glieder in würzigem Duft
Und spotte hier oben der Schneider.

Ich strecke die Arme dem goldenen Strahl
Der steigenden Sonne entgegen,
Die strotzenden Muskeln, wie bräunlicher Stahl,
Die muss mir der Morgentau pflegen.

Es schwingen und drehen den Bergstock voll Mut
Die Hände, die dunkel geküssten
Von südlich versengender, brennender Glut
An Asiens, Afrikas Küsten.

Ich werfe mich nieder ins schwellende Moos
Und recke die Beine hoch über;
Da ziehen im Kopfe die Lieder mir blos
Und oben die Wolken vorüber.

So eilen die Stunden, die flüchtigen, fort,
Es mischen sich Wolken und Träume;
In tieferes Blau färbt der Himmel sich dort,
Es dunkeln die Schatten der Bäume.

Vom Horizont heben die Berge sich scharf,
In mächtigen, kecken Contouren,
Wo scheidende Strahlen die Sonne erst warf,
Trägt rosig das Eisfeld noch Spuren.

Und drüber erglänzet in klassischer Ruh'
Der Luna hellsilberne Scheibe.
Es dränget mein Geist ihr voll Sehnsucht schon zu,
Und rüttelt am hemmenden Leibe.

Geduld nur! du unruhiger, unsteter Geist,
Es wird sich dein Sehnen erfüllen,
Wie heute vom Leibe die Kleider, so dreist
Wirfst bald du vom Geist' auch die Hüllen![14]

Tochter Valerie notierte am 6. September 1885 in ihrem Tagebuch: „Der Jainzen ist ja Mamas Zauberberg, wo sie dichtet und träumt und selbst mich kaum mehr etwas erstaunen könnte." Im gleichen Monat ging Elisabeth mit ihrer Tochter Valerie an den Fuß des Jainzens und führte sie an einen kleinen Altar, den die Kaiserin hatte errichten lassen. Unter einem Marienbild stand ein von ihr verfaßtes Gebet:

O breite Deine Arme aus
Maria die wir grüßen,
Leg schützend sie auf dieses Haus
Im Tal zu Deinen Füßen.
O segne dieses kleine Nest
Mag rings der Sturm auch wüten
In Deinem Schutze steht's hier fest
Voll Gnaden wirst Du's hüten.[15]

Es waren die einzigen Verse der Kaiserin, die noch zu ihren Lebzeiten bekannt wurden.

Elisabeths Enkel, Prinz Georg von Bayern, Sohn von Gisela, hat am 10. August 1900 über einen Besuch auf dem Jainzen das folgende in sein Tagebuch notiert:[16]

... Die Zwerge sitzen und liegen noch an ihren Plätzen u.s.w Das Muttergottesbild, in das vor einigen Jahre der Blitz eingeschlagen hat, hat seitdem wieder eine etwas andere, weniger schöne Einrahmung erhalten. Besonders wehmütig berührte mich der Anblick der kleinen Hütte dann, in der Bilder hängen, die Großmama teuer waren, so der stehende Achilles, eine kleine Photographie von Heine, eine solche von dem Bild „ein ewiges Geheimnis" und mehrere Ansichten von mir unbekannten Hafenstädten. In den Ecken der Hütte stehen noch die Vasen mit längst vertrockneten Alpenrosen, in einer anderen Ecke die Bergstöcke, deren sich Großmama bediente, von der Decke hängt eine ausgestopfte Möwe herunter ... Mir war es, als fühlte ich den geheimnisvollen Zauber ihrer Nähe, jenes unerklärliche Gefühl, mich einem höheren Wesen gegenüber zu befinden, das mich stets in ihrer Gegenwart beschlich. Sobald sich eine Gelegenheit bietet, gehe ich noch einmal hinauf, aber ganz allein, um ungestört der Erinnerung an sie leben zu können ...

Erinnerungen an Elisabeth in Bad Ischl

Auf der Ruine Wildenstein in Ischl, die Elisabeth sehr oft besucht und auch literarisch gewürdigt hat, sind heute auf einer Gedenktafel Verse zu lesen, die dort 1888 die jüngste Kaisertochter Marie Valerie für ihre Mutter gedichtet hat:[17]

Höher und höher mit jeglichem Schritt
reißt Dich der Berggeist mächtiger mit.
Hinter Dir lastende Schwere und Pein,
frei wie die Lüfte sollst oben Du sein.
Düfte die hoch mit den Wolken gehn,
fühlst Du berauschend entgegen Dir wehn.
Grüßend und singend hinflutend so hell.
ladet der Wildbach empor Dich zum Quell.

Höher und höher wie siegesbewußt,
dehnt sich Dir weiter und höher die Brust.
Tief Dir zu Füßen die Lande, die Auen,
Wälder strömende Wasser zu schauen.
Öffne Dein Herz! Ist's eng und klein,
kannst nicht Genosse der Höhen sein,
bist denn einsam in den Bergen gestellt,
wirf sie hinunter die Schwächen der Welt.

Am 2. Juli 1899 wurde in Bad Ischl der „Kaiserin Elisabeth-Waldweg" eröffnet und am 20. August 1908 legte man den Grundstein zum „Kaiserin-Elisabeth-Krankenhaus". Die Grundsteinlegung erfolgte in Anwesenheit des Kaisers, des Erzherzogs Salvator und seiner Gemahlin Marie Valerie. Während des festlichen Ereignisses stimmte der Ischler Männerverein Beethovens „Ehre Gottes" an. Die Weihe des Grundsteines erfolgte durch Bischof Dr. Doppelbauer; die drei symbolischen Hammerschläge vollzog der Kaiser. Am 29. Mai 1910 konnte das Spital eröffnet werden.

Bad Aussee

Zu den bevorzugten Ausflugszielen Elisabeths während der Sommeraufenthalte in Ischl gehörte Aussee, das in der Habsburger Familiengeschichte eine bedeutsame Rolle gespielt hatte: Von dort kam die Posthalterstochter Anna Plochl, die

Gemahlin des Erzherzogs Johann († 1859) und Stammutter der Linie der Grafen von Meran.

Besonders in den 1880er Jahren weilte Elisabeth öfters in Bad Aussee, das sie als ausdauernde Wanderin zu Fuß erreichen konnte. Am 25. August 1884 marschierte sie von Ischl durch den Flutergraben, bestieg den über Aussee aufragenden 1838 m hohen Loser und nächtigte in der auf 1504 m liegenden Loserhütte. Dort soll sich Elisabeth sehr leutselig mit der Hüttenwirtin Kathi Köberl unterhalten haben, in deren Hüttenbuch sie sich eingetragen hat. Das Blatt wurde gerahmt und ist noch heute in der Hütte zu sehen. Den Loser scheint Elisabeth in der Folgezeit noch öfters bestiegen zu haben. Im Oktober 1886 dichtete die Kaiserin ihr „Loserlied“:

O fraget nicht nach morgen,
Das Heut' ist ja so schön!
Verstreut ins Thal die Sorgen,
Lasst sie vom Wind verweh'n!

Was eure Herzen möchten,
Vertraut's dem Loser an;
In lauschig stillen Nächten
Verrät dem Mond er's dann.

Der dient den Eng'lein oben
Als silbernes Brevier,
Woraus den Herrn sie loben
Und preisen für und für.

So wird der Herr das hören,
Was unten niemand weiss;
Und sollt' Er's euch gewähren,
Gebt auch dem Loser Preis![18]

Reichenau an der Rax

Zur Geschichte Reichenaus

Reichenau liegt südlich von Wien am Fuße der beiden Wiener Hausberge Rax und Schneeberg auf 483 m Meereshöhe. Der Ort am Eingang des romantischen von der Schwarza durchströmten Höllentals gehört seit dem 19. Jahrhundert zu den beliebtesten Fremdenverkehrsorten in der Umgebung von Wien.

Reichenau konnte schon auf eine lange Geschichte zurückblicken, bevor es im 19. Jahrhundert dank der Semmeringbahn vom Fremdenverkehr und schließlich vom Kaiserhaus als Sommerresidenz entdeckt wurde. Im Mittelalter war Reichenau Mittelpunkt einer Herrschaft, die dem Zisterzienser-

Alt-Aussee: See und Trisselwand

kloster Neuberg im Mürztal gehörte. An die Herrschaft dieses Klosters erinnert noch das sogenannte „Wartholzkreuz" an der Straße nach Edlach, an dem der Abt von Neuberg bei Visitationen von den Untertanen der Herrschaft feierlich empfangen wurde. Für die Verwaltung der Herrschaft bauten die Zisterzienser an der Schwarza ein Schloß, das im 17. Jahrhundert zu einem schönen Wasserschloß ausgebaut wurde. Das Renaissancetor mit der Jahreszahl 1614 ist noch erhalten. Wegen des Bergbaus, vor allem auf Kupfer und Eisen, erwarb 1784 die Innerberger Hauptgewerkschaft (Bergwerksgesellschaft) die Herrschaft Reichenau. Im Schloß wurde die Werksverwaltung eingerichtet. Der Bergbau am Fuß der Rax und am Grillenberg wurde kurz nach 1900 eingestellt.

Im 19. Jahrhundert wurde Reichenau zum beliebten Ausgangspunkt für die Besteigung des Schneeberges. Bekanntester Stützpunkt der Wanderer war der Gasthof Thalhof, der durch den Müllermeister und Fuhrunternehmer Ignaz Waissnix zum vornehmen Hotel ausgebaut wurde und in dem die Spitzen der Gesellschaft und auch der Kaiser verkehrten. Waissnix ließ in bevorzugter landschaftlicher Lage 1857 eine Villa errichten, die ab 1859 der kaiserlichen Familie zur Verfügung gestellt wurde. Zu Ehren des Kronprinzen wurde sie „Rudolfsvilla" genannt. 1870 erwarb der Bruder des Kaisers, Erzherzog Karl Ludwig, den Grundbesitz „Warthölzl" und beauftragte den Architekten Heinrich Ferstel mit dem Bau einer großzügigen Villa, der Villa „Wartholz", die dem Erzherzog seit 1872 als Sommerresidenz diente. Der letzte österreichische Kaiser Karl hat hier die meiste Zeit seiner kurzen Regierung (1916–1918) verbracht, und hier wurde dessen Sohn Otto, der heutige Chef des Hauses Habsburg, geboren.

Um Reichenau baute sich die Wiener feine Gesellschaft ihre Villen. Besonders aufwendig war die der Bankiersfamilie Rothschild. Von Bedeutung waren Reichenau und das ganze Rax- und Schneeberggebiet für die erste Wiener Wasserversorgung: Der „Kaiserbrunnen" ist der Ausgangspunkt der Wiener Hochquellenleitung.

Elisabeths Aufenthalte

Erstmals lernte Elisabeth Reichenau 1854 beim Festbankett anläßlich der Eröffnung der Semmeringbahn kennen. Seit 1859 hielt sich die Kaiserin dann häufiger in Reichenau auf, weil dort in der „Rudolfsvilla" ihre Kinder Gisela und Rudolf die Sommerferien zu verbringen pflegten.

Nachdem sich die Kaiserin in den Jahren 1860 bis 1862 fast durchwegs außerhalb von Österreich aufgehalten hatte, besuchte sie ihre Kinder erstmals wieder im September 1862 in Reichenau. Elisabeths Hofdame, Helene Taxis, schilderte in einem Brief vom 28. September 1862 Elisabeths damalige Verfassung:

> Es fiel ihr schwer, das Herumfahren der letzten Zeit aufzugeben, was ich begreife. Wenn man überhaupt nicht den inneren Frieden besitzt, so meint man, die Bewegung mache das Leben leichter, und daran ist sie jetzt nur zu sehr gewöhnt. Sie ritt in Reichenau und einmal hier allein mit Holmes um sieben Uhr früh. Aus dem Schritt ist natürlich bereits ein Galopp geworden, nur traben will sie noch nicht. Von Grünne und Königsegg will sie sich durchaus nicht geleiten lassen. Ersterer ward bis jetzt komplett ignoriert und gemieden. Sonst geht es gottlob gut ... Ich glaube schon, daß sie des moments de désespoir hat, doch niemand kann so lachen und hat so kindliche Einfälle ...[19]

Ab 1865 hörten die Aufenthalte der Kaiserkinder in Reichenau auf und in den 70er und 80er Jahren machte Elisabeth nur noch kleine Zwischenstops in Reichenau. Lediglich im Juli 1873 hielt sich Kaiserin Elisabeth etwas länger in Payerbach bei Reichenau auf, als sie mit ihrer Tochter Marie Valerie dem Trubel der Wiener Weltausstellung und den vielen angesagten Gästen entfliehen wollte. Sie wohnte in der Villa Warrens, die 1854 im neugotischen Stil von dem Ringstraßenarchitekten Otto Theinmann für den aus Hamburg stammenden Eduard Warrens errichtet worden war.

Erinnerungen an Elisabeth

Für die Wanderer im Schneeberg- und Raxgebiet, dem beliebtesten Wochenendausflugsgebiet der Wiener, baute man bald nach dem Tod Elisabeths eine Gedächtniskapelle. Am 5. September 1901 wurde auf dem Schneeberg das „Kaiserin-Elisabeth-Kirchlein" eingeweiht. Das Gemälde in der Kirche von Rosa Wichtl zeigt die Kaiserin vor einem Bildstock in hochalpinem Terrain.

Comité zur Erbauung des Sanct Elisabeth-Kirchleins auf dem Hochschneeberg
Wien, III., Gemeindehaus.

Programm

der

feierlichen Schlusssteinlegung und Einweihung

des

Kaiserin Elisabeth-Gedächtniss-Kirchleins

auf dem

Hochschneeberg in Nieder-Oesterreich.

4. September 1901, circa 7 Uhr abends: Schlusssteinlegung und Uebergabe des Kirchleins vom Bau-Comité an den Herrn Pfarrer von Puchberg.

8 Uhr abends: Beleuchtung des St. Elisabeth-Kirchleins und des Hochschneeberges. Zum Schluss imposantes Feuerwerk. (Veranstaltet durch einen edlen Spender.)

5. September 1901, 8 Uhr früh: Einweihung des Kirchleins durch Se. bischöfliche Gnaden Herrn Weihbischof **Dr. Gottfried Marschall.**

10 Uhr vormittags: Versammlung der P. T. Stifter, Gründer und geladenen Gäste, sowie der Journalisten und Theilnehmer vor der Endstation Hochschneeberg auf den reservirten Plätzen zwischen der Station und dem Kirchlein.

11 Uhr vormittags: Ankunft Ihrer kaiserl. u. königl. Hoheiten des Durchlauchtigsten Herrn **Erzherzog Rainer** und der Durchlauchtigsten Frau **Erzherzogin Protectorin Marie Rainer.** Empfang der Höchsten Herrschaften und Geleitung Höchstderselben in das Kirchlein. Choral, vorgetragen vom Wiener Männer-Gesangverein. Ansprache des Herrn Weihbischofes. Feier der ersten heiligen Messe. Hiebei gelangt die Deutsche Messe von Schubert durch den Wiener Männer-Gesangverein zum Vortrage.

Circa 11 Uhr 45 Minuten vormittags: Vorstellung des Bau-Comités. Ansprache des Obmannes und Vorstellung der anwesenden Stifter und Gründer. Besichtigung des Kirchleins. Geleitung der Höchsten Herrschaften in das Hôtel Hochschneeberg. Besichtigung der für das St. Elisabeth-Kirchlein gespendeten kunstvollen Paramente, Antependien, Messkleider etc.

Circa 3 Uhr nachmittags: Abfahrt der Höchsten Herrschaften.

Zur Darnachachtung für die Theilnehmer!

Für die geladenen Festtheilnehmer werden am 5. September l. J. von der k. k. priv. Eisenbahn Wien—Aspang und Schneebergbahn Sonderzüge zu den nachangeführten Ab- und Ankunftszeiten in Verkehr gesetzt.

Zu diesen Sonderzügen sind auch für die Wr.-Neustädter Festgäste in der Station Fischau Anschlüsse hergestellt.

Hinfahrt:	*Wien E. W.-A.*	*ab 6.35 früh*		**Rückfahrt:**	*Hochschneeberg*	*ab 3.20 nachm.*
	Wr.-Neustadt Sch.-B.-B.	*› 7.40 ›*			*Wr.-Neustadt Sch.-B.-B.*	*an 5.57 ›*
	Hochschneeberg	*an 10.12 vorm.*			*Wien E. W.-A.*	*› 7.10 abends*

Die Ausgabe der Fahrkarten ist eine beschränkte. Dieselbe erfolgt an den Personen-Cassen in Wien E. W.-A. und Wr.-Neustadt Sch.-B.-B. **nur gegen Vorweisung der Einladungskarten.**

Fahrpreise für die Hin- und Rückfahrt von Wien K 10.—, von Wr.-Neustadt K 9.—.

Im Eisenbahnhôtel ›Hochschneeberg‹ (Pächter J. Panhans), Hôtel Baumgartner (eine Stunde unterhalb des Kirchleins), sowie in Puchberg sind nur wenige Zimmer mehr zur Verfügung, und ersucht das Bau-Comité jene Theilnehmer, welche zu nächtigen gedenken, sich rechtzeitig Zimmer zu bestellen.

Die Einladungskarten an die P. T. Stifter, Gründer und geladenen Gäste, welche jetzt versendet werden, gelten je nach der Farbe zu dem auf dem Festplatz bezeichneten reservirten Raum.

Es gelangt auch eine Broschüre über das St. Elisabeth-Kirchlein zur Ausgabe und werden Erinnerungsmedaillen geprägt.

Vom Bau-Comité
Wien, III., Gemeindehaus.

Wien: Hermesvilla im Lainzer Tiergarten

Zur Geschichte des Lainzer Tiergartens und der Hermesvilla

Der Lainzer Tiergarten, ein 2500 Hektar großer Naturpark, gehört bereits zum Wiener Wald. Er besteht etwa seit 240 Jahren: Mit Patent vom 2. April 1772 befahl Kaiserin Maria Theresia die Errichtung eines Zaunes zur Haltung von Wildschweinen. Unter Joseph II. ersetzte man diesen durch eine 25 Kilometer lange und 2,5 Meter hohe Mauer. Aus dem ursprünglichen „Saugarten" entstand dann im 19. Jahrhundert der „kaiserliche Tiergarten bei Wien". Bis zur Zeit von Franz Joseph gab es im gesamten Tiergarten kein Jagdhaus. Als im Jahre 1875 mit dem Tode Ferdinands I. der Kaiser das habsburgische Familienvermögen erbte und nun ausreichend Geld zur Verfügung hatte, machte er sich daran, für seine Gemahlin Elisabeth, die sich weder in der Hofburg noch in Schloß Schönbrunn wohlfühlte, eine gefälligere Heimstatt in der Nähe von Schönbrunn zu bauen. Die Hoffnung, auf diese Weise Elisabeth nach Wien zu locken, war nicht unbegründet, da Elisabeth im Lainzer Tiergarten öfter ausgeritten war. In den ersten Entwürfen des Ringstraßenarchitekten Carl von Hasenauer, dem Schöpfer des Burgtheaters, wurde der geplante Bau „Villa Waldruh" genannt. Seit September 1883 sprach man von „Ihrer Majestät Jagdhaus im k.u.k. Tiergarten".

Anfang 1884, als der Bau bereits halbfertig war, wurde er samt 36 Hektar Grund im Grundbuch als Privateigentum an die Kaiserin übertragen. Dies ist insofern ein interessanter Vorgang, als der Verkäufer das für den Lainzer Tiergarten zuständige Oberstjägermeisteramt war. Die „Privatisierung" der Villa wird in der Literatur als der Versuch des Kaisers gewertet, Elisabeth an Wien zu binden. Doch die Bildung von Immobilieneigentum in der Hand der Kaiserin bedeutete weit mehr. Der Kaiser wußte, wie wenig Elisabeth den politischen Verhältnissen traute, wie sehr sie vom Untergang der Monarchie überzeugt war. Sie befürchtete (zu Recht), daß im Falle einer Revolution das Habsburger Hausgut für immer verloren sein würde. Einem gestürzten Monarchen würde nur das bleiben, was er als bürgerliche Existenz besitzt, sein verbrieftes Privateigentum. In ihrer Vermögensvorsorge war die Kaiserin also ganz zukünftige Republikanerin.

Eine entscheidende Mitwirkung der Kaiserin an der Gestaltung der Villa wird heute teilweise geleugnet,[20] was jedoch nicht ausschließt, daß die Architekten, Ausstatter und der Kaiser versuchten, den bekannten Neigungen der Kaiserin entgegenzukommen. Besonders wurde auch auf die Reitleidenschaft der Kaiserin Rücksicht genommen: Man errichtete eine Reitschule und ein Stallgebäude. Das Schlafgemach wurde unter der Leitung von Hans Makart mit Szenen aus Shakespeares „Sommernachtstraum" bemalt. Die Wandbemalungen des Turnzimmers sowie die sonstigen Darstellungen aus der griechisch-römischen Mythologie gehen möglicherweise auf Elisabeths Anweisungen zurück. Als das Kaiserpaar und seine Tochter Valerie die Villa am 24. Mai 1886 erstmals besichtigte, waren jedoch Elisabeth sowie Valerie keineswegs begeistert.[21] Über die von Makart gestalteten Prunkzimmer soll Elisabeth den Kopf geschüttelt haben, und Marie Valerie notierte 1890 bei einem Aufenthalt: „Diese Marmorreliefs, diese üppigen Teppiche, Kamine in getriebener Bronze, diese zahllosen Engel und Amoretten, das Schnitzwerk an allen Ecken und Enden, dieser manierierte Rokokostil! Ich wollte, wir wären wieder daheim." Mit „daheim" war das schlichte Ischl gemeint! Marie Valerie hat hier sicherlich auch die Ansichten ihrer Mutter wiedergegeben. Elisabeth hatte zu dem im Grunde bürgerlichen Prunk eines Hans Makart, anders wie Franz Joseph, offensichtlich keinerlei Bezug. „Die Villa im Lainzer Tiergarten war ... ein architekturgewordenes Psychogramm des Kaisers und seiner Beziehung zu Elisabeth...es war des Kaisers beamtenmäßiger, unpersönlicher Repräsentations- und Wohnanspruch, welcher der Villa seinen „stilistischen" Stempel aufdrückte."[22]

Die Räume des Kaisers befanden sich im Nord-, die der Kaiserin im Südtrakt. Von dort konnte Elisabeth über einen schmiedeeisernen gedeckten Korridor die durch eine Glaskuppel belichtete Reitschule erreichen. Damals war noch nicht ersichtlich, daß Elisabeth ihren Reitsport in Kürze aufgeben würde.

Auch bei dem 1882 bis 1890 angelegten Schloßpark versuchte man weitgehend, Elisabeths Vorstellungen gerecht zu werden. Soweit Lage und Klima es zuließen, wurde ein mediterranes Ambiente gestaltet, ein freilich recht untaugliches Mittel, die Kaiserin von ihren mediterranen Reisezielen wegzulocken. Wie sich die Kaiserin die Hermesvilla wirklich gewünscht hätte, nämlich als verzauberten Teil der Natur, deutet sie in einem Gedicht an:

Im mailich ergrünenden Walde
Da steht ein verzaubertes Schloss,
Auf blumendurchwucherter Halde
Ruht träumend das Wild in dem Moos.

Es wölben die Buchen und Eichen
Zum Dome sich rings um das Haus,
Die blühenden Weissdorne reichen
Den bräutlichen duftenden Strauss.

Der Sonne, dem goldenen Glanze
Verschliesst sich der Wald und das Thor,
Doch schweben allnächtlich zum Tanze
Die lieblichen Elfen hervor.

Dann lässt sich Titania erblicken
Auf schneeweisser Marmoraltan.
Doch wird es dir Jüngling wohl glücken,
Dem Zauberschloss jemals zu nah'n?[23]

Elisabeths Aufenthalte

Erstmals bezogen wurde die Hermesvilla von der kaiserlichen Familie im Mai 1887, doch hat sich, wie gesagt, Elisabeth in dem überladenen Bau nur eingeschränkt wohlgefühlt. Franz Joseph wußte, daß er schon wieder „etwas verdorben hatte". Eifrig bemüht, den Aufenthalt so komfortabel wie möglich zu machen, sorgte er sogar für elektrische Beleuchtung: Selbst die Straße zur Hermesvilla war eine der ersten in Wien, die eine elektrische Beleuchtung erhielt. Bei Aufenthalten der Kaiserin durfte weder gejagt noch im Wald gearbeitet werden. Das Terrain war von einer hohen Mauer umgeben, um es gegen Außenstehende abzuschließen. „Titanias Zauberschloß" war für Elisabeth bald Kulisse für ihre Träumereien:

Titania wandelt unter hohen Bäumen,
Mit weissen Blüten ist ihr Pfad bestreut,
Die Buchen rings, die alten Eichen keimen,
Es scheint der Wald ein Dom, dem Mai geweiht,

Ein Dom durchweht von märchenhaften Träumen,
Ein Zauberort verborgen und gefeit.
Maiglöckchen läuten duftend süsse Lieder,
Und gold'ne Falter schweben auf und nieder.

Die weisse Hirschkuh folgt Titanias Schritten,
Nicht fliehn die wilden Mouffelons vor ihr,
Eichhörnchen ist vom Stamm herabgeglitten
Und grüsst die Königin im Forstrevier.

Der scheue Kuckuck ist nicht abgeritten,
Lauscht sie doch täglich seinem Rufe hier;
Die wilde Taube girret im Gezweige,
Und goldig geht ein Maientag zur Neige.

Im Mondlicht ruht Titania gern, dem blassen,
Ihr Lieblingsreh schaut dann zu ihr empor,
Wie ihre Arme zärtlich es umfassen;
Den wilden Eber krault sie hinterm Ohr.

Doch nie und nimmer werden zugelassen,
Die draussen an des Zauberwaldes Thor,
Um Einlass fleh'n mit Schreien und mit Scharren,
Die alten Esel und die jungen Narren.[24]

Im Frühjahr 1891 wurde Elisabeth in der Hermesvilla erstmals ihr neuer Griechischlehrer Constantin Christomanos vorgestellt. Mit ihm machte sie dann in der Folgezeit im Lainzer Tiergarten und im Wienerwald ausgedehnte Spaziergänge und Wanderungen.[25] Im Mai 1893 feierte Elisabeth in der Hermesvilla die Verlobung ihrer Enkelin Auguste von Bayern mit dem ungarischen Erzherzog Josef. Ihr letzter Frühlingsaufenthalt im Jahre 1898 dauerte nur einige Tage.

Anders wie Elisabeth entwickelte Franz Joseph eine persönliche Zuneigung zur Hermesvilla. Von der Hermesvilla aus schrieb er am 9. September 1898 seinen letzten Brief an die Kaiserin, der diese aber nicht mehr erreichte: „Der Abend war herbstlich, aber sehr schön … daß Du dennoch eine Art Heimweh nach unserer lieben Villa Hermes gefühlt hast, hat mich gerührt." Nach der Ermordung der Kaiserin erbte ihre mit Erz-

Die Hermesvilla, 1889

herzog Franz Salvator verheiratete jüngste Tochter Marie Valerie die Villa. Seit dem Tode des Kaisers 1916 wurde sie nicht mehr bewohnt.

Neuberg und Mürzsteg

Von der Zisterzienserabtei zum kaiserlichen Jagdrevier

Von der in der Einsamkeit des oberen Mürztals von Herzog Otto dem Fröhlichen 1337 gegründete Zisterzienserabtei Neuberg zeugt noch heute die mächtige gotische Hallenkirche. Auch der gotische Kreuzgang, das Brunnenhaus, das Refektorium und der Kapitelsaal sind noch erhalten. Das reiche Kloster, dem auch die Herrschaft Reichenau nördlich von Rax und Schneeberg gehörte und das auch in Wien ein eigenes Stadthaus hatte (Neuberger Hof), wurde 1786 durch Kaiser Joseph II. aufgehoben. Im 19. Jahrhundert entwickelte sich Neuberg zu einem Zentrum der Eisenverarbeitung. Deshalb baute man eine in Mürzzuschlag von der Semmeringbahn abzweigende Stichbahn bis zu den Neuberger Eisenwerken. Die Klostergebäude nutzte jetzt die Bergverwaltung (k.u.k. Montan-Ärar), da im Tal Bergbau auf Eisen und Kupfer betrieben wurde.

Doch auch der Wiener Hof war an Neuberg sehr interessiert, da es der Mittelpunkt einer der schönsten Jagdreviere der Monarchie war. Schon im Spätmittelalter hatte das Haus Habsburg im Kloster Räume für die Jagd reserviert. Auch im 19. Jahrhundert nahm der Hof bei seinen Jagden in Neuberg Quartier. Franz Joseph veranstaltete schon ab 1850 in den Wäldern des oberen Mürztales Hofjagden. Im Frühjahr jagte man Auerhähne, im Herbst Rotwild und im Winter Gemsen.

1869 baute sich Franz Joseph im nahen Mürzsteg, am Abhang des Lanauberges und mit Blick auf die Hohe Veitsch, aus seiner Privatkasse ein bescheidenes Jagdhaus. Federführender Architekt war der Wiener Hofarchitekt und Baurat August Schwendenwein. Der Kaiser war mit dem Bau so zufrieden, daß er den Architekten in den Ritterstand erhob. 1914 gab der Thronfolger Franz Ferdinand den Auftrag, das alte Klostergebäude vollständig zu restaurieren, was jedoch aufgrund seines Todes und der folgenden Kriegszeit nicht mehr realisiert wurde. Nach dem 1. Weltkrieg wurde Mürzsteg enteignet und dem Kriegsgeschädigtenfonds zur Nutzung übergeben. Am Ende des 2. Weltkrieges wurde in Mürzsteg kurze Zeit der ungarische Kronschatz mit der Stephanskrone versteckt. Seit 1945 ist Schloß Mürzsteg Amts- und Wohnsitz des österreichischen Bundespräsidenten.

Das von Mürzzuschlag nach Neuberg und weiter nach Mürzsteg führende Tal galt als eines der schönsten der Monarchie und wird in dem von Kronprinz Rudolph herausgegebenen Werk „Die Österreichische Monarchie in Wort und Bild" (Band Steiermark 1889) von dem aus dem nahegelegenen Krieglach stammenden Schriftsteller Peter Rosegger entsprechend enthusiastisch geschildert:

Das Thal gegen Neuberg ist enge und hat an beiden Seiten steil aufstrebende, größtentheils bewaldete Berge. Das Wasser, die Straße und die Neuberger Eisenbahn, sowie die Dörfer, Einzelgehöfte und Eisenwerke beleben es aber auf die regste Weise. Wir gelangen zu dem Dorfe Kapellen ... Hier ist die Hochalpenwelt erschlossen, von allen Höhen schauen die Felszinnen herab, über dem Tale von Altenberg erhebt sich wüst und dräuend das über 2000 Meter hohe Felsenhalbrund der Rax. Weit steigen die Wälder hinan zwischen den Karen und Schutthalden, aber endlich kommt das kahle Gewände mit gewaltigen Steintafeln, wo „seit Erschaffung der Welt" kein Menschenfuß gestanden, keine Baumwurzel Boden gefaßt, ja selbst keine Gemse und kein Steinbock gesprungen. Dazwischen allerdings ziehen sich wieder bequeme Aufsteige für Touristen, trotzdem fordert die Rax fast alljährlich ihre Menschenopfer, weil soviele Bergsteiger der Ansicht sind, die guten, kostspieligen Wege auf hohe Berge seien nur dazu gemacht, daß sie umgangen und ihnen zum Trotz die unwirtlichsten Stellen aufgesucht werden können. Die Rax ist ein Berg, der sich solche Verhöhnung der Vernunft durchaus nicht gefallen läßt. – Gegenüber der Rax starren die Wände der 1904 Meter hohen Schneealpe, zwischen diesem Bergstock und der Rax senkt sich der Naß-Kamp-Sattel als Übergang in den Naßwald. Von solcher Gegend heraus kommt die Raxen mit dem Altenbergbach. Der Bäche fließen in diesen Bergen so viele in die Mürz, daß man sich über die bescheidene Mächtigkeit unseres Flusses wundert; er ist aber tiefer und stärker, als es auf den ersten Blick scheint.

Elisabeth und die Schlucht beim „Toten Weib"

Den ersten Besuch in Neuberg und Mürzsteg machte die Kaiserin zusammen mit Franz Joseph am 5. Oktober 1870 anläßlich der ersten Besichtigung des neu erbauten Jagdhauses Mürzsteg. Während der Kaiser bei seinen Aufenthalten vor allem seiner Jagdleidenschaft frönte, wanderte oder ritt Elisabeth durch die malerisch-wilden Täler der Umgebung, besonders durch das obere Tal der Mürz, von dem uns Peter Rosegger ebenfalls eine eindrucksvolle Schilderung hinterlassen hat:

Rechts ist das Thal zum todten Weib und in die Frein, der Lauf der Mürz. Ich kenne in unseren Alpen keinen schöneren Spaziergang als auf diesem glatten Kiesweg entlang der klaren frischen Mürz. Rechts über Wiesenlehnen und Waldbeständen die Wände der Lachalpe, des Höllenkares, der Hochwiesen, links die Kuppen des Seekopf, des Proles. Die Häuser und Hütten, welche zu Anfang der Strecke am Wege stehen, werden weiterhin ersetzt durch riesige Steinblöcke, die von den Felsen niedergebrochen neben dem Wege liegen. Ein schroffes Felsenthal, „die Höll", führt rechts hinan gegen das kaiserliche Jagdhaus auf den Naßköhr. Wir sind im Scheiterboden, wo die letzten Hütten stehen. Das Engthal scheint sich vor uns zu schließen. Allmälig will sich in den Schutthalden auch der Weg verlieren, aber er setzt kräftig über das Wasser, daß er festen Boden gewinne; er ist den Felsen abgerungen worden. Wir sind in der wilden, 20 Minuten langen Schlucht zum „todten Weib". Die Mürz und der Weg, die bisher so nachbarlich miteinander ausgekommen sind, hier müssen sie sich befehden, sie haben kaum Platz nebeneinander zwischen den senkrecht aufsteigenden Felsen. Zornig brandet das Wasser, daß es im Gestein widerhallt ... Endlich stehen wir vor einem Wasserfall. Aus einer Höhe, an 50 Meter hoch in der Wand, stürzt ein wuchtiger Quell herab, bricht sich in der Tiefe mehrmals brausend und gischtend am Gestein, bis er in die Mürz fährt ... Zur Höhle, aus der das Wasser bricht, führt steil eine von Wasserstaub befeuchtete Treppe empor, am Fuße derselben steht ein Kreuz und erhöht noch die Stimmung dieser wilden Einsamkeit ... Eine kleine Strecke hinter dem Wasserfall, fast an der Stelle, wo die Schlucht am engsten ist, steht eine Tafel mit dem Bildnis des heiligen Georg. Sie ist von der Erzherzogin Marie Valerie gestiftet als Andenken an einer hohen Frau Rettung aus Gefahr. Im August 1883, als hier die Kaiserin Elisabeth über den Steg ritt, brach das Pferd durch. Holzleut, die in der Nähe arbeiteten, verhüteten ein großes Unglück. Auf der Tafel steht folgender Vers:

Die Schlucht „Zum toten Weib" bei Neuberg

Zur Erinnerung an den 26. August 1883

Heiliger Georg, Reitersmann,
Der vor Gefahren beschützen kann,
Der meine Mutter oft beschützt,
Wo keines Menschen Hilfe nützt,
Ich bitte Dich mit Zuversicht,
Verweigere mir die Bitte nicht,
Beschütze stets das theure Leben,
Das mir das Licht der Welt gegeben."

Marie Valerie
Zur Erinnerung an den 26. August 1883

1883 wird für Elisabeth ein eigener Reitsteg zum Hocheck angelegt. An den Aufenthalt der Kaiserin in Neuberg erinnert eine Gedenktafel am ehemaligen Kloster.

Radmer

Zwischen den Ennstaler und Eisenerzer Alpen, am Ostfuße des 2219 m hohen Lugauer liegt das aus zwei Ortsteilen bestehende Radmer in einem romantischen Bergtal inmitten von Wäldern. Der auf das Mittelalter zurückgehende Bergbau hat auch diesem Tal sein Gepräge gegeben. Im Talende steht das um 1600 gebaute Schloß Greifenberg. Radmer lag mitten im kaiserlichen Jagdrevier um Eisenerz. Das Jagdhaus von Radmer, das 1870/71 erbaut wurde und das man in knapp 45 Minuten mit der Kutsche von der Bahnstation aus erreichen konnte, bildete den Stützpunkt für die Herbstjagden des Wiener Hofs im Eisenerzer Revier. Soweit bekannt, war Elisabeth nur einmal im Jagdschloß Radmer: Sie traf sich hier im September 1885 mit den Töchtern Valerie und Gisela.[26]

Bad Gastein

Geschichte des Bades

Die 18 heißen Quellen von Gastein waren schon im Mittelalter bekannt und genossen bereits im 15. Jahrhundert einen solchen Ruf, daß sich sogar kaiserliche Gäste wie etwa Kaiser Friedrich III. einfanden. Seit 1886 gehörten die Thermalwasser dem kaiserlichen Familienfond. Mit dem Bau der Eisenbahnen – Giselabahn und Tauernbahn – begann der Aufstieg Gasteigs zum Weltbad. Nachdem 1875 die Giselabahn Salzburg-Innsbruck eröffnet worden war, war der Bahnhof Lend Ausgangspunkt für die Zufahrt nach Gastein. Zwischen 1871 und 1905 verdreifachte sich die Zahl der Fremdenzimmer und Bäder. Unter den Gästen war besonders der deutsche Kaiser Wilhelm I. ein treuer Anhänger der Gasteiner Kur. 1905 war der Abschnitt der Tauernbahn bis Gastein und 1909 bis Spittal an der Drau fertig (Tauerntunnel). Badgastein war eines der ersten Alpenbäder, das mit elektrischem Licht ausgestattet wurde. 1887 erhielt es die erste Straßenbeleuchtung, nachdem ein dem Kaiser gehörendes Elektrizitätswerk seinen Betrieb aufgenommen hatte.

Elisabeths Aufenthalte

Bei ihrem ersten Aufenthalt in Gastein 1885 übernachtete Elisabeth zusammen mit ihrem Mann im traditionsreichsten Haus am Platz, dem Hotel Straubinger, das direkt neben dem Wasserfall lag. Im nächsten Jahr nahm Elisabeth in der Villa der Grafen von Meran Quartier. Diese Villa hatte Erzherzog Johann zwischen 1828 und 1830 für sich und seine Gemahlin bauen lassen. Sie gehört noch heute den Nachkommen des Erzherzogs Johann, den Grafen von Meran. In den Jahren 1888, 1889, 1890, 1891 und 1893 übernachtete Elisabeth in der Villa „Helenenburg", die sich abseits des Ortszentrums befand. Hier ließ sie sich, wie in anderen ihrer Aufenthaltsorte, ein Zimmer in eine Kapelle umwandeln, um am Sonntag in Ruhe die Messe hören zu können. Das Thermalwasser wurde in Bottichen in die Helenenburg gebracht.

Während ihres ersten Aufenthalts in Gastein im August 1885 dichtete Elisabeth, die damals direkt neben dem Wasserfall wohnte, die folgenden Zeilen:

Gastein

Brausende Wasser, tosender Fall,
Einförmig' doch so melodischer Schall,
Müde der Körper, lauscht noch das Ohr,

Rauschen die Tön' so bekannt ihm doch vor,
Werfen schon glitzernde Perlen in' Traum-
Süsses Gedenken, zerstäubender Schaum.[27]

1886, nach dem Tod von Ludwig II. und den damit einhergehenden Familienstreitigkeiten um die Nachfolge des Königs, wollte Elisabeth zur Wiederherstellung ihrer angegriffenen Gesundheit eine Kur in Gastein machen. Da der kaiserliche Leibarzt Dr. Widerhofer davon abriet, blieb sie jedoch nur vom 1. bis zum 4. Juli 1886. Auch die 18jährige Kaisertocher Marie Valerie notierte in ihrem Tagebuch: „Sehr gefährlich in solcher Erregung die Bäder zu gebrauchen."[28]

In einem Gedicht „Gastein" vom 1. Juli 1886 beschreibt die Kaiserin ihren schlechten gesundheitlichen Zustand und ihre Hoffnung auf Heilung:

Nur kranke Glieder dachte ich zu bringen,
Wo mystisch deine heissen Wasser springen,
Geheimnisvoll, versagend und erteilend;
Hier jede Hoffnung raubend, dorten heilend.

Doch wie der Hirsch von trauter Heimatstelle,
Den Pfeil im Herzen, sich flüchtet an die Quelle,
So bring ich dir ein Herz, zu Tod verwundet;
Vernarben mag's; doch ob es je gesundet?[29]

Obligater Bestandteil des Kuraufenthalts in Gastein waren für Elisabeth die Bergwanderungen. Größere Touren, etwa auf den Radhausberg (2613 m) oder den Gamskarkogel (2467 m), unternahm sie zusammen mit dem Bergführer Rupert Hacksteiner. Daß diese Bergtouren keine Spaziergänge waren, beweist uns ein Brief des Kaisers an seine Freundin, die Schauspielerin Katharina Schratt, vom 4. Juli 1891:

In die Helenenburg durfte ich erst um 9 Uhr, da die Kaiserin erst kurz vor meiner Ankunft vom Gamskaarkogel, einem sehr hohen Berg mit berühmter Aussicht zurückgekommen war und mit dem Bade beschäftigt war. Sie hatte vorgestern bei der entsetzlichen Hitze mit Gräfin Mikes und dem Griechen und nur von einem Führer begleitet um 11 Uhr vormittag den Aufstieg begonnen und wollte abends zurückkehren. Oben wurde sie vom Gewitter überrascht und mußte die Nacht in einer Alpenhütte auf dem Heu zubringen. Als Nahrung hatte sie den ganzen Tag nur Milch.[30]

Bad Gastein mit dem Wasserfall

Neben den großen Bergtouren fand Elisabeth immer wieder auch Gefallen an markanten Aussichtspunkten, wo sie längere Zeit sitzen und nachdenken konnte. In Gastein schätzte sie vor allem die oberhalb des Ortes auf 1255 m gelegene Windischgrätzhöhe. Auch das Kötschachtal besuchte sie gerne:

Sinnend sitzt sie auf dem Felsstein,
Tief im wehvergess'nen Thal [Kötschachthal]
Donnernd rauschen acht Cascaden
Um sie her in wildem Fall.

Ihr zu Häupten majestätisch
Hebt sich stolz der „Tischlerkar",
Und es strahlt im Sommerlichte
Seine Eiswand grün und klar.[31]

An Elisabeths Aufenthalte in Gastein erinnert die Elisabeth-Promenade entlang der Gasteiner Ache von Badgastein nach Böckstein. Im Jahre 1902 errichtete man am Anfang dieser Promenade ein Elisabeth-Denkmal mit der Inschrift: „Zur Erinnerung an den Curaufenthalt Ihrer Majestät der Kaiserin und Königin Elisabeth in den Jahren 1886, 1888, 1889, 1890, 1891 und 1893. Errichtet von der dankbaren Gemeinde Badgastein".[32]

Salzburg

In Salzburg hat sich Elisabeth nur einmal länger aufgehalten. Dieser einzige über eine bloße Durchreise hinausgehende Aufenthalt im August 1867 war politisch motiviert: Elisabeth begleitete ihren Mann für einige Tage zu einem Treffen mit Kaiser Napoleon III. von Frankreich. Damals lernte Elisabeth auch Kaiserin Eugenie kennen und schätzen. Die sonstigen Aufenthalte Elisabeths in Salzburg beschränkten sich auf den Bahnhof: Mehrmals jedes Jahr passierte sie Salzburg als den Endpunkt der Elisabeth-Westbahn auf dem Weg nach Deutschland oder in das westliche Europa. In Salzburg vor dem Bahnhof wurde daher auch eines der ersten und bedeutendsten Elisabeth-Denkmäler errichtet. Enthüllt wurde es am 15. Juli 1901 durch Kaiser Franz Joseph. Genau zwei Jahre vorher, am

15. Juli 1898, war Elisabeth zum letzten Mal in Salzburg und damit zum letzten Mal auf österreichischen Boden gewesen. Das Denkmal aus Laaser Marmor ist das Werk des Wiener Professors und Präsidenten der Akademie der Bildenden Künste Edmund Hellmer. Gefördert wurde die Errichtung vor allem von Erzherzog Ludwig Viktor. Auf den beiden Seiten des Sockels finden sich Verse der bedeutendsten österreichischen Dichterin, Marie Ebner von Eschenbach:

Dein Oesterreich, Du hast es hier betreten
Als Kaiserbraut in holder Majestät,
Und alle Herzen flogen Dir entgegen,
Ihr Jubelgruß war Segen und Gebet.

Dein Oesterreich, Du hast es hier betreten
Im Scheiden auch, geliebte Majestät,
Und wieder folgt Dir nach des Volkes Segen
Und seine Thränen werden zum Gebet.

Im Jahre 1925 wurde das Denkmal von seinem Platz vor dem „Hotel de l'Europe" weg in den Schloßpark Hellbrunn versetzt.

Meran

Historisch gesehen ist Meran das Herz Tirols. Hier steht nicht nur die Burg, die dem ganzen Land den Namen gegeben hat, hier residierten auch die Grafen von Tirol, zuletzt noch die unglückliche Margarethe Maultasch, die 1363 die Grafschaft Tirol an die Habsburger übergeben mußte. Mit dieser Übergabe und der Verlegung des landesfürstlichen Hofes um 1420 nach Innsbruck sank die Bedeutung der Stadt. Endgültig zum unbedeutenden „Kuhstadtl" wurde der Ort, als 1577 auch die Münzstätte von Meran nach Hall verlagert wurde.

Doch im 19. Jahrhundert begann der strahlende Aufstieg Merans zur Kurstadt, zum Weltkurort. Meran darf als einer der führenden Orte der Reisebewegung des 19. Jahrhunderts gelten. Im Jahre 1881 erhielt es durch die Bahn Bozen–Meran Anschluß an die 1867 eröffnete Brennerlinie. Bekannt wurde damals Meran nicht nur durch die vom Badearzt Dr. Tappeiner entwickelte Traubenkur, sondern vor allem auch durch die seit 1892 stattfindenden Meraner Volksschauspiele, die mit ihren Andreas-Hofer-Aufführungen Zehntausende von Zuschauern anzogen.

Elisabeth in Meran

Nach Meran kam Elisabeth erstmals am 17. Oktober 1870, um dort bis Juni 1871 zu bleiben. Veranlaßt wurde dieser über sieben Monate dauernde Aufenthalt weniger durch den Gesundheitszustand der Kaiserin als vielmehr durch die schlechte Konstitution der 1868 geborenen jüngsten Tochter Marie Valerie. Auch bei der Wahl dieses Aufenthaltsortes war die Empfehlung des kaiserlichen Leibarztes Dr. Hermann Widerhofer ausschlaggebend.

In Meran wohnten Elisabeth und ihre Töchter bei ihrem ersten Aufenthalt im Schloß Trauttmannsdorff. Seinen Namen hatte das Schloß von Josef Graf Trauttmannsdorff, der 1847 den schon stark verfallenen alten Edelsitz erworben und aufwendig im historisierenden Stil ausgebaut hatte. 1867 kaufte Moritz Ritter von Leon das Schloß, der es der Kaiserin 1870 zur Verfügung stellte. Für ihr 106köpfiges Gefolge wurden mehrere in der Nähe liegenden Ansitze und Villen, etwa die Schlösser Rubein und Rametz und der Stadlerhof, angemietet und telegraphisch verbunden. In Schloß Trauttmannsdorff richtete man ein Telegraphenamt ein, das mit Wien verbunden war. In der Villa waren eine Menge alter Ritterrüstungen aufgestellt, und an den Wänden hingen uralte Ahnenbilder. Die 14jährige Kaisertochter Gisela meinte in einem Brief an ihren Bruder, den Kronprinzen Rudolf, dort ließe sich gut Gespenster spielen. Elisabeth zeigte sich mit ihrer Tochter Gisela fast täglich in den Kuranlagen. Mit ihrer Schwester Sophie, der Herzogin von Alençon, besuchte sie Institute und Anstalten und machte Ausflüge in die weitere Umgebung. Unter anderem besichtigte sie das ebenfalls in Besitz des Moritz von Leon stehende Schloß Fragsburg, ein uralter schon 1357 erwähnter Adelsitz, der dann bis 1996 als Schloßhotel diente. Dort gefiel es der Kaiserin so gut, daß sie einige Tage blieb. Sie bewohnte ein kleines Kabinett, das heute noch als „Elisabeth-Kämmerlein“ gezeigt wird.

Zum Namenstag der Kaiserin, am 19. November 1870, fand ein großer Schützenfestzug mit Freischießen auf dem alten Schießstand statt, wo Elisabeth mit ihrer Tochter Gisela kurz erschien. In der Weihnachtszeit kam der Kaiser mit dem Kronprinzen zu Besuch. Das Kaiserpaar unternahm bei diesem Aufenthalt auch einen Ausflug nach Schloß Schenna, dem Wohnsitz der Grafen von Meran, den Nachkommen des 1859 in Graz verstorbenen Erzherzogs Johann und seiner Frau, der Ausseer Posthalterstochter Anna Plochl. Zehn Jahre nach seinem Tode wurden die Überreste des Erzherzogs von Graz in die Grabkapelle des Schlosses Schenna überführt. So wurde Meran schon vor den Aufenthalten der Kaiserin durch die Anwesenheit der Grafen von Meran zu einer bescheidenen Habsburger Nebenresidenz. Am 24. Dezember, dem 33. Geburtstag der Kaiserin, las Hofkaplan Filip in der Schloßkapelle eine Messe. Am 2. Januar 1871 kehrte der Kaiser nach Wien zurück, kam bereits am 11. Februar wieder und blieb acht Tage. Aber bereits an Ostern fanden sich Franz Joseph und Elisabeth sowie das Herzogspaar von Alencon wieder in Meran zusammen. Die Feierlichkeiten der Karwoche beging das Kaiserpaar in der Meraner Pfarrkirche St. Nikolaus. Am 31. Mai kam der Kaiser noch einmal für eine knappe Woche nach Meran.

Da der Kaiserin, die sich nun schon über ein halbes Jahr in Meran aufhielt, das Klima und die Landschaft des Kurortes außerordentlich zusagten, trug sich Franz Joseph mit dem Gedanken, für Elisabeth das Schloß Trauttmannsdorff oder ein anderes Schloß zu kaufen. Dazu kam es aber wegen der damals noch beschränkten Finanzlage des kaiserlichen Hauses nicht, und Elisabeth kehrte schließlich Anfang Juni 1871 nach Wien zurück. Bei der Abreise versicherte die Kaiserin mehrmals, wie gut es ihr in Meran gefallen habe, und tatsächlich kam sie einige Monate später, am 15. Oktober, wieder mit ihrer Tochter Marie Valerie zurück, um bis Dezember 1872 zu bleiben.

Bei diesem zweiten Aufenthalt wohnte Elisabeth mit kurzen Unterbrechungen im Schloß Rottenstein, das dem Bruder des Kaisers, Erzherzog Karl Ludwig (1833–1896), gehörte, und das dann dessen Sohn, der „sanfte Rebell“ Erzherzog Ferdinand Karl (1861–1915), erbte, der Bruder des späteren Thronfolgers, Franz Ferdinand. Dieser traf sich in Schloß Rottenstein öfters mit Bertha Czuber, die er dann 1909 heimlich heiratete. Als er zwei Jahre später dem Kaiser die Ehe beichtete, wurde er aus der Familie ausgeschlossen und mußte Österreich verlassen. Unter dem Namen Ferdinand Burg verbrachte er seinen Lebensabend in München, wo er 1915 starb. Seine letzte Ruhe fand er in Meran, in der Gruft der Maria-Trost-Kirche. Seine Frau lebte bis 1979 in Rottenstein, wo sie jahrzehntelang ein Mittelpunkt der Meraner Gesellschaft war.

Auch bei diesem zweiten Besuch in Meran pflegte Elisabeth ihre in Ischl entwickelte Neigung zu intensiven Bergwanderungen. Begleitet wurde sie dabei von ihrer Vorleserin Ida von Ferenczy oder ihrer Hofdame Gräfin Marie Festetics. Typisch für Elisabeth ist eine von Festetics für das Jahr 1872 überlieferte Äußerung. Man machte einen Ausflug zum sogenannten Eremiten, einer der vielen romantischen Promenaden um Meran, als Elisabeth unvermittelt ihre Begleiterin fragte:

„Möchten Sie ein Eremit sein?“
„O nein!“
„Aber der Friede ist doch so viel wert, und den kann man doch nur fern von der Welt, fern von den Menschen erringen, Freilich führt das zu Grübeln und Sinnen.“[33]

Im Januar 1872 fuhr Elisabeth erneut nach Meran, unterbrach dann im März ihren Aufenthalt für einen Monat, um nach Ungarn zu gehen. Anschließend kehrte sie wieder nach Meran zurück, mußte jedoch am 16. Mai 1872 nach Wien, weil ihre Schwiegermutter und Tante Sophie erkrankt war. Die Erzherzogin verstarb am 28. Mai.

Über 15 Jahre sollte es dauern, bis Elisabeth wieder nach Meran kam. Acht Monate nach Rudolfs Tod reiste die Kaiserin im Oktober 1889 unter Begleitung ihrer Tochter Marie Valerie und ihres Leibarztes Widerhofer von Madonna di Campiglio kommend über den Nonsberg zum Mendelpaß, wo sie auf der Paßhöhe im Hotel Sprötter Quartier nahm, das damals eines der schönsten und luxuriösesten Berghotels Tirols war. Am 16. Oktober kam die Kaiserin schließlich in Meran an, wo sie

Meran

wieder im Schloß Trauttmannsdorff untergebracht war. Elisabeth äußerte den Wunsch, sich vollständig zurückzuziehen, doch hielt sie das nicht davon ab, viele Bergtouren zu machen. Auf den extremeren Wanderungen ließ sie sich, wie zuvor schon in Gastein, von einem Bergführer begleiten. So wanderte sie mit dem Meraner Josef Buchsteiner z. B. zu dem 1250 m hoch gelegenen Kirchlein St. Kathrein in der Scharte bei Hafling. Dort besuchte sie den bäuerlichen Gasthof „Sulfner", wo sie, wie üblich, ihre frische Milch verlangte. Die Wirtstochter, die ihren hohen Gast nicht erkannte, ging daraufhin in den Stall, um vor den Augen der Kaiserin zu melken.

Wegen einer Hochwasserkatastrophe mußte der kaiserliche Meranaufenthalt vorzeitig abgebrochen werden. Da man eine Überschwemmung und Vermurung durch den Naif, einen Bergbach, befürchtete, der bereits am 18. Juni desselben Jahres große Verheerungen angerichtet hatte und der auch Schloß Trauttmannsdorff gefährdete, verließ Elisabeth das Schloß am 29. Oktober 1889 und verbrachte die Nacht im Salonwagen auf dem Bahnhof, um am nächsten Morgen nach Korfu abzureisen.

Auf ihren Meraner Wanderungen begleitete sie meist ihr Leibarzt Dr. Widerhofer, der sich wegen seiner mangelhaften Kondition oft dem Rücken eines Maultieres anvertrauen mußte. Auf einem dieser Gebirgsmärsche passierte ein kurioses Unglück. Als sich die Kaiserin einmal ihren Rock bis zum Knie schürzte, um sich Marscherleichterung zu verschaffen, war der gutmütige Dr. Widerhofer so konsterniert, daß er stürzte und sich das Schlüsselbein brach und die Rippen quetschte. Elisabeth meinte zu diesem Vorfall: „Es liegt ein Unstern über allem, was ich tue, und wer nur immer um mich ist, der muß auch darunter leiden."[34]

Bei ihrem letzten Aufenthalt in Meran im Jahre 1897 war Elisabeths Gemütszustand recht gedrückt. Zuvor hatte sie einige Wochen am Karersee zugebracht. Am 14. September traf sie in Meran ein, wo sie im Hotel „Kaiserhof" abstieg. Diesmal blieb Elisabeth nur zwei Wochen und machte eine Traubenkur. Am 27. September reiste sie wieder ab. In der Eingangshalle des ehemaligen Hotels „Kaiserhof" (später „Excelsior"), der heutigen Landesfachschule, erinnert eine Gedenktafel an diesen Besuch Elisabeths.

Nach dem Tod der Kaiserin hielten die Meraner, die ihr viel zu verdanken hatten, die Erinnerung an sie durch ein Denkmal wach. Am 4. Juni 1903 wurde das von Prof. Klotz aus Wien entworfene und aus Laaser Marmor gestaltete „Kaiserin Elisabeth Denkmal" enthüllt, das heute nach einer Renovierung im Jahre 1977 im Park der Meraner Sommerpromenade steht.

Madonna di Campiglio

In Meran konnte Elisabeth bereits den ungeheuren Aufschwung miterleben, den der Fremdenverkehr in Südtirol seit der Eröffnung der Brennerbahn 1867 nahm. Unterstützt wurde diese Entwicklung durch den Ausbau der Alpenpässe und Alpenstraßen, der nicht zuletzt auch militärische Gründe hatte. Von Bozen und Meran aus begann nun vor allem die alpinistische und touristische Erschließung des Hochgebirges, besonders der sagenhaften Bergwunderwelt der Dolomiten. Neben den schlichten Berghütten des Alpenvereins entstanden luxuriöse Alpenhotels in exponierter Lage. Einige der modernsten und am malerischsten gelegenen Alpenhotels Österreichs hat auch Elisabeth besucht, etwa das Hotel am Mendelpaß, das Hotel in Madonna di Campiglio und schließlich das Hotel am Karerpaß. Der höchstgelegene Ort, in dem sich Elisabeth für längere Zeit einquartiert hat, war das am Brentagebirge gelegene Madonna di Campiglio in Welschtirol. Hier hielt sich Elisabeth im September 1889 für eine Woche und im Juni und Juli 1894 für fast sechs Wochen auf. Wie wildromantisch das Tal von Campiglio noch 1889 war, zeigt uns die um diese Zeit verfaßte Schilderung im Tirol-Band des Werkes „Die österreichisch-ungarische Monarchie":

Das Brentagebirge ist eine ... Kette, welche sich vom Noce bis zur Sarca ... von Norden nach Süden zieht ... An Formenreichtum ... steht es nach dem Urteil erfahrener wohl bewanderter Bergfahrer den östlichen Dolomiten nicht nach. ... Wohl das Merkwürdigste an diesem Gebirge ist die sogenannte Bocca di Brenta, eine höchstens

6 Meter breite Querspalte in einem Felsen von 300 Meter Höhe, welche die Kette in einen nördlichen und südlichen Teil trennt. In der Benennung der höchsten umgletscherten Gipfel südlich und nördlich von dieser Spalte herrschte lange Zeit Verwirrung und Streit; die Tridentiner Alpinisten, hier besonders eifrig an der Arbeit, haben Ordnung zu schaffen gesucht und der höchsten Spitze südlich von der Bocca den Namen Cima Tosa (3.179 m), der nördlich von Bocca einfach den Namen Brenta zuerkannt. Im Mai 1882 begab es sich, daß einer der Felsentürme der Brenta seinen Halt verlor, aus einer Höhe von 200 Meter auf einen Vorsprung niederstürzte und von da zerkrachend und zerstäubend in die Tiefe des Val di Brenta sich so weit ausgoß, daß man jetzt mehr als anderthalb Stunden über das Getrümmer zu steigen hat. Zum Glück erfolgte dieser Felsensturz in einer dunklen regnerischen Nacht ... Von Campiglio aus lassen sich sowohl Hochtouren auf die Presanella und Brenta, als auch Tages- oder Halbtagesausflüge und kürzere Spaziergänge nach verschiedenen schönen Punkten machen ... Kein Wunder darum, daß Madonna di Campiglio alljährlich immer mehr besucht wird. Wie sah es nur noch vor dreißig Jahren dort aus, als das kleine einstöckige ärmliche Wirtshaus neben dem alten Kirchlein stand und an dem Gewölbe des letzteren in einem Netze ein riesiges sagenhaftes – Drachenei aufgehängt war! Heute steht dort ein großes prächtiges Alpenhotel. Im September 1889 genoß es die hohe Ehre, Ihre Majestät die Kaiserin Elisabeth mit Ihrer kaiserlichen Hoheit der Erzherzogin Marie Valerie durch acht Tage zu beherbergen. Von schönem Wetter begünstigt, machten die hohen Frauen täglich Ausflüge, sogar bis zum Grostèpaß. Mit Genehmigung Ihrer Majestät der Kaiserin hat seither auch die Grostè-Spitze (2.557 Meter) den Namen „Erzherzogin Marie-Valerie-Spitze" erhalten.

Karersee

Besondere Beachtung verdient der Sommeraufenthalt Elisabeths im Grandhotel Karersee vom 10. August bis zum 14. September 1897. Von Ischl kommend, war Elisabeth mit der Brennerbahn am frühen Morgen kurz vor 6 Uhr in Bozen angekommen, wo sie am Bahnhofsplatz im Hotel Viktoria ihre Toilette machte und ihr Frühstück einnahm. Um 10 Uhr ging es dann mit der Kutsche ins Eggental und nach Welschnofen weiter. Gegen Nachmittag erreichte man schließlich das Karersee-Hotel. Dieses erst 1896 fertiggestellte Hotel war eines der modernsten der Monarchie. Es lag in 1670 m Höhe

Bocca di Brenta

an der neuen Dolomitenstraße über den Karerpaß in der Nähe des Karersees und unmittelbar unterhalb der Rosengartengruppe. Das Hotel verfügte über 150 Zimmer, über elektrisches Licht, „photographische Dunkelkammer", Arzt und Apotheke und Tennisplätze. Wie immer reiste die Kaiserin formal incognito, und wie immer war ihr Besuch bereits vorher in den Tageszeitungen angekündigt, so daß bei der Ankunft Elisabeths die Menschen vor dem Hotel Spalier standen.

Am 18. August wurde zu Ehren des 67. Geburtstages des Kaisers ein Feuerwerk abgebrannt, und in der Kapelle St. Josef am Karersee fand unter Anwesenheit der Kaiserin ein Festgottesdienst statt. Diese Kapelle war kurz zuvor, am 12. Juli, unter dem Patronat der Erzherzogin Elisabeth eingeweiht worden, der Enkelin Elisabeths und Tochter Rudolfs. Erzherzogin Elisabeth und ihre Mutter, Erzherzogin Stephanie waren schon am 20. Juli im Hotel eingetroffen.

Während ihres von schönem Wetter begünstigten Aufenthalts machte Elisabeth viele Wanderungen, etwa auf der jetzt sogenannten „Elisabethpromenade" zum Sohler- und Zenayhof. Begleitet wurde die Kaiserin auf ihren Wanderungen oft vom Bergführer Georg Huck, genannt Strutzer Jörg, einem von der Kaiserin sehr geschätzten Südtiroler Original. Die Hofdame Elisabeths und Bergbegleiterin in den letzten Jahren, Gräfin Sztáray, schilderte, welch großen Eindruck auf Elisabeth die Bergwelt der Dolomiten gemacht hat:

... Es ist mir nicht möglich, die Wirkung zu schildern, die es auf die Seele der Kaiserin übte, wenn ihre Blicke an der „Roten Wand" des Rosengartens hingen, während der Dolomit allmählich sich mit Rosenröte überzog und dann, wie von einem inneren Feuer erwärmt, zu glühen begann. Wenn die Stunde dieses Schauspieles nahte, begab sie sich auf den Hügel hinter dem Hotel, wo sie wie festgewurzelt, in stummer Bewunderung diese herrlichen Naturschauspieles verweilte, bis es langsam verblaßt war. Die Zeit am Karersee verflog und um so verfrühter erschien uns dies, als damit Ende August auch der Sommer Abschied nahm. Die empfindliche Konstitution der Kaiserin empfand auch nur zu bald die jähe Abkühlung und wir mußten den schönen Ort verlassen. Ein teueres Andenken an den Karersee ist unter meinen Reliquien ein Sträußchen Alpenblumen, die mich an die schönen Tage in der Nähe der Dolomiten erinnern. Die Kaiserin hat sie für mich gepflückt, auf Spaziergängen, wo ich sie nicht

Rosengarten

begleitete. Die Blumen sagten mir, daß sie meiner auch gedachte, wenn sie nicht mit mir war. Von ihnen erfuhr ich es, daß ich ein Plätzchen in ihrem Herzen hatte ..."[35]

Das Grand Hotel Karersee hat auch nach Elisabeth als berühmte Unterkunft für gekrönte Häupter und berühmte Zeitgenossen gedient. Winston Churchill malte hier, und Agatha Christie schrieb hier einen ihrer Erfolgsromane. Nach dem 2. Weltkrieg wurde die Anlage vernachlässigt; heute dient sie wieder wenigstens teilweise als Hotel.

Ungarn

Budapest

Zur Geschichte der Ofener Burg

Die königliche Residenz auf dem Burgberg, die zu den Lieblingsaufenthalten Elisabeths gehörte, wurde auf älteren Grundmauern von Kaiserin Maria Theresia gebaut. Während der Revolutionswirren 1848 geriet das Gebäude in Brand und wurde dann renoviert. Gegen Ende des Jahrhunderts von Kaiser Franz Joseph großzügig erweitert, brannte der gesamte Gebäudekomplex 1945 beim Kampf um Budapest völlig aus.

Anläßlich seines ersten Besuchs in Ofen 1872 lernte Prinz Leopold von Bayern, Schwiegersohn des Kaiserpaars, die Burganlage noch im alten Zustand kennen. Er schilderte sie in seinen Lebenserinnerungen:

Die prunkvolle Königsburg bestand damals noch nicht in ihrer jetzigen Gestalt. Die Appartements des Kaisers waren im südlichen Teile, der gegen den Blocksberg sah, diejenigen der Kaiserin, sowie die Empfangsappartements, die den südlichen Teil des jetzigen Schlosses bildeten, sahen auf die Donau … Den Abschluß des Schloßhofes gegen Westen bildete nur eine niedere Mauer, von der aus der Berg steil zur Christinenstadt abfiel und von wo aus man auf das Ofener Gebirge sah. Es war ein origineller und schöner Anblick, der auch der Vergangenheit angehört, nachdem jetzt die neue, pompöse Königsburg den großen Hof von allen Seiten mit ihren Prachtbauten umschließt … Gleichgeblieben ist der wundervolle Ausblick, den die breite Terrasse bietet, welche die Burg an ihrer Ostseite begleitet, auf die Donau mit ihrem regen Leben, die Stadt Pest und die ungarische Ebene bis zum Matragebirge und der schöne Garten, der wie die Gärten der Semiramis sich in gemauerten Terrassen bis zum Strom hinunterzieht … Nach dem Cercle nahmen die Majestäten mich mit in das Appartement der Kaiserin, deren Salons ihrem Wunsch entsprechend alle mit Cila-Seide bespannt waren … Den Nachmittag ging ich lange mit meiner Braut im Schloßgarten und auf dessen Terrassen herum, während der Kaiser mit dem Kronprinzen auf der oberen Terrasse blieb und vom damals noch bestehenden Bastionsrest auf den Garten, die Donau, die Stadt und auf sein schönes Ungarnland sah.[1]

Diese Aussicht von der Burg, die auch Elisabeth sehr liebte, schildert ihr Enkel Prinz Georg in seinem Tagebuch 1900:

Besonders schön ist die Lage von Großmamas Zimmern mit der Aussicht auf die Donau und die ganze Stadt. Dieser Blick zeigt sich am besten von der Terrasse, die südwestlich vorgebaut ist. Gegenüber hat man den Blocksberg mit der alten, jetzt aufgelassenen Festung, zur rechten die noch recht primitiven und ländlichen Häuser und Hütten des alten Ofen. Vor einem fließt die Donau, von unzähligen Dampfern und Lustschiffen belebt und gegenüber, am linken Ufer, liegt das große Pest. In der Ferne, im Dunst verschwimmend, lassen sich noch die Kerepeser Berge erkennen. Dieser Blick ist so bezaubernd, daß ich mich lange nicht davon trennen konnte und begreife ich wohl, daß Großmama diesen Ort besonders bevorzugte.[2]

Elisabeths Aufenthalte

Elisabeths erster, fast legendärer, Ungarnaufenthalt im Jahre 1857 diente vor allem der Beschwichtigung des seit 1848/49 unruhigen Landes. Die Reise mußte jedoch vorzeitig abgebrochen werden, da damals die jüngste Kaisertocher Sophie, die Elisabeth gegen den Willen ihrer Schwiegermutter nach Budapest mitgenommen hatte, erkrankte und verstarb.

Dieses Ereignis bildete für Elisabeth möglicherweise eine innere Hemmschwelle, denn erst 1866 sollte sie wieder nach Ungarn kommen, um dort vom 29. Januar bis 5. März zu bleiben. Bei der Heimfahrt verabschiedete sich Elisabeth am Bahnhof mit den Worten: „Ich hoffe, bald wieder in mein geliebtes, geliebtes Ungarn zurückkehren zu können."[3] Das geschah dann weit schneller, als sie vermutete. Im Sommer 1866 mußte nämlich die Kaiserin mit ihren Kindern aufgrund der kriegerischen Auseinandersetzungen zwischen Österreich und Preußen das von preußischen Truppen bedrohte Wien verlassen. Auch die Evakuierung des übrigen Hofes nach Budapest war bereits geplant. Elisabeth reiste zunächst am 9. Juli allein nach Budapest, suchte ein Quartier und kehrte am 12. Juli nach Wien zurück, um ihre Kinder zu holen. Offiziell wurde

Budapest vom Blocksberg aus gesehen

diese Umsiedlung damit begründet, Elisabeth wolle sich der Verwundeten in den Spitälern von Budapest annehmen.[4] Elisabeth residierte nun mit den Kindern in der Villa Kochmeister in den Ofener Bergen. Dem in Wien zurückgebliebenen Franz Joseph beschrieb sie in ihren Briefen die Villa sehr detailliert. Besorgt antwortete der Kaiser:

Sehr dankbar bin ich Dir für die ganze Beschreibung der Villa Kochmeister, die sehr hübsch sein muß. Nur freut mich die Glastüre an Deinem Zimmer gar nicht, denn da kann man gewiß hineinsehen, wenn Du Deine Waschung vornimmst, und das ängstigt mich. Lasse doch einen großen Vorhang vor die ganze Türe machen ...[5]

Als am 26. Juli die Friedenspräliminarien unterzeichnet worden waren und die drohende Gefahr eines Angriffs auf Wien beseitigt war, kehrte Elisabeth am 30. Juli nach Wien zurück.

Seit dem unter tätiger Mithilfe Elisabeths 1867 zustandegekommenen Ausgleich mit Ungarn, hielt sich die Kaiserin, die nun als von den Magyaren als der „Engel Ungarns" verehrt wurde, häufig in Ungarn auf und residierte in Budapest und Gödöllö fast wie eine Statthalterin. Zwischen 1868 und 1870 verbrachte sie jeweils über ein Drittel des Jahres in Ungarn. Nach einer Pause im Jahre 1871 kam Elisabeth Ende März wieder nach Ofen, wohin sie auch Prinz Leopold von Bayern einlud, den sie als Schwiegersohn für ihre Tochter Gisela auserkoren hatte. Tatsächlich konnte dann am 4. April die Verlobung der beiden gefeiert werden, zu der auch der Kaiser erschienen war.

Seit 1872 blieb Elisabeth dann jedes Jahr für mindestens zwei Monate in Ungarn, erst seit 1884 wurden die Aufenthalte kürzer. Der letzte Aufenthalt, an dem sich Elisabeth in Budapest öffentlich zeigte, fiel in das Jahr 1896, als man in Ungarn Tausend Jahre Staatsgründung, das sogenannte „Millenium", feierte. Am 30. April traf die Kaiserin zusammen mit ihrem Gemahl in Budapest ein. Vom Bahnhof fuhr das Kaiserpaar in einer offenen Equipage zum Schloß. Ganz Budapest war auf den Straßen, um vor allem die Königin zu sehen. Zur großen Enttäuschung vieler verdeckte die Kaiserin ihr Gesicht mit einem Fächer. Bei der Eröffnung der Millenniumsausstellung erschien Elisabeth in einer schwarzen Seidentoilette und hielt sich ebenfalls einen Fächer vors Gesicht. Zu den Galavorstellungen und den Bällen kam sie erst gar nicht. Die Festmesse besuchte die Kaiserin in einem schwarzen, ungarischen Prunkgewand mit einem schwarzen Schleier vor dem Gesicht.[6]

Der Tod von Erzherzog Karl Ludwig, dem Bruder des Kaisers, unterbrach die Feierlichkeiten. Man reiste nach Wien, und Elisabeth hielt sich bis auf weiteres in Lainz auf. Im Juni kehrte sie jedoch wieder nach Budapest zurück. Anlaß hierfür war der Millenniumsempfang des ungarischen Parlaments. Gräfin Irma Sztáray schilderte die Feierlichkeiten:

... Vor dem hohen Throne des königlichen Paares sprach Desider Szilághyi seine Huldigungsrede; eine schönere wird in diesem glänzenden Saale wohl niemals erklingen. Ich wandte keinen Blick von der Kaiserin. Als der Redner von dem gottgesegnetem Einflusse des Schutzengels der Nation sprach, entfesselte dies in ihrer Seele einen Sturm, der mich erbeben machte. Ich sah, wie sie leichenblaß wurde und gleich darauf alles Blut in ihr Antlitz stieg; und ich fühlte, daß in diesem Augenblicke der Seelenschmerz die Selbstbeherrschung niederringen werde. Und er rang ihn nieder, doch schön, mit königlicher Würde. Die Kraft, die sonst die Gefühle des Herzens zurückzukämmen wußte, versagte einen Augenblick; die umflorten Augen feuchteten sich und zwei große, glänzende Tränentropfen rollten über ihre bleichen Wangen herab ..."[7]

Noch ausführlicher ist die Schilderung, die am 10. Juni 1896 im „Pesti Hirlap" aus der Feder des Kálmán Mikszáth erschien:

Dort sitzt sie im Thronsaal der königlichen Burg in ihrem schwarzen, mit Spitzen durchwirkten ungarischen Gewand. Alles, alles an ihr ist düster, von dem dunklen Haar wallt ein schwarzer Schleier herab, Haarnadeln schwarz, Perlen schwarz, alles schwarz, nur das Antlitz marmorweiß und unsagbar traurig ... Eine Mater dolorosa. Es ist nicht dasselbe Antlitz von einst, das man von den bezaubernden Bildern her kennt: Die freien, edlen Züge mit dem vorne kurzgeschnittenen Haar, das seidenen Fransen gleich ihre Stirn umweht, und darüber das üppige Haargeflecht, das schönste aller Kronen, Sie ist es noch, doch der Kummer hat seine Spuren in dieses Antlitz eingegraben. Es ist noch dasselbe Bild, aber wie in einen Nebel gehüllt. Die Wimpern verdecken ihre lebhaften, lieben Augen. Still und unempfindlich sitzt sie da, als sähe und höre sie nichts. Nur die Seele scheint weit in die Ferne zu schweifen. Keine einzige Bewegung, kein einziger Blick verrät Interesse. Einer marmorblassen Statue gleicht sie. Da beginnt der Präsident des Reichstages, Desider Szilágyi, zu sprechen. Langsam, bedächtig, voll Ehrfurcht angesichts des Thrones. Der König horcht auf, ein Wort, ein Gedanke fesselt ihn, und seine Blicke heften sich an die Lippen des großen Redners der ungarischen Nation. Im Antlitz Elisabeths aber ist noch immer nichts zu lesen. Es bleibt blaß und unbeweglich. Da nennt der Redner auch den Namen der Königin, Sie zuckt mit keiner Wimper, doch mit einem Male braust ein Eljen auf, wie es die Ofener Königsburg noch nie gehört, als bräche ein Gefühlssturm aus aller Herzen hervor. Ein wunderbar hehrer Klang liegt darinnen, den man weder beschreiben noch erklären kann. In diesem Eljen liegt Gebet, Glockengeläute, Meeresrauschen, Zärtlichkeit, Gefühl, vielleicht auch Blumenduft. Und da bewegt sich das bisher unempfindliche majestätische Haupt. Leise, kaum sichtbar, nickt es Dank. Eine wunderbare Anmut liegt darin. Noch stärker erdröhnt das Eljen und will minutenlang nicht aufhören. Es tost immer wieder empor, daß die Gewölbe erzittern. Die Großen des Reiches schwingen den Kalpak. Das Eljen will nicht verstummen, der Redner muß innehalten, die Königin beugt das Haupt. Das schneeweiße Antlitz beginnt sich zu färben. Leicht rosa wird das Weiß, von der Farbe der frischen Milch mit rosigem Schimmer darüber, dann wird es rot, über und über rot, rot wie das Leben. Wie zauberhaft! An der Seite des Königs sitzt nun eine Königin in der Farbe des Lebens. Ihre Augen öffnen sich weit, der alte Glanz schimmert hervor. Sie, die einst so berückend zu lächeln wußten, daß sie ein trauriges Land trösteten, füllen sich mit Tränen. Die Fühlung ist hergestellt. Ein glückliches Land hat die Königin zu trösten verstanden, aber es dauert bloß einen Augenblick. Die hohe Frau führt das Spitzentuch an die Augen, trocknet die Tränen, und der Redner spricht weiter. Aus dem Antlitz der Königin weicht langsam die Röte des Lebens, und bald sitzt an der Seite des Königs wieder die in Trauer gehüllte Frau, die Mater dolorosa.[8]

Erinnerungen an Elisabeth

Auf der Budapester Burg wurde am 15. Januar 1908 ein Kaiserin-Elisabeth-Gedenkmuseum als Teil des Ungarischen Nationalmuseums eingerichtet. Hierzu stiftete die nächste Umgebung der Kaiserin zahlreiche Gegenstände aus deren Leben. Dazu gehören unter anderem auch ihre ungarische Handbibliothek, Bilder, Einrichtungsgegenstände, Photos sowie einige Kleidungsstücke. Gezeigt wird u. a. auch das schwarze Kleid, welches sie am 10. September 1898 während des Attentats in Genf trug und in dem sie starb. In dem Gedenkmuseum sind ferner eine Statue Elisabeths und ihr Schreibtisch ausgestellt.[9]

Burg und Burggarten in Budapest

In der Matthiaskirche, der Krönungskirche in Budapest, befindet sich eine Büste Elisabeths. Mit dieser Kirche, in der sie 1867 zur Königin von Ungarn gekrönt worden war, insbesondere mit der dortigen Brautkapelle, fühlte sich Elisabeth besonders verbunden, wie ihr Enkel Georg 1900 anläßlich einer Besichtigung vermerkte:

Wir ... besuchten dann die Krönungskirche. Sie ist nicht groß, aber historisch sehr interessant. Innen ist sie mit ungarisch-byzantinischen Motiven ausgemalt, was etwas unruhig wirkt, aber die Wandflächen gut ausfüllt. In einer kleinen Seitenkapelle, der Brautkapelle, befindet sich Großmamas Brautkranz. Sie schenkte ihn vor einigen Jahren dieser Kapelle, die sie besonders liebte.

Am 11. September 1932 wurde auf dem Eskü-Platz ein Königin-Elisabeth-Denkmal des Bildhauers György Zala eingeweiht.

Gödöllö

Zur Geschichte des Schlosses

Gödöllö war zu Lebzeiten Elisabeths ein Markt mit etwa 4000 Einwohnern. Die Erbauung des barocken Lustschlosses wurde von den Fürsten Grassalkovich zwischen 1744 und 1748 bei dem Architekten Andreas Mayerhoffer in Auftrag gegeben. Die Grassalkovich stammten angeblich von einem slowakischen Schäfer ab. Anton Grassalkovich hatte als Bettelstudent begonnen, als Jurist und Beamter ein Vermögen gemacht. 1732 wurde er Baron, 1742 Graf und schließlich königlicher Kammerpräsident, d. h. Finanzminister. Er war stark in der Kunst, „zu machen, daß unsere Vorgesetzten, derer wir bedürfen, unser bedürfen ...“. Maria Theresia, die diesem viel zu verdanken hatte, hielt sich 1751 bei ihm in Gödöllö auf. Bei dieser Gelegenheit zeigte er ihr das Töpfchen, mit dem er als Jurastudent um Essen gebettelt hatte. Er bewahrte es wie eine Reliquie auf. Dort, wo Maria Theresia 1751 gewohnt hatte, wurde später das Schlafzimmer Elisabeths eingerichtet.

Nach dem Aussterben der Fürsten Grassalkovich im Jahre 1841 versteigerte man das Schloß. Den Zuschlag erhielt der

Freiherr Georg Simon Frh. von Sina (1783–1856). Sina, dessen Vater als Grieche in Wien zugewandert war, hatte es mit Banken, Fabriken und Eisenbahnen zu einem Riesenvermögen gebracht. Nach Rothschild galt er um die Jahrhundertmitte als der zweitreichste Mann der Monarchie. 1838 erhielt er die Konzession für die Eisenbahn Wien–Györ und wurde damit zum wichtigsten Eisenbahnpionier Ungarns. Sein Sohn Simon Georg Sina (1810–1876) gründete die Universität in Athen und wurde 1874 Mitglied des Herrenhauses.[10]

1867 wurde Gödöllö vom Land Ungarn für die königliche Familie gekauft. Wichtig war die Lage des Ortes an der Staatsbahnlinie Budapest-Kaschau. Pest war von Gödöllö mit der Bahn nur 45 Minuten entfernt. In Gödöllö weilte Kaiser Franz Joseph als „Gast" seiner Frau vor allem zur Jagd; doch pflegte er dort während der Herbstjagden auch die Regierungsgeschäfte zu erledigen. Dann begleiteten ihn die Beamten der Militärkanzlei und des Zivilkabinetts. Im Schloß befand sich eine eigene Kapelle, in der am Sonntag Messe gehalten wurde. Die Wälder der Umgebung waren mit Akazien, Eichen und Pappeln bewachsen. In den Jagdrevieren schoß man vor allem Hirsche, Rehböcke, Fasanen, Hasen, Wildschweine. Das Spazierengehen muß wegen des Sandbodens in Gödöllö ziemlich beschwerlich gewesen sein, wie Prinz Georg, Elisabeths Enkel, berichtete: „Papa und ich machten einen Spaziergang zu der Rakosmühle und den daselbst angelegten Teichen, auf denen es von Wildenten wimmelt. Übrigens ist das Spazierengehen auf diesen tiefen Sandwegen nichts weniger als ein Vergnügen und werde ich es sobald nicht mehr tun."[11]

1918 wurde im Schloß ein Kindererholungsheim eingerichtet. 1919 plünderten kommunistische Truppen die verbliebene Einrichtung. 1920 knüpfte der Reichsverweser Horthy (1868–1957), der einmal Adjutant bei Franz Joseph gewesen war, an die alten Tradition an und stellte den Schloßcharakter wieder her. Beim Einmarsch der Russen wurde 1944/1945 das Schloß ein zweites Mal geplündert und dem Verfall preisgegeben. Erst 1985 begannen die Erhaltungsmaßnahmen. Geplant sind eine vollständige Rekonstruktion des Schlosses und die Einrichtung eines Museums.

Elisabeth und Gödöllö

Gödöllö lernte Elisabeth erstmals im August 1866 kennen. Damals machte sie von Budapest aus viele Ritte in die Umgebung und hatte von dem Grafen Grassalkovich gehört, der nicht nur das schöne barocke Schloß, sondern angeblich auch ein Denkmal für sein Lieblingspferd errichtet haben sollte. Das interessierte Elisabeth. Sie bat Franz Joseph um die Erlaubnis zum Besuch des Schlosses, das gerade als Lazarett für die Verwundeten des böhmischen Kriegsschauplatzes benutzt wurde. Am 8. August 1866 antwortete ihr der Kaiser: „Wenn Du willst, kannst Du nach Gödöllö zu den Verwundeten fahren. Schaue es Dir aber nicht so an, als wenn wir es kaufen wollten, denn ich habe jetzt kein Geld, und wir müssen in diesen harten Zeiten ungeheuer sparen ..."[12]

Nicht nur die Kaiserin schätzte Schloß Gödöllö, das Krönungsgeschenk der ungarischen Nation, sondern auch der Kaiser. Er betrachtete das Schloß als: „... ein Asyl, wohin er sich zurückziehen kann, wenn ihn die Wiener gar zu viel ärgern ..."[13] Am 22. April 1868 wurde in Gödöllö die jüngste Kaisertochter Marie Valerie geboren. Nachdem sich die Kaiserin nur schwer von dieser Geburt erholte, begab sie sich am 9. August nach Garatshausen am Starnberger See und kehrte dann im September über Wien wieder nach Ungarn zurück, um bis zum Weihnachtsabend in Gödöllö zu bleiben. Zum großen Ärger der Wiener verbrachte die Kaiserin seit dem Zustandekommen des Ausgleiches 1867 zwischen Österreich und Ungarn nun weit mehr Zeit in ihrem geliebten Gödöllö als in Wien. [14] Aus Gödöllö schickte Elisabeth dem Kaiser so manche launige Schilderung des – verglichen mit der Hofburg – unbeschwerten Alltags:

> ... Gestern Abend war große Jagd bei mir im alten Zimmer. Die Kinder, Frauen, Lakaien und Kammerweiber hetzten eine Maus mit Besen, Stöcken und Tüchern, es war eine wahre Steeplechase, bei der die Unglückliche auch einmal in Horseguards Schüssel fiel, aber wieder aus dem Wasser sprang; endlich fing sie Wallner (der Lakai), nachdem sie schon unter Baallys Röcke gekrochen war, und drehte ihr den Hals um ...[15]

Selbst die ungarischen Repräsentationspflichten waren ihr

Schloß Gödöllö

nun unwillkommen. Als Elisabeth Anfang Dezember nach Ofen übersiedeln mußte, um die nach den Ausgleichsverhandlungen zur Beratung der gemeinsamen Angelegenheiten zusammengetretenen Delegationen Österreichs und Ungarns zu empfangen, war sie wenig erfreut. Als die Kaiserin am Weihnachtsabend nach Wien zurückkehrte, erwartete sie kein allzu freundlicher Empfang. Kurze Zeit nach ihrer Abreise aus Gödöllö schrieb sie ihrer Mutter: „... Ich bin wohl desperat, hier sein zu müssen, und sehne mich fortwährend nach Gödöllö, wo es in jeder Beziehung so viel schöner und angenehmer ist ..."[16]

In den 70er Jahren pflegte Elisabeth in Gödöllö vor allem den Pferdesport. Sie triumphierte, wenn um sie herum die Herren stürzten und sie allein die Hindernisse nahm. Ihren Reitsport betrieb sie mit einer unglaublichen Intensität. Nicht selten war Elisabeth von elf Uhr morgens bis um halb sechs Uhr abends im Sattel. Wenn keine Jagd war, ritt sie stundenlang verschiedene Pferde in der kleinen Reitschule von Gödöllö.[17] Doch die Gesundheit setzte ihr Grenzen: Im Oktober 1873 war Elisabeth so geschwächt, daß sie nicht mehr an den Jagden teilnehmen konnte, sie mußte sich damit begnügen, die anderen Reiter aus der Ferne zu beobachten.

In Gödöllö verbrachte die Kaiserin auch sehr viel Zeit mit Lesen und Schreiben. Hier begann sie zaghaft mit ihren dichterischen Versuchen. Als im November 1885 der Kaiser nach Ungarn kam, gab Elisabeth einen Empfang auf Schloß Gödöllö. Dabei fand sie für ihren Mann verständnisvolle, fast liebevolle Töne:

... Rauscht des Novemberwindes Klage
Durch dürres Eichenlaub daher,
Verschliess' dein Ohr der alten Sage,
Der längstverscholl'nen Wundermär!

Nur Coral-Nymph mit dem Vertrauten,
Im Nebelgrau am Waldesrand,
Zwei stumme Zeugen sie, es schauten,
Wie ich dir meine Lieb' gestand.

... Durch dichtes Laub der hohen Bäume
Drang gastlich Lichterschein dir her;

Kaiserin Elisabeth auf der Jagd in Gödöllö

Du schienst versetzt ins Land der Träume;
Und ferne rauscht' das grosse Meer.

... Um hohe Fenster rankte Epheu,
Noch jetzt hält er am Schlosse fest,
Ach! nur mein Geist, er ward dir untreu
Dein Herz bot ihm kein lebend' Nest.

Die Liebe führt in alle Länder,
Sie zog dich in die Normandie;
Du warst im Geben ein Verschwender,
Und doch erschöpft' dein Herz sich nie!

... Die Schwalbe ruht in keinem Lande;
Wo sie noch heute gern geweilt,
Da sprengt sie morgen schon die Bande,
Ist leichten Fluges fortgeeilt.[18]

Bei ihrem Aufenthalt vom 30. Oktober bis 4. Dezember 1886 in Gödöllö mußte Marie Valerie wegen der in Budapest herrschenden Cholera in Wien bleiben. Die Kaiserin fühlte sich einsam, ein Gefühl, daß sie sonst nicht kannte. Um sich abzulenken, machte sie Ausflüge in die Umgebung. Ihre Fahrt im Viererzug von Gödöllö zur Budapester Burg beschrieb sie in ihrem Gedicht „Hurrah!“:

Hurrah! mein schöner Viererzug,
So flink, und doch nie schnell genug,
Ihr, meine weissen Tauben!
Die Peitsche knallt, nun stürmt davon
Dem wilden Pustawind zum Hohn.
Heissa! Was könnt ihr schnauben!

Und wisst ihr wohl, wohin es geht,
wo stolz am Berg die Burg dort steht,
Vier Liebchen, müsst mich bringen,
Die stolz sich in dem Strom beschaut,
Und vor der jeder sich heut' graut;
Nur zu, als hätt' ihr Schwingen.

Uns schreckt die Cholera nicht ab,
Dort oben ist ja doch mein Grab,
Ob heute oder später!
Dem Körper dort die ew'ge Rast!
Der Geist, befreit von seiner Last,
Schwingt froh sich dann zum Äther![19]

Das letzte Mal war Elisabeth im Oktober 1897 in Gödöllö.

Welche Bedeutung die ungarische Nation den Aufenthalten Elisabeths in Gödöllö zumaß, zeigt eine zeitgenössische Schilderung:

Als durch den 1867er Ausgleich das Verhältniß der Nation zur Dynastie endgiltig geordnet wurde, sorgten die leitenden Männer der ungarischen Politik auch dafür, daß der Herrscher außerhalb Ofens, wo der Pomp des Hofes und königliche Sorgen auf ihn lasten, ein Plätzchen besitze, um Mußestunden zu verbringen und auch mit dem Volke ohne Ceremonie und Förmlichkeit in Berührung treten zu können. Deßhalb erwarb der Staat die Herrschaft Gödöllö und widmete sie der königlichen Familie. Seitdem weilen die königlichen Majestäten und ihre Kinder alljährlich längere oder kürzere Zeit im alten Grassalkovich'schen Schlosse. Ihr Verweilen daselbst ist nicht nur ein Segen für die Bevölkerung des Ortes und der Gegend, sondern der ganzen Nation ein Pfand der königlichen Gnade und Liebe … Im Parke haben die königlichen Kinder mit den Söhnen des Volkes zusammen gespielt, hier haben sie sich das magyarische Wort in unverfälschter Echtheit zu eigen gemacht.[20]

Erinnerungen an Elisabeth

Nach dem Tode Elisabeths legte man in Gödöllö einen Elisabethpark an, in dem am 20. Mai 1901 auch ein von Josef Rona gestaltetes Erzstandbild in Anwesenheit von Kaiser Franz Joseph und hoher ungarischer Würdenträger zur Aufstellung kam. Vor dem Einmarsch der Russen 1945 wurde das Standbild vergraben und 1964 wieder aufgestellt. Hinter dem Denkmal findet sich eine Sammlung von Felsbrocken, die aus Gebieten stammen, die Elisabeth während ihrer Reisen aufgesucht hat.

Herkulesbad bei Mehadia

Mehadia und Herkulesbad liegen an der Cserna im ehemaligen ungarischen Komitat Krassö-Szöreny. Mehadia war schon zur Zeit Elisabeths gut mit der Eisenbahn zu erreichen. Um 1881 wohnten im Markt Mehadia 2097 Einwohner. Teil des österreichisch-ungarischen Gebiets wurde das Gebiet um Mehadia nach den Türkenkriegen zu Beginn des 18. Jahrhunderts. Damals richtete man eine sogenannte Banater Militärgrenze ein und besiedelte das Temesvarer Banat und das Banater Bergland mit deutschen Zuwanderern. 1920 kamen das Banat mit seiner Hauptstadt Temesvar (deutsch Temesburg, rumänisch Timisoara) und damit auch Mehadia und Herkulesbad an Rumänien. Herkulesbad trägt seitdem den rumänischen Namen Baile Herculane.

Der Markt Mehadia profitierte nicht nur von der Budapest und Bukarest verbindenden Eisenbahnlinie, sondern vor allem von dem etwa 4 km entfernten Herkulesbad, das im wildromantischen Gebirgstal der Cserna in den Südkarpaten (transsylvanischen Alpen) auf 167 m Meereshöhe liegt. Die Thermen der Herkulesbäder (Aquae Herculis) waren schon im Altertum unter dem Namen „ad medias" bekannt und offensichtlich dem Herkules geweiht. Zur Zeit Elisabeths wurden von den 18 Quellen (33–56 Grad Celsius) neun benutzt (Herkulesquelle, Karlsbrunnen, Ludwig-, Kaiser-, Ferdinand-, Karolinen-, Francisci- und Josephsbad und Augenbrunnen). Die Thermen, die vor allem Jod und Schwefel enthalten, wurden vor allem bei rheumatischen Leiden genutzt sowie bei Gicht, Hypochondrie und Neuralgien.

Eine zeitgenössische Beschreibung schildert uns den Zustand des Bades Ende des Jahrhunderts:

Die berühmten Quellen des Bades entspringen zu beiden Seiten der Cserna, darunter als mächtigste die in mannsdickem Strahle und mit einer Temperatur von 56 Grad Celsius hervorbrechende Herculesquelle. Herculesbad ist im Besitze des königlich ungarischen Ärars, das Alles aufgeboten hat, um die verschwenderisch gebotenen Schätze dieser Natur zum Besten der leidenden Menschheit zu verwerten. Es hat glänzende Hotels errichtet, welche großstädtischen Palästen gleichen und Badehäuser, die allen Anforderungen genügen. In den Parks, die es anlegen ließ, sieht man zwischen Blumenbeeten und Baumgruppen die Strahlen der Springbrunnen steigen, Marmorstufen führen zu luftigen Terrassen und 35 Kilometer weit erstrecken sich die Spazierwege, die sich den 1123 Meter hohen Domogléd am linken Csernaufer hinanschlängeln, zu der schönsten Aussicht über die südöstlichen Karpathen und auch die Nachbarländer Serbien und Rumänien ...[21]

Elisabeth fuhr nur ein einziges Mal, im Jahre 1887, nach Herkulesbad, in den Süden Ungarns. Dieser Aufenthalt in einer ihr völlig fremden Umgebung machte ihr großen Eindruck. Bemerkenswert ist dabei, daß es sich um den einzig längeren Besuch der Kaiserin an den Südgrenzen Ungarns und in Rumänien handelte. Von größter Bedeutung war der Aufenthalt für Elisabeth auch wegen ihrer Begegnung mit Königin Elisabeth von Rumänien („Carmen Sylva").

Herkulesbad war damals das Vorzeigestück des ungarischen Staates. Die Badeanlagen waren mit großem Aufwand errichtet worden: 1902 lesen wir: „Das Hauptgebäude des Badeortes ist das gewaltige Curhaus am Fuße des Domogléd. Es hebt sich von schönem Laubwald ab und hat den Blick vorwärts auf den Gisela-Park, dieser Meisterleistung der Gartenkunst. Das Curhaus ist durch eine gedeckte Wandelbahn mit dem Rudolfs- und Franz Josephs-Hof, zwei imposanten Wohnpalästen, verbunden. Dem letzteren gegenüber steht die Villa Elisabeth, in der die verewigte Königin Elisabeth wohnte, als sie diese Quellen gebrauchte ..."[22] Auch in Herkulesbad versuchte sich Elisabeth der neuen Umgebung über die Landschaft zu nähern: Mit ihrer ungarischen Hofdame marschierte sie durch die Wälder bis an die rumänische Grenze. Auf einer Waldlichtung ließ sich die Kaiserin Schafsmilch kredenzen. In einem ungarisch geschriebenen Gedicht besang sie die Natur:

> Alles ist wandelbar in dieser Welt,
> Und ein leerer Schall ist nur die Treue.
> Ewig treu, herrlich erhaben
> Bist nur du allein, gewalt'ge Natur! ...[23]

Die Kaiserin war von der romantischen Berglandschaft am Fuße des Domogléd und am Ufer der Cserna sehr beeindruckt. Eines der schönsten Gedichte, das Elisabeth je geschrieben hat, „Mehadia", trägt den Untertitel „La Dealul Csorics". Mit La Dealul Csorics ist die 413 m hohe Csorich-Höhe am rechten Ufer der Cserna in der Nähe von Herkulesbad gemeint. Ein Nebengipfel der Csorich Erhebung erhielt später den Namen „Elisabeth-Höhe", eine nahegelegene Quelle den Namen „Elisabeth-Quelle":

Rosenrot erglänzt der Schnee
An des Domoglédes Wänden;
Wie ein glühendes Ade
Ihm die Sonnenstrahlen senden.

Dunkle Tannen, Pinien gleich,
Wiegt des Abendwindes Wehen,
Wo aus ihrem Felsenreich
In das tiefe Thal sie sehen.

Nacht ist langsam der Natur
Leise an die Brust gesunken;
Unten tanzt die Cserna nur,
Schaumbekränzt und frühlingstrunken.

Tiefblau ist das Firmament;
Und den dunklen Saphirbogen,
Den der Mond heut' eigen nennt,
Hat er als Monarch bezogen.

Doch mir hat die stille Nacht
Auf des Lenzes lauen Schwingen
Den Geliebten hergebracht;
Herz, nun kannst du jubeln, singen!

Um dem hehren Bräutigam
Duftig einen Kranz zu schlingen,
War's dass ich die Rosen nahm,
Die am Felsenschnee dort hingen;

Tannenzweige zwischendrein
Habe ich hineingewoben;
Und dem lichten Vollmondschein
Raubte Silber ich von oben.

Csernaperlen streut' ich drauf,
Die Nixe mir erteilte,
Als sie just in schnellem Laufe,
Brausend mir vorübereilte.

Und ich werf' den Kranz Dir zu,
Den die Liebe Dir gewunden,
Herrlicher und Hehrster Du!
Kaum erblickt und schon entschwunden.[24]

Die offensichtlich sehr wirksamen Bäder und die Wanderungen in die Umgebung von Herkulesbad trugen zu einer schnellen Genesung der Kaiserin von ihrem Rheumaleiden bei. Froh über die Besserung ihrer Gesundheit dichtete sie:

Das Herkulesbad in Mehádia

Zauberisch schön bist du Mehadia,
Von des Südens Duft behaucht,
Mit den schneebedeckten Felsen,
In das Himmelsblau getaucht ...

Steh' ich auf der Csorics Höhe,
Grüne Wälder um mich her,
Glänzt der Cornerev von ferne
Schier, als ob er Silber wär' ...

Und es rauscht und braust die Cserna,
Wie sie über Felsen bricht,
Während auf dem weissen Schaume
Goldig hüpft das Sonnenlicht ...

Gegen Westen liegt ein Dörflein,
Wo der Fluss vorüber tanzt,
Zwischen steilen grünen Matten
Und dem Weinberg verschanzt ...

Drüber zieht in Wellenlinien
Duftig blaue Bergcontour;
Würdig dieses Bild beschreiben,
Ach! ein Künstler könnt'es nur! ...[25]

Ausflug nach Schloß Pelesch (Sinaia) in Rumänien

Zur Geschichte Rumäniens

Herkulesbad, das dann nach dem 1. Weltkrieg zusammen mit dem ganzen Temesvarer Banat rumänisch wurde, lag direkt an der ungarisch-rumänischen Grenze, die auf dem Höhenrücken der Südkarpaten und durch das Tal der Cserna verlief. Als Elisabeth 1886 Herkulesbad besuchte, war das benachbarte Rumänien erst seit zehn Jahren ein unabhängiger Staat. Bis dahin stand es unter der Oberherrschaft des Osmanischen Reichs, dem es noch Tributzahlungen zu leisten hatte. Freilich stand diese Abhängigkeit weitgehend auf dem Papier, denn seit 1866 regierte dort Fürst Karl aus dem Hause Hohenzollern-Sigmaringen, der das Land zu einer konstitutionellen Monarchie umgestaltete. Als in Folge des türkisch-russischen Krieges von 1877 die russischen Truppen den Pruth überschritten, erklärte am 21. Mai Rumänien seine Unabhängigkeit und verfügte die Einstellung der Tributzahlungen an die Türkei. Der 1878 zur Regelung der „orientalischen Frage" zusammengetretene Berliner Kongreß bestätigte zwar grundsätzlich die Unabhängigkeitserklärung Rumäniens und die entsprechenden Vereinbarungen mit Rußland, verlangte aber von Rumänien die gesetzliche Gleichstellung der Juden. Hinter diesem Verlangen steckte das Haus Rothschild, das auf England, Frankreich und Österreich entsprechend einwirkte. Erst als Rumänien 1879 ein Gleichstellungsgesetz beschloß, kam es zur völkerrechtlichen Anerkennung Rumäniens durch die Großmächte. 1881 beschloß die rumänische Regierung das Land zum Königreich zu erheben. Fürst Carol I. wurde am 22. Mai 1881 zum König gekrönt. Zum Unterhalt des Königshauses schuf man eine Kronapanage, die aus 12 Gütern mit einem durchschnittlichen Ertrag von 700.000 Gulden bestand. König Carol I. und sein seit 1881 regierendes nationalliberales Ministerium Bratianu orientierte sich politisch nach Wien und Berlin (österreichisch-rumänischer Vertrag vom 30. Oktober. 1883) trotz Differenzen in der Donaufrage. Nach Unruhen gelang es 1888 den mit Rußland sympathisierenden Konservativen die nationalliberale Regierung abzulösen.

Elisabeth und Carmen Sylva

Elisabeth Ottilie Luise, am 29. Dezember 1843 auf Schloß Monrepos bei Neuwied als Tochter des Fürsten Hermann zu Wied-Neuwied geboren, war seit 15. November 1869 mit dem Fürsten (seit 1881 König) Karl (Carol) von Rumänien verheiratet. Sie lernte sehr schnell Rumänisch und machte sich als Dichterin und Journalistin sowie als Malerin einen Namen. Seit 1881 veröffentlichte die Königin unter dem Namen Carmen Sylva zahlreiche Novellen, Unterhaltungsromane (teilweise in Zusammenarbeit mit Mite Kremnitz), Gedichte und Übersetzungen aus dem Rumänischen. Sehr verdienstvoll sind ihre Beschreibungen rumänischer Landschaften und Sitten, die das Land auch im deutschen Sprachraum bekannt machten.[26]

Die Ehe Elisabeths von Rumänien verlief weit weniger

Königin Elisabeth von Rumänien (1843–1916) in Nationaltracht

erfolgreich als ihre künstlerische Karriere. Carmen Sylvas exzentrisches Auftreten führte zu einer Entfremdung der Ehegatten. Die Königin mußte für einige Zeit in ihre Heimat zurückkehren. Erst nachdem ihre von Hysterie geprägte Art im Alter verträglicher wurde, kam es zu einem harmonischen Zusammenleben des Ehepaares.

Carmen Sylva traf Elisabeth zum ersten Mal am 11. November 1884 in Ofen. Beide Frauen waren sich auf Anhieb sympathisch. Elisabeth wußte allerdings, daß sich die Welt über die Dichtungen der rumänischen Königin lustig machte. Dies ist für Elisabeth sicher mit ein Grund gewesen, ihre Dichtungen vor der Öffentlichkeit weitgehend zu verbergen. Als ihr Carmen Sylva 1885 ein Photo schickte, auf der sie mit „blaustrümpfig zerzaustem Haar" in rumänischer Volkstracht, im Walde dichtend zu sehen ist, meinte Elisabeth: „Ganz wie eine Schauspielerin!"

Am 28. April 1887 besuchte Carmen Sylva die Kaiserin in Herkulesbad und diskutierte mit ihr über Heinrich Heine. Die beiden Frauen wanderten zusammen durch die Wälder und erörterten den Gedanken, hier ein Schloß zu errichten. Die rumänische Königin notierte sich über die Kaiserin von Österreich:

Da wollen die Menschen ein Feenkind einspannen in die Qual der Etikette und der steifen, toten Formen, aber Feenkind läßt sich nicht einsperren, bändigen und knechten. Feenkind hat heimliche Flügel, die es immer ausbreitet, und fliegt davon, wenn es die Welt unerträglich findet.[27]

Elisabeth widmete der Königin von Rumänien folgende Zeilen:

Mein Zauberthal

Du stilles Thal, der Nixe Hort,
Du zaubrisch schöner Feenort,
Wo tief und kühl die Cserna schäumt,
Der Domogléd im Äther träumt,
Das Grün sich in die Fluten neigt
Und dort bis an die Wände steigt;
Der Epheu, der vom Fels sich ringt,
Platanen an die Eichen schlingt,
Wo fremde Blumen lieblich blüh'n
Und gleich Smaragd des Mooses Grün:
Hier war's, wo ich im Walde fand
Das Lied Carmen Silva genannt;
Drum grüss' ich Dich viel tausendmal
Mein Zauberthal! Mein Csernathal![28]

Am 5. August 1895 stattete Carmen Sylva mit ihrem Mann Carol I. der Kaiserin in Bad Ischl einen Besuch ab; es ist die letzte Begegnung der beiden dichtenden Elisabeths, der unkomplizierten königlichen Dichterin und Kunstfreundin und der inzwischen versteinert wirkenden, in sich gekehrten kaiserlichen Dichterin. Carmen Sylva sollte ihre um sechs Jahre ältere Freundin um 18 Jahre überleben. Die Königin von Rumänien starb am 2. März 1916 in Bukarest. Ihr Mann, Carol I., dem es beim Kriegsausbruch 1914 wegen des Widerstands seines Kronrats nicht gelungen war, Rumänien im Sinne der Verträge von 1883 und 1913 auf der Seite von Österreich und Deutschland zu halten, starb kurz nach Beginn des ersten Weltkrieges am 10. Oktober 1914 in Sinaia.

Baugeschichte von Schloß Pelesch bei Sinai

Sinaia liegt auf 800 m Höhe im Tal des reißenden Prahova in wildromantischer Lage am Fuß der bis 2505 m hohen Karpatenbergkette Munti Bucegi (ungarisch: Bucsecs). Das dort vom Fürsten Michael Cantacuzeno 1695 gegründete Kloster Sinai diente den Reisenden auf der Straße von Bukarest nach Kronstadt in Siebenbürgen als Unterkunft und Schutz. Das Kloster wurde von Fürst Karl als Sommerresidenz genutzt. 1875 bis 1883 ließ er sich, wohl angeregt durch seine Frau, als Sommersitz durch den Wiener Architekten W. von Doderer das Märchenschloß „Pelesch" bauen, das dann 1890–1914 durch den rumänischen Architekten K. Liman erweitert wurde. Die Ahnengalerie im Schloß stammt von den Wiener Malern Franz Matsch und Gustav Klimt. Schon 1884 wurde das Schloß elektrifiziert, zwei Jahre, bevor in Wien das erste Mal ein Gebäude (Schwarzenberg-Palais) mit elektrischem Licht versorgt wurde. Die Schloßanlage wurde durch die in einem englischen Park liegenden Schlösser Pellisor und Foisorol ergänzt, die im Stil verschiedenster Kunstepochen gehalten sind. Die Anwesenheit des Königs und die Lage an der Eisenbahnlinie Bukarest–Plojesti–Kronstadt zog die bessere rumänische Gesellschaft und vor allem den Hochadel nach Sinaia. Deshalb bestimmten bald auch die Villen der rumänischen Großen das Bild des Ortes, der von schönen Nadelwälder umgeben war.

Elisabeths Aufenthalte

Nach ihrer Kur in Herkulesbad besuchte Elisabeth im Mai 1887 die rumänische Königin Carmen Sylva in Sinai. Anschließend notierte die dichtende rumänische Königin in ihrem Tagebuch:

Man ist geneigt, einen Menschen der Pflichtvergessenheit anzuklagen, sobald er nicht im Rade, in der Tretmühle, in der alten Wasserpumpe laufen will, welche die Sitte für diese Kaste oder jene Kategorie von Menschen erdacht. Nun hat einer einmal den Mut, anders zu sein, zu denken und zu handeln, da wird er beinahe gesteinigt von denen, die anders nicht gehen können als in der Tretmühle. Ich sage immer: Die Mode ist für Frauen, die keinen Geschmack haben, die

Schloß Pelesch

Etikette für Menschen, denen es an Erziehung fehlt, die Kirche für Leute, denen es an Religion gebricht, die Tretmühle für diejenigen, die keine Phantasie und Spannkraft haben.[29]

Kaiserin Elisabeth hat den Besuch auf Schloß Pelesch in einem Gedicht geschildert:

Auf dem Felsen, dem bemoosten,
Sass Titania sinnend, dichtend;
Als, den Flug auf sie hinrichtend,
Eine Taube naht von Osten.

Um den Hals am rosa Bande
War ein Brieflein festgebunden;
Wie's Titania losgewunden,
Botschaft war's vom Nachbarlande.

Schrieb die Königin von drüben:
Schwester komm mich zu besuchen,
Meine Tannen, meine Buchen,
So wie ich, du wirst sie lieben.

Unter riesenhohen Felsen
Steht mein Schloss, das märchengleiche,
Dessen Ruhm in ferne Reiche
Brausende Gewässer wälzen.

Statt mit Adlern und mit Hirten
In der Einsamkeit zu leben,
Komm, ich will dir Feste geben
Und dich königlich bewirten.

Auch mit Dichtkunst dich erfreuen;
Meine weltberühmten Lieder
Hörst aus meinem Mund du wieder;
Komm, es soll dich nicht gereuen! …

Und zu diesen Tagen Feier
Stieg vom Kloster dort herunter
Selbst der Pope auch ganz munter
In dem langen, schwarzen Schleier."

Höchst galant der kleine König
Küsst Titanias beide Hände;
Hofft, dass sie sich wohlbefände,
Was er biete, sei zu wenig.

Zwischen buntbeflaggten Masten
Zieh'n zum königlichen Herde
Islands blonde kleine Pferde,
Reich behängt mit goldnen Quasten,

Nun die beiden Königinnen,
Die vertraut in dem Wagen
Sich einander herzlich sagen,
Wie sie sich schon liebgewinnen.

Kutscher knallt in bunter Jacke;
Noch ein Burg der Serpentine,
Und es weht von Schlosses Zinne
Schon Rumäniens stolze Flagge.

Hohe Giebel, bunte Fenster.
Holzgetäfelt selbst von aussen;
Wenn die wilden Stürme hausen,
Scheint's ein Hort ganz für Gespenster.

Drüber recken sich die grauen
Berge, wie die hohen Riesen,
Dunkle Tannen es umschliessen,
Rings ist schwarzer Wald zu schauen.

Doch des Schlosses Pracht zu zeigen,
Will der König nicht lang säumen,
Nennt vor allem in den Räumen
Stolz Ahnen, sie sein eigen

Ach! und erst die Pracht der Zimmer!
Hohe Alabastervasen,
Sammt und Gold in allen Phasen;
Solchen Luxus sah man nimmer.

Raffael und Tintoretto
Schmücken hier die hohen Wände
So wie Rubens' Meisterhände. -
doch es steht noch mehr in petto ...[30]

Bartfeld

Bartfeld in der Slowakei (slowakisch: Bardejov, ungarisch: Bartfa) war eine uralte Freistadt mit einem deutschen Siedlungskern an der Topla nahe der galizischen Grenze im Komitat Saros. Von dort führen die Pässe in das Karpatengebirge (Duklapaß). Die Stadt wurde vom ungarischen König Karl Robert von Anjou 1320 auf den Ruinen einer von den Tataren zerstörten Zisterzienserabtei gegründet und zur Freistadt erhoben. 1590 hielten die ungarischen Protestanten hier ihre erste Synode ab.

Zur Zeit Elisabeths zählte die Stadt 4884 meist slawische Einwohner (1881). Die Bartfelder Heilquellen, schon seit dem 16. Jahrhundert benutzt, wurden erst 1787 allgemein bekannt. Es handelt sich um Eisensäuerlinge, die den Quellen von Spa gleichen und vorzüglich gegen Magenleiden verwendet werden. Bekannt wurde Bartfeld besonders als Trinkquelle. Gegen Ende des 19. Jahrhunderts wurden über $^1/_2$ Million Flaschen versandt. Genutzt werden die Quellen bis heute vor allem bei Kreislauf- und Frauenleiden.

In Bartfeld hat sich Elisabeth nur einmal für drei Wochen, vom 1. bis 21. Juli 1895 aufgehalten. Nach ihrem Tod hat man vor dem Hotel Deák, wo sie wohnte, am 16. August 1903 einen Gedenkstein aufgestellt. In einem Obelisken bei der sogenannten Arzt-Quelle fügte man ein Trinkglas ein, das Elisabeth angeblich während ihres Aufenthalts benutzt hat.

Böhmen

So sehr Elisabeth ihre Aufmerksamkeit dem ungarischen Reichsteil zuwandte, so wenig interessierte sie Böhmen und Mähren. Dieses Desinteresse geht wohl auf ihre ersten Jahre am Wiener Hof zurück, als sie erleben mußte, wie der tonangebende böhmische Adel, der sich mit der konservativen Politik der Erzherzogin Sophie identifizierte, ihr mit schlecht verborgenem Mißtrauen und Hochmut begegnete. Trotz Verständnisses für die Anliegen der slawischen Völker der Monarchie distanzierte sich Elisabeth deutlich von dem Wunsch der Tschechen nach Gleichberechtigung mit den Ungarn. Nach ihrem „Antrittsbesuch" im Jahre 1854 hat Elisabeth Böhmen nicht mehr besucht oder bereist. Erst im Jahre 1892 beschloß sie, den berühmten Kurort Karlsbad aufzusuchen, wohin sie ihr griechischer Vorleser Christomanos begleitete. Elisabeth quartierte sich in der „Villa Teresa" ein und wanderte zur Verzweiflung des Griechen stundenlang durch die böhmischen Wälder.

Tatsächlich war es ja diese Kombination von Trinkkur und Naturerlebnis, die man als wichtige Voraussetzung für einen Kurerfolg ansah. So lesen wir etwa im Abschnitt über die böhmischen Bäder im Werk „Die österreichisch-ungarische Monarchie":

Erholung und Genesung! Es sind dies in engen Beziehungen zueinander stehende Zustände, da erfahrungsgemäß in einem erholungsbedürftigen Organismus Krankheiten rascher und verderblicher fortschreiten. Landschaftliche Schönheit, günstige klimatische Verhältnisse und zweckentsprechende kurortliche Einrichtungen sind daher keineswegs nebensächliche Hilfsmittel bei Erreichung der Heilzwecke durch die eigentlichen kurortlichen Heilmittel. Die Gunst der Natur und seit Einführung der Selbstverwaltung in den Kurorten Böhmens auch regsame und kluge Bewirtschaftung haben diese überaus reich mit jeden Hilfsmitteln ausgestattet. Fast alle

Karlsbad

Gesundbrunnen Böhmens entspringen in waldreichen Gebirgen oder am Fuße solcher ... Karlsbad in der engen, reich bewaldeten Talschlucht der Tepl, dicht an den Felsen sich anschmiegend, bietet ein Fülle verschiedenartiger reizender Landschaftsbilder, sei es, daß man den Windungen der Tepl folgend den Eindruck der einzelnen kesselartigen Talerweitungen in sich aufnimmt, in denen die herrlichsten Bestände von gemischtem, im Frühjahr wie im Herbst die mannigfaltigsten Farbenabstufungen zeigenden Wald sich bis knapp an die menschlichen Wohnstätte herabsenken, sei es, daß man von einer der vielen Karlsbad umgebenden aussichtsreichen Höhen aus den Blick schweifen läßt von dem engen Waldtal zu Füßen hinüber nach dem breiteren Egertal, hinter dem sich in ernster Majestät die höchsten Erhebungen des Erzgebirges aufbauen ...

Italien

Venedig

Venedig und die Habsburger

Die über tausendjährige Geschichte der stolzen Republik Venedig endete 1797, als der damals 27jährige Napoleon durch seine Feldzüge von 1796 und 1797 in Oberitalien die österreichischen Truppen in mehreren Schlachten, die seinen Kriegsruhm begründeten, niederzwang. Innerhalb kürzester Zeit war fast ganz Italien in französischer Hand. Obwohl die Republik Venedig nicht der Koalition gegen Frankreich beigetreten war, besetzten französische Truppen große Teile der Markusrepublik. Im Mai 1797 erzwangen sie das Ende der Patriziatsregierung. Der letzte Doge dankte ab. Unterstützt wurden die französischen Truppen in Venedig und im übrigen Italien bei ihren Feldzügen und der anschließenden Neuordnung von jakobinischen und patriotischen Gruppen. In Venedig halfen sie den Franzosen bei der Absetzung des Dogen. Um so enttäuschter waren die venezianischen Patrioten, Demokraten und Franzosenfreunde, als das kriegsmüde Frankreich im Frieden von Campo Formio (bei Udine) vom 17. Oktober 1797 zwar die Hegemonie Österreichs in Italien beendete, dafür aber den größten Teil der Republik Venedig mit Istrien und Dalmatien an Österreich abtrat. Im zweiten Koalitionskrieg versuchte Österreich seine alte Stellung in Italien wiederzugewinnen, mußte dann aber nach der verlorenen Schlacht von Austerlitz im Preßburger Frieden (26. Dezember 1805) Venedig an das napoleonische Königreich Italien abtreten. Vizekönig dieses Königreichs Italien wurde Napoleons Stiefsohn Eugéne Beauharnais, der mit einer bayerischen Prinzessin verheiratete spätere Herzog von Leuchtenberg. In dieser Zeit der französischen Herrschaft begannen sich in Venetien die neuen französischen Grundsätze von Recht und Verwaltung durchzusetzen. Die letzten Reste der Feudalordnung wurden beseitigt, aufgeklärte Reformen im Schulwesen, der Kulturpolitik und im Verkehrswesen wurden durchgesetzt. Die rechtliche Gleichheit der Bürger, die Religionsfreiheit, die Judenemanzipation und die Sicherung von Freiheit und Eigentum waren verfassungs- und gesetzmäßig gewährleistet. Es entstand eine effiziente Bürokratie. Und das wichtigste: Trotz der französischen Präsenz bildete sich nun erstmals in der Geschichte Italiens ein Zusammengehörigkeits- und Einheitsbewußtsein in der Bevölkerung aus. Das kurzlebige Königreich Italien, wenn auch auf Norditalien beschränkt, bildete eine der geistigen Grundlagen für die Einigung Italiens im 19. Jahrhundert.

1815 erhielt Österreich nicht nur die Lombardei zurück, sondern auch das gesamte Territorium der Republik Venedig. Beide Regionen faßte man als Königreich „Lombardo-Venetien" zusammen. Österreich setzte sich über die Entwicklung der napoleonischen Zeit hinweg. Das starke Bürgertum, das nationale Eigenbewußtsein blieben völlig unberücksichtigt. Das Königreich wurde direkt von Wien aus verwaltet. Venetien wurde in seiner agrarischen Rückständigkeit belassen, um besser regiert werden zu können. In keiner der repräsentativen Schichten des Königreichs besaß Österreich irgendeinen Rückhalt. Seit der Julirevolution von 1830 gewannen die radikalen nationalen und demokratischen Töne, die ein Giuseppe Mazzini in seinem Exil in der Schweiz anschlug, immer mehr Gehör. Sein 1834 mit Emigranten aus ganz Europa gegründeter Geheimbund „La Giovine Europa" (das junge Europa) wirkte hinein bis in die Revolution von 1848. Typisch für diese unruhige Zeit ist der tragische Generationenkonflikt in der Familie Bandiera. Der Vater Bandiera kommandierte als Admiral in Venedig die österreichische Adriaflotte. Sein Söhne Attilio und Emilio Bandiera, Offiziere der österreichischen Adriaflotte, schlossen sich insgeheim der nationalen Sache Mazzinis an und mußten, nachdem sie verraten worden waren, 1844 nach Korfu fliehen. Die kaiserliche Begnadigung schlugen sie aus und begannen mit erfolglosen revolutionären

Aktionen in Unteritalien, wo sie gefangengenommen und erschossen wurden.

Angesichts der latenten liberalen, demokratischen und patriotischen Strömungen fand die europäische Revolutionsbewegung von 1848/49 gerade in Italien idealen Zündstoff. Schon im Dezember 1847 forderten Daniele Manin und Nicolo Tommaseo in Venedig Autonomie und Anschluß an die italienische Zollunion. Das Zeichen zur gewaltsamen Revolution in Italien gaben der Aufstand in Palermo am 12. Januar 1848 und dann die März-Unruhen in Wien und der Rücktritt Metternichs. Manin und Tommaseo, die man kurz vorher verhaftet hatte und die nun freigelassen wurden, um Übergriffe zu vermeiden, organisierten seit dem 17. März in Venedig den Aufstand, der von italienischen Soldaten und Offizieren sowie von den Arbeitern des Arsenals unterstützt wurde. Am 23. März 1848 konnte Manin eine provisorische Regierung bilden. Den österreichischen Truppen, die unter Feldmarschall Radetzky die piemontesischen Truppen besiegten, gelang es nicht, Venedig, in dem Manin inzwischen die Republik ausgerufen hatte, zu erobern. Erst im August 1849 mußte sich Manin den österreichischen Belagerern ergeben.

Die wirtschaftliche Entwicklung Venedigs stagnierte auf Kosten Triests. Als dann im Jahre 1859 die Lombardei von Österreich abgetreten wurde, war der Anschluß an das junge Königreich Italien für die Venezianer nur noch eine Frage der Zeit. Obwohl 1866 die Österreicher auf dem italienischen Kriegsschauplatz siegreich blieben, entschied der Sieg Preußens über Österreich in der Schlacht von Königgrätz das Ende der Habsburger Herrschaft in Venedig. Italien, d. h. die aus dem Hause Savoyen stammenden Könige von Italien, erhielten Venedig nur als Folge der preußischen Siege und der französischen Vermittlung. In Österreich hat man den Verlust Venetiens schnell verwunden und sehr bald freundliche Verbindungen mit dem „Erbfeind" geknüpft. Kaiser Franz Joseph hat freilich trotz dieses Kurswechsels seine persönliche Abneigung gegen das Haus Savoyen nie verhehlt. Ebenso mißtrauisch gegen die „falschen" Italiener und ihre Politik war Elisabeth, der ja vor allem das Schicksal ihrer Schwester Maria

Königin von Neapel, vor Augen stand, die 1861 vom Haus Savoyen aus ihrem Königreich vertrieben worden war.

Elisabeth hat den Verlust der österreichischen Besitzungen in Italien in den Jahren 1859 und 1866 miterlebt. Sie sah freilich viel nüchterner als ihr Gemahl, daß die Tage des lombardisch-venezianische Königreichs gezählt waren. Spätestens bei ihrem offiziellen Besuch 1856 mit dem Kaiser in Italien verstand sie die abweisende bis feindliche Haltung der Bevölkerung richtig zu deuten.

Elisabeth in Venedig

Die ersten Auftritte Elisabeths in Venedig gehören zum festen Bestand jeder biographischen Würdigung Elisabeths. Am 25. November 1856 traf das Kaiserpaar in Venedig ein. Doch sowohl der Venedigaufenthalt wie auch der anschließende Besuch in Mailand brachten nicht den von Wien gewünschten Erfolg. Der englische Generalkonsul meldete: „Das einzige Gefühl des Volkes war die Neugierde, die Kaiserin zu sehen …"[1]

Trotz dieser nicht sehr ermunternden Italienerfahrungen fühlte sich die Kaiserin zu Italien, besonders aber zu Venedig hingezogen. Als sie 1861 nach ihrem ersten längeren Aufenthalt in Korfu Ende Oktober wieder nach Triest reiste, erfüllte sie die Vorstellung, einer Rückkehr an den Wiener Hof mit einem solchen Widerwillen, daß sie sich entschloß, den Winter zunächst noch in Venedig zu verbringen. Tatsächlich dauerte der Aufenthalt vom 26. Oktober bis Mai 1862.

Es ist ein merkwürdiges Zusammentreffen, daß fast um die gleiche Zeit ein anderer unglücklicher Mensch in Venedig seelische Heilung suchte: Richard Wagner. Er wurde von seinem Gönner, dem Großindustriellen Otto Wesendonk, nach Venedig eingeladen, das er von seinem ersten Aufenthalt 1858 gut in Erinnerung hatte. In seiner Lebensskizze schreibt er: „Gott weiß, was mir im Sinne liegen mochte, als ich mich auf das Ungefähr hin im grauen November wirklich auf der Eisenbahn zunächst nach Triest und von da mit dem Dampfschiff, welches mir wiederum sehr schlecht bekam, nach Venedig aufmachte, im Hotel Danieli mein Kämmerchen bezog. Meine Freunde, welche ich in sehr glücklichen Beziehungen antraf, schwelgten im Genuß der Gemälde und schienen es darauf abgesehen zu haben, durch meine Teilnahme am gleichen Genuß mir die Grillen zu vertreiben ... Bei aller Teilnahmslosigkeit meinerseits muß ich jedoch bekennen, daß Tizians Gemälde der Himmelfahrt der Maria eine Wirkung von erhabenster Art auf mich ausübt, so daß ich seit dieser Empfängnis in mir eine alte Kraft fast wie urplötzlich wieder beleben fühlte. Ich beschloß die Aufführung der Meistersinger ..." Nach vier Tagen verließ Wagner Venedig und ging nach Wien zurück. Ob er überhaupt wußte, daß die Kaiserin von Österreich zur gleichen Zeit in Venedig war? Nach Venedig kam Wagner immer wieder zurück, für ihn war Venedig die schönste Stadt. Am Portal von San Marco sei es so schön, sagte er, daß man ihn einst dort als Leiche finden werde. Zuletzt kam Wagner am 16. September 1882 nach Venedig, um im dortigen milden Klima Erholung zu finden. Hier starb er auch am 13. Februar 1883.

Venedig war also gerade in diesen letzten Jahren der Habsburger Herrschaft ein beliebter Winteraufenthalt. Durch seine Ruhe und sein ausgeglichenes Klima eignete es sich als Erholungsort für Lungenkranke. Gerade für Österreicher hatte darüber hinaus Venedig auch noch als Stadt der Musik etwas anziehendes. Johann Strauß Sohn entdeckte Venedig für sich, als es lange nicht mehr bei Österreich war: 1883 schrieb er seine Operette: „Eine Nacht in Venedig".

Elisabeth wählte also die schon damals allgemein als faszinierend empfundene morbide Atmosphäre Venedigs für einen Winteraufenthalt. Sie wohnte im Hotel Europa am Canal Grande, neben dem Hotel Danieli damals das beste Hotel Venedigs. Sie las viel und machte ausgiebige Spaziergänge. Am 3. November 1861 besuchten sie dort Rudolf und Gisela und im April 1862 ihre Mutter Ludovika. Der Kaiser fand sich dreimal in Venedig ein: Ende November sowie im März und im Mai 1862 leistete er seiner Frau Gesellschaft.[2] Im Mai fuhr Elisabeth auf der Südbahn wieder zurück nach Österreich; doch bis Wien schaffte sie es nicht. Gleich hinter dem Semmering, in Reichenau, verließ sie den Zug. Dort hielt sie sich

Venedig: Markusplatz mit Piazetta

seit 15. Mai im Jagdhaus des Kaisers auf und wartete auf ihre nächste Abreise zur Kur nach Kissingen am 2. Juni.

1875, Venedig war schon seit fast 10 Jahren bei Italien, besuchte Franz Joseph zum ersten Mal wieder die Lagunenstadt, wo ihm der italienische König einen festlichen Empfang bereitete. Der Kaiser dachte wehmütig an den Aufenthalt von 1856 zurück. In einem Brief an Elisabeth vom 6. April 1875 erinnert er sich „Ich wohne in Deinen Zimmern, schlafe in unserem ersten Schlafzimmer und schreibe jetzt in Deinem späteren blauen Schlafzimmer ..."

Triest

Triest und die Habsburger

Im Unterschied zu Venedig gehörte Triest seit dem Mittelalter zu den österreichischen Stammlanden. Die Bevölkerung setzte sich aus Italienern, Slowenen und Deutschen zusammen, die durch die Jahrhunderte eine fruchtbare Symbiose eingegangen waren. Von entscheidender Bedeutung für den wirtschaftlichen Aufschwung der Stadt in der Neuzeit war die große Judengemeinde. Sie wuchs vor allem im 18. Jahrhundert, nachdem der Stadt 1719 von Kaiser Karl VI. Freihafenrechte verliehen worden waren. Unter Kaiserin Maria Theresia, die Triest aus wirtschaftlichen Gründen besonders förderte, stieg die Bevölkerung der Stadt von 5000 auf über 20.000 Bewohner.

Wegen seiner Bevölkerungsstruktur und seiner weltoffenen Art war Triest gegenüber den Parolen der italienischen Demokraten und Nationalisten im 19. Jahrhundert zwar weniger anfällig, aber auch hier hatte die kurze Epoche des Königreichs Italien von Napoleons Gnaden das Nationalbewußtsein gestärkt. Die weitverbreitete Sehnsucht der sich als „unerlöst" fühlenden italienischsprachigen Bevölkerung nach dem Anschluß an Italien machte Triest bis zum 1. Weltkrieg für Österreich zu einer Stadt, die man mit Vorsicht zu verwalten hatte.

Im 19. Jahrhundert genoß die Stadt eine wirtschaftliche Förderung wie kaum eine zweite in der Monarchie. Die Bevölkerung wuchs von 50 000 Einwohnern im Jahre 1824 auf 123 000 Einwohner im Jahre 1870. Die Werftindustrie und die Handelsschiffahrt profitierten vom Ausbau des Hafens und der Semmeringbahn (Südbahn), die den Verkehr zwischen Wien und Triest so einfach machte. Die 1836 gegründete Schiffahrtsgesellschaft Lloyd Austriaco sowie die Versicherungen (1831: Assicurazioni Generali; 1838: Riunione Adriatica di Sicurtà) gewannen bald europäische Bedeutung. Der Hafen von Triest entwickelte sich zum Umschlagsplatz für den österreichischen und süddeutschen Warenexport. Hier im Hafen von Triest wird erstmals 1829 eine epochemachende Erfindung erprobt, die Schiffsschraube des österreichischen Erfinders Joseph Ressel (1793–1857), der als kaiserlicher Waldmeister an die küstenländische Domäneninspektion nach Triest gekommen war!

Elisabeth in Triest

Die erste Begegnung Elisabeths mit Triest 1856 (wie mit Venedig) war hochoffiziell: Dort residierte seit 1854 Erzherzog Ferdinand Maximilian, der Bruder des Kaisers, als Oberkommandierender der österreichischen Marine. Er war für die Vorbereitung der Reise verantwortlich. Doch schon in Triest kam es zu den ersten Zwischenfällen. Im Rathaus brach Feuer aus. Man spricht zwar von Brandstiftung, aber offiziell wird die Sache heruntergespielt. Wichtigster Programmpunkt ist die Besichtigung des Arsenals, der großen Werft des Österreichischen Lloyds.

Als gefährlicher erwies sich der Aufenthalt in Triest im September 1882. Der Besuch des Kaiserpaars war eine Idee des Ministerpräsidenten Graf Taaffe. In Triest sollte die 500jährige Zugehörigkeit der Stadt zu Österreich gefeiert werden, und man hoffte durch den Besuch des Kaisers die immer stärker werdenden Anhänger der Unabhängigkeitsbewegung zu isolieren. Wegen der zu befürchtenden Anschläge wollte Franz Joseph zunächst allein reisen. Doch Elisabeth bestand auf ihrer Teilnahme. Kurz zuvor war an der Grenze der aus Triest stammende Guglielmo Oberdan (geb. 1858) verhaftet worden. Er hatte in Rom einen Anschlag auf den Kaiser geplant und war verraten worden. Später machte man ihm den Prozeß. Gegen den Ratschlag vieler einsichtiger Beamter wurde Oberdan hingerichtet, womit man im relativ ruhigen Triest einen Märtyrer geschaffen hatte. Tatsächlich avancierte Oberdan später zum Nationalhelden.

Mit großen Vorsichtsmaßnahmen empfing man am 17. September das aus Miramare kommende Kaiserpaar. Es sollte die Jubiläumsausstellung eröffnen und dem Stapellauf des ersten Stahlschiffes des Österreichischen Lloyds beiwohnen, des Dampfers „Medusa". Kurz vor der Vollendung stand damals der von dem Wiener Baumeister entworfene Lloydpalast im prachtvollen Renaissancestil. Die kritischen Tage in Triest schildert der Historiker Corti an Hand der Tagebücher der Gräfin Marie Festetics und der Erzherzogin Valerie:

> Am 17. September wird das Kaiserpaar bei annehmbaren Wetter in Triest empfangen. Jedermann hat von Anschlägen gesprochen, das Gefolge sieht spähend umher, alles ist höchst aufgeregt. Die Eröffnung der Ausstellung geht aber zum Glück ohne Zwischenfall vorbei. Jeder ist froh, als man abends wieder glücklich zu Hause ist. Am nächsten Tag ist Elisabeth als eine der ersten auf. Sie geht aus dem Haus und liest auf dem Sockel einer Figur mit schwarzer Ölfarbe: „Pereat Francesco Giuseppe", „Evviva Oberdan". Franz Joseph will allein in eine Kaserne und in ein Spital gehen, Elisabeth aber erklärt sehr energisch, sie gehe mit. Als der Wagen vorfährt, wartet sie schon mit ihrem Hund Plato. Dem Kaiser erklärt sie, sie müsse auf der Landseite, also links von ihm, sitzen, sonst sei ihr die Sonne zu unangenehm. In Wirklichkeit aber tut sie das, um den Kaiser besser schützen zu können. Franz Joseph ordnet ein möglichst geringes Gefolge an. „Man kann niemandem außer den Allernötigsten zumuten, da mitzufahren" meint er, „man ist hier wirklich überall in Gefahr".

An den Besuch der Kaiserin in Triest erinnert eines der schönsten Porträts, das je von Elisabeth geschaffen wurde. Das sich im Privatbesitz des Lloyd Triestino, des früheren Österreichischen Lloyds befindliche 2,6×1,4 m große Ölgemälde aus dem Jahre 1884 ist das Werk der Maler Temple und Ritzberger.

Das Lloyd-Arsenal in Triest

Schloß Miramare

Der Traum des Erzherzogs Ferdinand Max

Das Schloß Miramare liegt nur wenige Kilometer nördlich von Triest am Fuße des Karstplateaus direkt am Meer. Das Schloß ist ein wichtiger Schauplatz der Habsburger Geschichte in der 2. Hälfte des 19. Jahrhunderts und auch ein bedeutender Schauplatz für Elisabeths Reiseleben.

Der Schloßbau von Miramare ist das Werk von Franz Josephs Bruder Erzherzog Maximilian (1832–1867), der Liebling seiner Mutter Sophie und ein Mann von großen Talenten. Seit 1852 hat er seine Residenz in Triest. 1854 wird er zum Oberbefehlshaber der kaiserlichen Marine ernannt. Am 27. Juli 1857 heiratet er Charlotte, die Tochter des Königs Leopold von Belgien, und im September 1857 ernennt ihn sein Bruder zum Statthalter des Königreichs Lombardo-Venetien. Maximilian scheint eine große Karriere vor sich haben. Er ist nicht nur wissenschaftlich interessiert – etwa als Botaniker –, sondern er hat auch die Anlagen zu einem geschickten Politiker, er ist weltoffen und darf nach Habsburger Maßstäben als liberal gelten. Freilich ist er auch ehrgeizig und wird in dieser Neigung von seiner noch ehrgeizigeren Gemahlin Charlotte ungünstig beeinflußt. Vom Selbstbewußtsein des Marine-Oberkommandanten und Statthalters von Lombardo-Venetien spricht schließlich auch der Schloßbau von Miramare, oder wie er früher hieß „Miramar“. Wie es zu diesem Schloßbau kam, erzählt uns der entsprechende Beitrag in „Die österreichisch-ungarische Monarchie“: „Als einst Erzherzog Ferdinand Max, damals Obercommandant der Kriegsmarine, bei einer Fahrt nach Duino durch einen heftigen Borasturm genötigt wurde, bei der Punta di Grignano vor Anker zu gehen, gefiel ihm die Lage und Umgebung des Hauses Daneu so gut, daß er beschloß, sich dort anzusiedeln. Bald war der nöthige Grund gekauft und nun begann ein emsiges Schaffen. In verhältnismäßig kurzer Zeit erhob sich statt des bescheidenen Wohnhauses ein in normannischem Stil erbautes herrliches Schloß und das Neben- und Wiesengelände, ja stellenweise der nackte Felsenboden verwandelten sich in einen zaubervollen Park. Schon am heiligen Abend 1860 konnte der Erzherzog sein neues Heim beziehen, das er von dem Ausrufe ‚Si mira il mare' (Man sieht das Meer) „Miramare" nannte ..."

Den Auftrag zu den Bauarbeiten erteilte Maximilian im Jahre 1856, nachdem er die dortige öde Felslandschaft aufgekauft und mit Aufforstungen begonnen hatte. Der Kostenvoranschlag für den Schloßbau belief sich auf 280.000 Gulden. Man wollte in zwei Jahren fertig sein. Doch erst 1860 konnte Maximilian in das Schloß einziehen, das nun insgesamt mehr als 600.000 Gulden kostete. Inzwischen hatte Maximilian ein erstes schweres Unglück getroffen. Trotz seines verständnisvollen Regiments in Mailand mußte er mit zusehen, wie 1859 Mailand und die Lombardei verlorengingen. Seine Pläne für Verfassungsreformen in Italien waren in Wien nicht gehört worden. Man setzte dort auf die militärische Karte. Im April 1859 verließ Maximilian Mailand und kehrte nach Triest zurück. Da das Schloß um diese Zeit noch nicht fertig war, residierte er zunächst in der Villa Lazarovich auf dem St. Vitushügel in Triest und ließ sich im Park von Miramare ein kleines Schlößchen bauen, in dem das Paar nun bis zum Weihnachtsfest 1860 lebte, bis es das Schloß Miramare erstmals beziehen konnte.

Auch wenn Maximilian noch das Marinekommando in Triest versieht, so ist er in seinem Schloß unermüdlich tätig. Er schreibt und liest und verfaßt – wie seine Schwägerin Elisabeth – Gedichte. Seine Frau Charlotte ist eine begabte Malerin; viele Bilder im Schloß zeugen noch heute von ihren künstlerischen Neigungen. Im Schloß treffen sich wichtige Vertreter des kulturellen und politischen Lebens von Triest. Auch das Verhältnis zur Öffentlichkeit ist ungezwungen: Im Herbst 1860 wird der Park von Miramare sonntags der Öffentlichkeit zugänglich gemacht. In seiner Eigenschaft als Oberkommandierender der Marine und auch aus privaten Neigungen heraus, ist Erzherzog Maximilian viel unterwegs. An Bord des Dampfschiffes „Fantasia" kreuzt er oft vor der dalmatinischen Küste. Sehr oft hält sich das Paar auf der Insel Lokrum vor Dubrovnik auf, die der Erzherzog gekauft hat. Die weiteste

Reise des Paars führte 1860 an Bord der Fregatte „Elisabeth" über Madeira nach Brasilien. 1863 endet die Zeit der schöpferischen Muße: Auf Vermittlung und Drängen Frankreichs entschließt sich Maximilian, die ihm angebotene Kaiserkrone von Mexiko anzunehmen. Dies geschieht am 10. April 1863 in Miramare. Die Szene ist in einem Gemälde des großartigen Triestiner Malers Cesare dell' Acqua dargestellt, das im Schloß hängt. Am 14. April 1864 verläßt Maximilian an Bord der Fregatte „Novara" Miramare und fährt in ein ungewisses Abenteuer. Am 28. Mai erreicht die Novara Mexiko. Hier sieht sich der neue Kaiser der Opposition des Republikaners Benito Juarez gegenüber. Das Schicksal Maximilians entscheidet sich, nachdem sich die französischen Truppen auf Druck der Vereinigten Staaten und auf Druck der öffentlichen Meinung in Frankreich aus Mexiko zurückziehen. Auch in dieser hoffnungslosen Situation will Maximilian die mexikanische Sache noch nicht verloren geben und schickt seine Frau Charlotte nach Europa, um für militärische und finanzielle Unterstützung zu werben. Vergeblich. Am 19. Juni 1867 geschieht das kaum vorstellbare. Der Kaiser wird von den Truppen des Benito Juarez wegen Hochverrats erschossen.

Nach dem Tod Maximilians im Juni 1867 wurde das Schloß Miramare von Mitgliedern des Habsburger Kaiserhauses für kurze Aufenthalte genutzt. In der Zeit des Ersten Weltkrieges brachte man die Schloßeinrichtung und die hier aufbewahrten Kunstwerke nach Wien. Dort verwahrte man sie in Schönbrunn, Belvedere und den Hofbibliotheken. Nach Ende des Krieges wurde die gesamte Schloßanlage vom italienischen Staat übernommen. Ab März 1955 war die Parkanlage wieder der Öffentlichkeit zugänglich, und am 2. Juni wurde das historische Museum im Schloß eröffnet.

Elisabeths Aufenthalte

Triest und das Schloß Miramare waren für Elisabeth zunächst als Ausgangspunkt und Endpunkt ihrer Schiffahrten ins Mittelmeer, etwa nach Korfu, häufig besuchte Stützpunkte. In den 70er Jahren, als nach dem Tode Kaiser Maximilians von Me-

Schloß Miramare

xiko (1867) das Schloß an die kaiserliche Familie überging, entwickelte Elisabeth gegenüber dem Schloß Miramare eine tiefere Zuneigung und blieb dort länger.

Zum ersten Mal hielt sich Elisabeth 1861 anläßlich ihrer Rückkehr von Madeira nach Wien in dem eben fertiggestellten Schloß Miramare auf.[3] Am 18. Mai ging damals die Kaiserin mit dem englischen Dampfschiff „Viktoria & Albert" im kleinen Hafen von Miramare vor Anker. Ein erneuter Besuch Elisabeths erfolgte am 23. Juni 1861, als sie in Begleitung ihres Gatten von Laxenburg kommend mit Erzherzog Maximilian nach Korfu weiterreiste.

Anläßlich des Staatsbesuches in Triest von 1882 bewohnten Kaiser und Kaiserin das Schloß und gaben dort verschiedene Empfänge. Von Miramare aus machte man per Schiff Ausflüge nach Istrien und Dalmatien. Auch Anfang November 1885 hielt sich die Kaiserin auf Schloß Miramare auf und verfaßte dort das Gedicht „Allerseelennacht":

Es peitscht der Sturm die schwarzen Wolken
Am schwarzen Firmamente hin,
Dass sie sich keuchend drängen, folgen,
Dass sie wie rasend jagen, flieh'n.

Der Regen strömt in wilden Güssen
Und haut und geisselt den Orcan;
Als hätt' er ihn erwürgen müssen,
So packt ihn dieser wieder an.

Doch übertäubend Sturm und Regen,
Brüllt zwischendrein die wilde See,
Sie rollt voll Wut ihnen entgegen,
Sie zischt und geifert in die Höh'.

Und mitten in dem tollen Wüten,
Als sollt' die Welt heut' untergeh'n,
Als wollt' das Meer Dämonen brüten
Und alles aus den Fugen dreh'n,

Hebt sich in kalter, strenger Bleiche,
So todesernst, so todesstarr,
Gleich einer schönen Marmorleiche
Das hehre Schloss von Miramar.

Doch jetzt ertönt's wie laute Klage
Hinaus aufs weite Meer mit Macht;

Es schlägt zum Allerseelentage
Vom Turm herab die Mitternacht.

Und anfangs schlägt es jammernd, suchend,
doch Schlag um Schlag nimmt zu an Kraft;
Und jedem Mörder zwölfmal fluchend,
schlägt's an bei Gott um Rechenschaft.[4]

Im nächsten Jahr, im Februar 1886, reiste Elisabeth von Wien aus nach Miramare. Dort wartete auf sie die kaiserliche Jacht „Greif", mit der sie am 11. Februar in See stach. Das schlechte Wetter verhinderte allerdings die geplante Fahrt nach Korfu, und so kehrte man bald wieder nach Miramare zurück. Die Ereignisse auf See hielt Elisabeth in ihrem Gedicht „An Bord der Greif" fest. Elisabeth entdeckte nun die Seefahrt als Erlebnis eigener Art, ein Empfinden, das den meisten ihrer Zeitgenossen völlig fremd gewesen sein dürfte, für die eine Schiffsfahrt nur ein beschwerliches Mittel der Fortbewegung war.

Es reiten die Wolken wilde Jagd
Am glühenden Horizonte;
Die Sonne hat sich davon gemacht,
Cediert dem wachsenden Monde.

Der schimmert und strahlt nun, was er kann,
Liebkost die tanzenden Wogen;
Da kreist eine Möve zu ihm hinan,
Voll Liebesbrunst angezogen.[5]

Zur Reise nach Korfu kam es dann im nächsten Jahr. Am 17. Oktober 1887 schiffte sich Elisabeth erneut auf der kaiserlichen Jacht „Greif" ein. An Bord schrieb sie am 18. Oktober die Zeilen „Erwacht":

Erwacht aus schwerem Nebeltraum,
Erwacht auf blauen Wogen,
Umsprüht vom weissen Meeresschaum,
Vom Mövenschwarm umflogen.

So treibe auf der Adria
Ich heute gegen Süden
Dem Eiland zu, im Traum sah
Ich's jüngst, umwebt von Blüten ...[6]

Am 15. November trat die Kaiserin die Rückreise von Korfu an. Zur Ankunft im Schloß Miramare am 18. November dichtete sie:

Mitternacht. Das weisse Schloss
Hebt sich aus dem Meeresgrunde;
Und es ist sein Marmor blos,
Der noch Licht beut dieser Stunde.

Mitternacht, Was rauscht so spät
In die Bucht zu Schlosses Füssen?
Kommt der Nachtwind angeweht?
Will der Sturm die Wogen küssen?

Nein! Ein Vogel, gross und weiss,
Kommt zur Bucht jetzt angeschwommen,
Weisse Flügel, weissen Steiss
Sieht man deutlich näher kommen.

Zwiegespräch. Er flüstert leis
Noch mit einer Möve dorten.
Jene ist's, gespensterweiss
Taucht sie auf an allen Orten.

Was die zwei sich wohl gesagt?
Keiner wird es je vernehmen. –
Wissen dürfens nur die Nacht
Und die beiden weissen Schemen ...[7]

Dalmatien

Merkwürdigerweise hat sich Elisabeth nie länger in Dalmatien, etwa in Split (Spalato) oder Dubrovnik (Ragusa) oder auf den dalmatinischen Inseln aufgehalten, obwohl dieses österreichische Kronland ähnlich günstige klimatische Verhältnisse bot wie die Riviera oder Korfu. Das mag vor allem an der damals noch fehlenden Infrastruktur gelegen haben: Große Hotels und Parkanlagen waren auch Ende des 19. Jahrhunderts in dem nur per Schiff erreichbaren Dalmatien selten. Möglicherweise scheute Elisabeth auch die wenig stabilen politischen Verhältnisse: In den großen Städten war das Zusammenleben der italienische Führungsschicht mit der kroatischen und serbischen Bevölkerung nicht spannungsfrei. Darüber hinaus sahen sowohl Italiener als auch die Südslawen die Österreicher als Besatzungsmacht an, eine Lage, die dann noch durch das österreichische Engagement in Bosnien-Herzegowina seit 1878 verschärft wurde.

Lokrum

Für andere Mitglieder des Kaiserhauses war die Küste Dalmatiens weit reizvoller als für Elisabeth, die sich mit kurzen Aufenthalten begnügte. Besonders erwähnt werden muß in diesem Zusammenhang die Insel Lokrum (Lacroma) vor Dubrovnik, die in vielen Darstellungen als das klimatisch am besten gelegene Stückchen Erde der österreichischen Monarchie gepriesen wird. Obwohl die Insel für einen Liebhaber des Mittelmeers wie Elisabeth ideale Aufenthaltsbedingungen bot und darüber hinaus innerhalb der Monarchie lag, hat Elisabeth dem wenig südlicher gelegenen Korfu den Vorzug gegeben. Elisabeth kannte die Insel Lokrum sehr gut, da sie einen wichtigen Stützpunkt auf ihren Reisen von und nach Korfu bildete. Lokrum gehörte wie das Schloß Miramare zu den „Nebenresidenzen" des Erzherzogs Maximilian, des späteren Kaisers Maximilian von Mexiko. Maximilian hat die Insel mehr geliebt als Miramare. Auf Lokrum mit seiner fast tropischen Vegetation und seinen romantischen Felsformationen standen die Reste eines einstmals reichen Klosters, die der Erzherzog zu einem bescheidenen Wohnsitz ausbauen ließ. Nach dem Tod Maximilians wechselte es mehrfach den Besitzer. In einem Brief an Elisabeth vom 1. Mai 1875 aus Dubrovnik schildert der Kaiser seinen Aufenthalt in Lokrum, das damals noch den italienischen Namen Lacroma trug:

Gestern sind wir um 6 Uhr Früh mit Dampfbarkasse nach Lacroma gefahren, wo ich Haus, Park und das auf der Insel befindliche Fort Royal besichtigte. Der Garten und die ganz mit Fuß-und Reitwegen durchschnittene Insel sind herrlich mit der schönsten, üppigsten südlichen Vegetation, die man sich denken kann, das Haus ist hübsch und gut bewohnbar, das Ganze der schönste Ort, den man sich denken kann, um einige Wochen ruhig und in Frieden zuzubringen. Jetzt, wo ich diese reizende Insel kenne, bin ich untröstlich, daß wir diesen Besitz aufgegeben haben und viel teuerer wieder kaufen müßten. Es ist bei weitem schöner wie Miramar ...

1880 kaufte dann der Thronfolger Rudolf die Insel; seine Mutter jedoch hatte Korfu entdeckt ...

Frühlingsvegetation auf der Insel Lacroma

Frankreich

Cap Martin

Zur Geschichte

Die Halbinsel Cap Martin gehört zu den schönsten Plätzen an der Côte d'Azur. Sie liegt zwischen Menton und Monte Carlo (Fürstentum Monaco) und hat sich bis heute mit ihren Olivenbäumen und mächtigen Aleppokiefern hoch über der Brandung des Mittelmeers den Charakter einer vornehmen Oase der Ruhe im Trubel der geschäftigen Küste bewahrt. Einstmals gehörte die bis 2 Kilometer ins Meer hinausragende Halbinsel zum Wildpark des Fürsten von Monaco, der sie dann an Frankreich verkaufte. Bis zum österreichisch-französisch-italienischen Krieg von 1859 war Cap Martin zusammen mit der Küste bis Nizza, also das ganze „Departement Alpes Maritimes", ein Teil des Königreichs Sardinien-Piemont, wurde aber dann zusammen mit Savoyen an Frankreich abgetreten. Es war dies der teure Dank der Italiener an Kaiser Napoleon III. für dessen Hilfe im Kampf gegen Österreich und bei der Erwerbung von Mailand. Wie schwer den Italienern die Abtretung der Küste mit Nizza gefallen sein dürfte, zeigt allein schon die Tatsache, daß Nizza der Geburtsort des italienischen Freiheitskämpfers Garibaldi war! 1861 verkaufte auch der Fürst von Monaco, dem Mentone mit Cap Martin gehörte, alle seine Rechte für vier Millionen Francs an Frankreich. Damals wurde das Fürstentum der Grimaldi auf Monaco und Monte Carlo, also auf $1^1/_2$ qkm beschränkt. Das einstmals arme Fürstentum kam jedoch zu sagenhaftem Reichtum, nachdem 1860 Louis Blanc, Spielbankdirektor von Bad Homburg, die Spielbankkonzession erwarb. 1868 wurde die Eisenbahnlinie nach Nizza eröffnet, und 1871 suchten bereits 140.000 Menschen Monte

Carlo auf. Monte Carlo, benannt nach dem Fürsten Karl, war auf dem Felsen von Spelugues neu angelegt worden, um das von Garnier erbaute Spielkasino mitsamt den neuen mondänen Hotels aufzunehmen. Dank der Gewinne der „Société des Bains de Mer“ konnte der Fürst bald die direkte Besteuerung in seinem Land abschaffen. Fürst Albert I. (1889–1922) verwandte die Gewinne zur Finanzierung seines Hobbys, der Ozeanographie.

Auf der Halbinsel von Cap Martin weilte Elisabeth vier Mal in den Jahren von 1894 bis 1897 und zwar meistens in den ersten Monaten des Jahres. Vier Mal kam auch der Kaiser zu Besuch.

Familientreffen auf Cap Martin

Erst mit ihren Besuchen in Cap Martin lernte Elisabeth die französische und italienische Riviera kennen. In diesen Jahren ab 1894 beginnt sie sich von Korfu zu lösen, ihre „griechische Periode“ neigt sich dem Ende zu. Die Bekanntschaft mit der Riviera und mit Cap Martin verdankte sie ihrem Bruder, dem Augenarzt Karl Theodor, den sie hier im Jahre 1894 besuchte. Cap Martin und das benachbarte Menton (ursprünglich: Mentone) war Karl Theodor von dem aus dem Baltikum stammenden Internisten Max v. Cube empfohlen worden. Dieser hatte sich 1878 in Tegernsee niedergelassen und war seit dieser Zeit zum Freund, Kollegen und Hausarzt Karl Theodors geworden. Wegen eines chronischen Lungenleidens hatte Cube dem Herzog für den Winter einen Aufenthalt im Süden empfohlen. In Menton betrieb Cube im Winter eine Praxis. Er mietete für den Herzog eine Villa, die idyllische, inmitten von Pinien gelegene „Villa Madonna“. In Menton, das angeblich das beste Klima an der ganzen Küste hatte, lernte Karl Theodor auch den berühmten Augenarzt Alexander von Iwanoff kennen, durch den der Herzog schließlich zum Studium der Augenheilkunde überredet wurde. Karl Theodor blieb zeit seines Lebens mit Menton verbunden: Hier erholte er sich von seiner anstrengenden Arbeit und seinem chronischen Lungenleiden. Auch 1894 war Karl Theodor nach einem winterlichen Aufenthalt in

Tegernsee und einer Grippe nach Süden gezogen. Diesmal bezog er nicht in Menton, sondern in Cap Martin, im „Hotel Cap Martin" Quartier, wo ihn Max von Cube behandelte. Das Hotel stand unter der Leitung eines Herrn Ullrich, eines gebürtigen Österreichers, der später wegen seiner Verdienste vom Kaiser das Ritterkreuz des Franz-Josephs-Ordens erhielt.

Begleitet wurde Karl Theodor auf seiner Reise von seiner Frau und seiner Tochter Sophie sowie vom Erbgroßherzog von Luxemburg und dessen Frau. Auch Elisabeths Schwester Mathilde, verwitwete Gräfin von Trani, war anwesend. Zu dieser Gesellschaft stieß nun auch Elisabeth auf ihrer Jacht „Greif". Sie hatte Weihnachten und Neujahr in Madeira verbracht und war dann mit dem Schiff an der spanischen Küste entlang über Marseille nach Cap Martin gekommen. Auch sie quartierte sich im „Hotel Cap Martin" ein. Entgegen ihrer sonstigen Gepflogenheit nahm Elisabeth ihre Mahlzeiten mit den Geschwistern ein: Wie in längst verflossenen Zeiten waren Bruder und Schwester unzertrennlich. Mehrmals kreuzte man an Bord der „Greif" auf dem Meer, das auch Karl Theodor über alles liebte. Auch Kaiser Franz Joseph, der am 27. Februar 1894 von Wien abgereist war und einen Zwischenaufenthalt in München bei seiner Tochter Gisela und seinen Schwiegersohn Leopold machte, kam zu Besuch. Am 1. März empfingen ihn Elisabeth und Mathilde auf dem Bahnhof von Menton. Frühstück und Diner wurden nun in den Appartements des Kaisers eingenommen. In Cap Martin entwickelte sich fast eine private Idylle. Selbst der Kaiser nahm sich nun die Freiheit, sich ungezwungen zu erholen. Elisabeth freute sich über seine Gelöstheit und meinte: „In Cap Martin ist er nur während der wenigen Stunden, die der Hofkurier hier verweilt, gezwungen, Herrscher zu sein. Sonst kann er nach Herzenslust ausruhen und sich zerstreuen."[1]

Man ging in Menton auf der „Promenade du Midi" spazieren, ein Spaziergang, der nach Meinung zeitgenössischer Reiseschriftsteller, zum Angenehmsten gehört, was man auf Erden genießen kann. Der Tag der Kaiserin begann in der Regel früher als der des Kaisers: Sie stand um 6 Uhr auf, trank ein Glas Milch als erstes Frühstück. Erst gegen 11 Uhr traf sie sich

Elisabeth und Franz Joseph in Cap Martin

mit dem Kaiser und der anderen Gesellschaft zum zweiten Frühstück. Neben Herzog Karl Theodor, der Gräfin Trani und dem Kaiser fanden sich 1894 auch die Erzherzoginnen Stephanie, Maria Josepha, die Erzherzöge Franz Ferdinand und Ludwig Victor und schließlich die Königin und der König von Neapel ein. In Cap Martin wohnte damals auch die verwitwete Kaiserin Eugénie von Frankreich in ihrer Villa Cyrnos. 1894 sahen sich die „ehemals schönsten Monarchinnen Europas", Elisabeth und Eugénie, erstmals wieder seit dem denkwürdigen Treffen 1867 in Salzburg. Eugénie war schon seit über 20 Jahren Witwe. Ihr Mann, Kaiser Napoleon III., der 1870 von den Deutschen bei Sedan gefangen worden war und dann abdanken mußte, war bereits 1873 in England verstorben.

1894 blieb der Kaiser drei Wochen bei Elisabeth in Cap Martin. Am 13. März machte er mit Elisabeth per Bahn einen Ausflug nach Nizza. Das Mittagessen wurde im Restaurant Rumpelmayer auf dem Boulevard Victor Hugo eingenommen. Man fuhr nach La Turbie zum berühmten Trophaeum Alpinum, dem Denkmal des Kaisers Augustus, das an die Unterwerfung der Alpenvölker erinnert, nach La Mortula, zum berühmten botanischen Garten des Thomas Hanbury, und auf die Insel Ste. Marguerite, wo der „Mann mit der eisernen Maske" gefangen gehalten worden war. Das Kaiserpaar lud auch die Ex-Kaiserin Eugénie von Frankreich und den Prinzen von Wales zu einem Abschiedsdiner auf die „Miramar" ein. Ferner machte das Kaiserpaar seine Aufwartung noch Queen Viktoria, die ihre Besucher auf einem von vier indischen Dienern gehobenen Tragsessel empfing.[2]

Nach der Abreise des Kaisers am 14. März blieb Elisabeth noch einige Zeit und hielt Kontakt mit dem Meeresforscher und Fürsten Albert von Monaco, der in zweiter Ehe mit einer Nichte des Dichters Heinrich Heine, Alice, verwitwete Duchesse de Richelieu, verheiratet war!

Im Januar 1895 kam die Kaiserin, die Weihnachten und Neujahr in Algier verbracht hatte, zum zweiten Mal nach Cap Martin. Auch jetzt besuchte sie der Kaiser, wenn auch nur vom 12. bis 18. Februar. Man fuhr zusammen nach Beaulieu in das Restaurant „Reserve", das auf einem aus dem Meer herausragenden Felsen lag (und liegt). Bereits nach fünf Tagen mußte Franz Joseph wieder nach Wien zurückkehren, da Erzherzog Albrecht am 18. Februar verstorben war. „Unser kurzes Zusammensein war wirklich traurig im Vergleich, was wir erwarteten und hofften", schrieb ihr der Kaiser am 1. März etwas melancholisch. Nach dessen Abreise erwanderten und besichtigten Elisabeth und ihre Schwester, die Gräfin Trani, die Umgebung. Sehr häufig fuhr man über Roquebrune, Monte Carlo, Villefranche und Beaulieu nach Nizza, das von den beiden Schwestern intensiv durchwandert und besichtigt wurde. Ein fester Anlaufpunkt war das berühmte Cafe und Restaurant Rumpelmayer, wo Elisabeth ihr Lieblingseis zu essen pflegte. Die Schwestern, die offenbar Gefallen an der lebhaften, weltläufigen aber anonymen Atmosphäre Nizzas gefunden hatten, sahen sich auch einige Hotels an. Man suchte vorsichtshalber einen Ersatz für Cap Martin, da sich Elisabeth dort schon nicht mehr sehr wohl fühlte. Die vielen Neugierigen, die sich inzwischen eingefunden hatten, empfand sie zunehmend als lästig.

Mit ihrer Hofdame Gräfin Sztáray wanderte Elisabeth auch in die Berge, etwa in das malerisch gelegene Bergdorf Gorbio, das auf 350 m Höhe 18 km nördlich hoch über Menton lag. Den mühsamen Weg hatte die Kaiserin nicht zuletzt auch wegen der dort angeblich besonders schmackhaften Milch auf sich genommen. Elisabeth machte auch gerne Fußmärsche in Richtung Monte Carlo. Der malerische Weg von Cap Martin nach Monte Carlo, auch heute noch eine der schönsten Wanderungen an der französischen Riviera, dauert etwa 3 Stunden. In Monte Carlo besuchte Elisabeth auch das Spielkasino.[3] (Auch der Kaiser war, soweit er nicht erkannt wurde, dem Glücksspiel nicht abgeneigt, und man erzählte sich, daß er sich einmal in der Spielbank von seinem Kammerdiener Geld leihen mußte, weil er gerade nicht flüssig war). Ein weiteres Ausflugsziel der Kaiserin war das Kapuzinerkloster und die Wallfahrt Annonciade über Menton, von der man ebenfalls einen wunderschönen Ausblick hatte. Hier hat Elisabeth ein Bild der Yacht „Greif" aufhängen lassen. Diese Votivgabe sollte an die Errettung der Kaiserin aus Seenot in den Winterstürmen vor der spanischen Küste erinnern. Am 1. März 1895 verließ die Kaiserin schließlich Cap Martin, um mit dem inzwischen angekommenen Dampfer „Miramar" über Korsika nach Korfu zu fahren.[4]

Der dritte Aufenthalt der Kaiserin war der längste. Sie blieb vom 25. November 1895 bis zum 15. März 1896. Drei Wochen lang, vom 24. Februar bis 15. März, leistete ihr der Kaiser Gesellschaft. Während ihres Aufenthalts absolvierte die Kaiserin eine Wasserkur, eine Art Fastenkur, die sie fast jährlich wiederholte und die sie bei ihrem Aufenthalt in Karlsbad 1892 kennengelernt hatte. Wegen ihres Untergewichts (ihr Gewicht von 50 kg empfand sie selbst freilich als zu hoch!) war diese Kur jedoch völlig untauglich und gesundheitsgefährdend. Elisabeth brachte damit ihre Ärzte und ihren Ehemann zur Verzweiflung.

Der Kaiser nutzte die Zeit in Cap Martin, um Queen Viktoria in Nizza im Hotel Cimiez einen Besuch abzustatten. In Menton traf er sich mit dem neugewählten Präsidenten der französischen Republik, mit Felix Fauré, dem reichen Reeder, dem es in seiner kurzen Amtszeit (er starb schon 1899) gelang, ein Bündnis mit Rußland abzuschließen (1897), was bis zum Ausbruch des 1. Weltkrieges halten sollte. Bei seinem Gegenbesuch im Hotel machte Fauré auch die Bekanntschaft Elisabeths.

Am 19. Januar 1897 traf die Kaiserin zu ihrem letzten Aufenthalt in Cap Martin ein. Unter Hinweis auf ihren schlechten Gesundheitszustand versuchte sie den Kaiser von Wien wegzulocken:

> ... Könntest Du nicht heuer auf vier Wochen hierherkommen, da es für meine Gesundheit und Gemütsstimmung so gut wäre? Wie lange bleiben andere Potentanten aus ...! Hoffentlich erhielt die Freundin mein Neujahrstelegramm ohne Hausnummer? Bitte schicke mir die der Nibelungengasse, Gloriettengasse und der „Felizitas". Ich werde sie im Kasino setzen ...[5]

Ob Elisabeth im Kasino mit der erbetenen Zahlenkombination Erfolg hatte, wissen wir nicht. Franz Joseph sorgte sich jedenfalls um seine Gemahlin und schickte erneut seinen Leibarzt, um nach deren Gesundheitszustand zu sehen. Zu ihrer Zer-

Nizza

streuung beorderte der Kaiser auch Erzherzog Franz Salvator mit seiner Gattin Marie Valerie nach Cap Martin. Mit Berichten über Hofbälle und Theateraufführungen hielt Franz Joseph Elisabeth auf dem laufenden und verwies darauf, daß er höchstens drei Wochen von seinem Amt wegbleiben könne. Der am 4. März beginnende Besuch des Kaisers im Jahre 1897 war von der Sorge um die Kaiserin überschattet. Ihr Aussehen und ihre Niedergeschlagenheit machten ihn ganz betroffen. Der preußische Botschafter Fürst Eulenburg überliefert uns in einem Schreiben an Reichskanzler Hohenlohe, wie besorgt der Kaiser um seine Gattin war: „ ... Mir ist wegen der Sorge um die Gesundheit der Kaiserin der ganze Aufenthalt in Cap Martin verdorben worden. Meine Frau war so nervös, daß unser Zusammensein ernstlich gestört war ..."

Elisabeth gefällt es nun nicht mehr in Cap Martin. Es ist ihr zu stark besucht. Sie schleicht sich nun schon durch die Kellerräume des Hotels, um ungesehen in den Park zu entkommen. Schließlich verläßt sie Cap Martin und fährt nach Territet am Genfer See ab.[6]

Nach ihrem Tod errichtete man auf Cap Martin für Elisabeth ein Denkmal in der Form eines Obelisken.

Aix-les-Bains

Die warmen Quellen von „Aquae Gratianae" waren schon den Römern bekannt. Bedeutung erlangte der am See von Bourget gelegene Ort erst um 1800, als die Herzöge von Savoyen das Bad ausbauten. Aix-les-Bains liegt im Herz des alten Savoyens: In der Abtei von Hautecombe am Ufer des Sees wurden bis zur Verlegung der Residenz der Herzöge von Chambéry nach Turin im 16. Jahrhundert die Mitglieder des Hauses Savoyen begraben. Die heute noch bestehenden Badeanlagen wurden 1857 unter König Viktor Emanuel von Sardinien-Piemont begonnen. Wenig später, 1859/60, trat er Savoyen an Frankreich ab als Dank für die Hilfe im Kampf gegen Österreich.

Woher Elisabeth den Hinweis auf Aix-les-Bains bekam, ist nicht geklärt. Möglicherweise aber stammte er von Kaiserin

Monaco

Eugenie, denn sie hat die Einweihung der neuen Badeanlagen im Jahre 1864 miterlebt.

Elisabeth besuchte den Badeort im August und September 1895. Landschaftlich sei er nicht erstklassig gelegen, aber ansonsten ganz hübsch, meinte die Kaiserin zu ihrer Begleiterin Gräfin Sztáray. Gefallen fand Elisabeth an der Umgebung, an den Bergwiesen und den blauen Wassern des Bourget-See.[7] Besonders gut schmeckte der Kaiserin die Milch der Gegend. Daher beauftragte sie die Gräfin Sztáray und ihren Obersthofmeister, für die Schönbrunner Milchwirtschaft eine „gute französische Kuh" zu erwerben. Aus dem nahegelegenen Kloster Chartreuse besorgte man der Kaiserin Likör. Von Aix-les-Bains reiste Elisabeth die Rhone aufwärts zum Genfer See und nach Territet.[8]

Normandie und Atlantikküste

In der Normandie hielt sich Elisabeth nur einmal auf, und zwar vom 31. Juli bis zum 27. September 1875. Sie folgte dabei dem Ratschlag des Leibarztes Widerhofer, der für ihre Tochter Marie Valerie den Aufenthalt in einem Seebad empfohlen hatte. Gegen den Willen des Kaisers setzte sich Elisabeth durch und reiste mit ihrer jüngsten Tochter nach Frankreich. Die normannische Küste war damals in Paris ganz groß in Mode. Zwischen 1858 und 1864 hatte man das Luxusbad Deauville aus dem Boden gestampft, um dem Kurort Baden-Baden Konkurrenz zu machen. Deauville war für die Unternehmer, vor allem für den Herzog von Morny, einem Halbbruder Kaiser Napoleons III., eine sehr lohnenswerte Investition. Mit ihm investierten noch ein Bankier und ein Modearzt. Kaum war das Gelände mit den ersten Hotels fertig, stürzten sich der Pariser Geburts- und Geldadel, Schriftsteller und Künstler auf Deauville. Jeder mußte dort seine eigene Villa haben. 1865 eröffnete man die Pferderennbahn. Pferde spielen ja in der Normandie eine große Rolle. Die berühmte normannische Pferdezucht hat ihr Zentrum in Haras-du-Pin.

Schloß Sassetôt

Elisabeths Reiseziel war 1875 jedoch nicht Deauville, sondern das Schloß Sassetôt-les-Mauconduits. Dieses lag etwa 10 km vom berühmten Seebad und der Bahnstation Fécamp entfernt und zwar etwas im Hinterland, unberührt vom Touristentrubel der Küste. Die Adresse hatte Elisabeth in Wien von einem Vorbesitzer des Schlosses erfahren, der an der französischen Botschaft in Wien beschäftigt war. Der Hofsekretär mietete nun vom jetzigen Besitzer, dem reichen Reeder und Kaffeeimporteur Albert Perquer aus Le Havre, das Schloß an. Es lag in einem alten baumreichen Park und bot ausreichend Gelegenheit zum Reiten, was Franz Joseph sehr bedenklich stimmte, da sich Elisabeths Reitleidenschaft bis zu einem gefährlichen Punkt gesteigert hatte. Immerhin nahm sich Elisabeth Franz Josephs Bedenken so zu Herzen, daß sie vor ihrer Abreise ihr Testament machte.[9] Begleitet wurde Elisabeth neben ihrer Tochter Marie Valerie von einem großen Stab an Dienstmannschaft. Selbst ihre Pferde waren nach Sassetôt transportiert worden. Der große Aufwand, der nun erstmals auf Elisabeths Reisen getrieben wurde, hatte einen für sie erfreulichen Grund: 1875 war Ex-Kaiser Ferdinand, der zugunsten Franz Josephs 1848 abgedankt hatte, kinderlos gestorben. Er hatte sein riesiges Privatvermögen seinem Neffen und Nachfolger vermacht, der nun plötzlich reich war. Das erste, was Franz Joseph tat, war die Erhöhung der Apanage und Witwenrente für seine Frau von 100.000 Gulden auf 300.000 Gulden. Darüber hinaus schenkte er ihr einen Betrag von zwei Millionen Gulden zur persönlichen Verfügung. Die Anwerbung von Dienstpersonal und die Qualität der Hotels und Unterkünfte war nun keine Frage des Geldes mehr.

Erstmals bildete nun das tägliche Baden im Meer einen wesentlichen Teil von Elisabeths Freizeitgestaltung. Zum Baden fuhr man in das 2 Kilometer entfernte an der Küste gelegene Petites Dalles. Dort hatte man eine pavillonartige Badehütte aus Holz gebaut, von der aus ein Gang aus Segeltuch zum Strand führte. Obwohl Elisabeth eine gute Schwimmerin war, strebte sie auch in diesem Punkt nach Perfektion. Daher war ein schwedischer Schwimmlehrer angemietet worden.

Ungebrochen war, wie bei ihren sonstigen Reisen, das Interesse der Kaiserin an Land und Leuten. Sie machte Ausflüge zu den alten Adelssitzen der Umgebung, die nun zumeist in Besitz reicher Bürgerlicher waren. Elisabeths Hofdame Festetics notierte sich in ihrem Tagebuch: „Da treiben jetzt die Demokraten, Republikaner und Parvenus ihr Unwesen. Das ganze Gesindel, das alle Laster des alten Adels hat, aber seine Tugenden nicht."[10] Doch Elisabeth dürfte diese etwas hochmütige Meinung nicht geteilt haben. Sie stand ja der Republik Frankreich weit wohlwollender gegenüber als etwa ihr Ehemann, der mit dieser Reise nicht einverstanden war, da doch die französische Republik einigen der gefährlichsten Anarchisten von Europa Asyl gewähren würde. Außerdem seien die Beziehungen zur jungen Republik Frankreich noch nicht gut genug, daß man einen Staatsbesuch mit all den Sicherheitsmaßnahmen riskieren könnte.[11]

Eine Staatsaffäre machte die französische Zeitung „L'Univers" aus einem von Elisabeths Reitausflügen, als sie über ein bebautes Feld geritten war, was im republikanischen Frankreich natürlich als ein Staatsverbrechen galt. Die österreichische Botschaft in Paris dementierte den Bericht der Zeitung, nach dem die Kaiserin angeblich von Bauern beschimpft worden sei. Doch war der Vorfall nicht aus der Luft gegriffen. An Franz Joseph schrieb Elisabeth darüber:

Die Leute sind hierzulande so frech und unartig, liefen mir auch gestern so nach, daß ich gleich zu Wagen nach Fécamp fuhr und von dort zu Wasser wieder hieher. Auch beim Reiten hatte ich schon öfters Unannehmlichkeiten, auf den Straßen und in den Dörfern sind Kinder, Kutscher, alle bemüht, die Pferde zu schrecken, reitet man in die Felder, natürlich, wo kein Schaden gemacht werden kann, so sind die Bauern furchtbar grob. Eigentlich habe ich keine große Lust, nach Paris zu gehen, aber Nopcsa [Obersthofmeister] fürchtet, das könnte einen schlechten Eindruck machen. Was meinst Du?[12]

Aus England ließ die Kaiserin den Reitlehrer Allen anreisen, der bereits im vorausgegangen Jahr in ihren Diensten stand. Allen war ein waghalsiger Reiter, der aus den Tieren das letzte herausholte. Im Schloßpark ließ man nun einen Parcours aufbauen, den die Kaiserin häufig nutzte. Als am 11. September Elisabeth mit einem neuen Pferd ritt, stürzte sie und blieb mit einer Gehirnerschütterung besinnungslos liegen. Die Befürchtungen des Kaisers schienen sich zu bewahrheiten. Die Meldung über den kaiserlichen Reitunfall ging durch die Weltpresse. Später hat dieser Reitunfall noch ein absurdes Nachspiel gehabt, als eine gewisse Gräfin Zanardi Landi 1914 in einem Buch behauptete, der Reitunfall sei nur vorgetäuscht gewesen, weil Elisabeth damals ein Kind zur Welt gebracht habe, nämlich sie, die Gräfin Zanardi.

Paris

Die Normandie und Sassetôt verließ Elisabeth am 27. September 1875 mit dem Ziel Paris. Diesen Zwischenaufenthalt hatten ihr der Kaiser und der Obersthofmeister Baron Nopcsa dringend nahegelegt. Man wollte vor allem den Präsidenten General MacMahon nicht verärgern, der bei der Reise der Kaiserin in die Normandie Ende Juli vergeblich um eine Audienz im Hofzug gebeten hatte. MacMahon und seiner republikanischen Partei war es im Februar 1875 gelungen, durch eine Verfassungsreform die Republik auf eine sichere Grundlage zu stellen. Nun war es auch für Österreich wichtig, die Beziehungen zu Frankreich zu verbessern. Österreich war vor allem aus wirtschaftlichen Gründen an guten Beziehungen zu der jungen Republik interessiert. Die Franzosen gehörten zu den größten Investoren in der österreichischen Monarchie, besonders auch in Ungarn!

So machte also Elisabeth bei ihrem Rückweg von der Normandie nicht zuletzt auch aus politischen Gründen in Paris Station. Doch ihr Interesse an der Stadt war so groß, daß sie keiner politischen Begründung mehr für ihren Aufenthalt bedurfte. Eine Einladung, im Elysée-Palast Quartier zu nehmen, schlug sie aus. Sie mietete sich stattdessen im Hôtel du Rhin an der Place Vendôme ein. Zusammen mit ihrer Hofdame Marie Festetics und ihrer Tochter Marie Valerie besuchte Elisabeth die Stadt. Sie besichtigte den Louvre und die Gruft Napoleons I. (1869–1821) im Invalidendom. Der 4 m lange und 2 m breite und 4,5 m hohe Sarkophag, der die 1840 aus St. Helena hierher überführte Asche des Kaisers enthält, ist aus fünf Blöcken rotbraunen finnländischen Porphyrs gearbeitet. Als man Elisabeth den Porphyrsarkophag Napoleons zeigte, kniete sie davor nieder und sagte: „Wenn die Menschen etwas recht Beißendes äußern wollen, sagen sie, Napoleon war groß, aber gar so rücksichtslos; ich denke immer dabei, das sind gar viele Menschen, ohne dabei groß zu sein. Zum Beispiel auch ich."[13]

Bei ihrem Aufenthalt in Paris besichtigte Elisabeth unermüdlich Museen, Paläste, Schlösser und Gärten. Und am 29. September besuchte sie die Kapelle St. Ferdinand in Neuilly, wo 1842 der Sohn des Bürgerkönigs Louis Philippe von Orléans, Thronfolger Herzog Ferdinand, im Alter von 32 Jahren tödlich verunglückt war: „Da sieht man", meinte sie, „daß gerade das geschieht, was einem Gott bestimmt. Er fuhr ruhig spazieren, wer hätte gedacht, daß er die Schwelle seines Hauses lebend nicht mehr überschreiten werde. Ihr wollt, ich sollte nicht mehr reiten; ob ich es tue oder nicht, ich werde so sterben, wie es mir bestimmt ist."[14]

Bereits am gleichen Tag übersprang Elisabeth bei ihrem Ausritt im Bois de Boulogne wieder Barrieren.

Korsika

Korsika besuchte Kaiserin Elisabeth zuerst im Herbst 1890, als sie von Algier kommend, auf Marseille zusteuerte. Besichtigt wurde in Ajaccio Napoleons Geburtshaus. Ein zweites Mal, vielleicht angeregt durch ihre Begegnung mit Kaiserin Eugenie, machte Elisabeth im März 1895 Station in Korsika, als sie von Cap Martin aus nach Korfu fuhr. Elisabeth hatte am 1. März Cap Martin verlassen und landete mit ihrem Schiff Miramar am 2. März in Ajaccio. Bezeichnend ist die „stürmische" Art, mit der Elisabeth auch diese Besichtigungsreise durchführte: Auf dem Programm stand das Bergdorf Pozzo di

An den Seine-Ufern von Paris

Borgo, in dem sich Napoleon III. ein Schloß aus den Trümmern der zerstörten Tuilerien hatte bauen lassen. Während die Begleitung den Weg mit dem Wagen zurücklegte, ging Elisabeth zu Fuß hinauf. Der Abstieg gestaltete sich sehr mühsam, da ein Sturm aufkam. Um nicht von den Windböen weggerissen zu werden, mußte sich die Kaiserin manchmal niederknien.

Schweiz

Zur Geschichte

„Mir ist wohl, daß ich ein Land kenne wie die Schweiz – hab ich doch immer dort einen Zufluchtsort". Dieser Ausspruch Goethes spiegelt die Ansicht vieler Menschen des 18. und 19. Jahrhunderts wieder. Auch für Elisabeth war die Schweiz, besonders am Ende ihres Lebens, nicht nur touristisches Ziel, sondern ein Land, in dem sie sich mehr zuhause fühlte als in Wien. Das hängt natürlich damit zusammen, daß sie die Republik als die Staatsform der Zukunft ansah. Gleichzeitig schätzte sie das Kosmopolitische der Schweiz, insbesondere des Genfer Sees.

So wurde auch für Elisabeth die Schweiz, die älteste Republik der Welt, eine Insel der Zuflucht. Die historische Sonderstellung der Schweiz innerhalb Europas, umringt von oft feindseligen Monarchien, beruhte nicht zuletzt auch auf seiner geographischen Lage, auf seiner Funktion als Land der Pässe und des Verkehrs. Schon im 13. Jahrhundert wurde der Gotthardpaß eröffnet, der sich zu einen der wichtigsten Handels- und Reisewege zwischen dem Norden und dem Süden Europas entwickeln sollte. Die an dieser Straße liegenden Urkantone Uri und Schwyz erhielten von Kaiser Friedrich II. verbriefte Privilegien und die Reichsfreiheit, Rechte, die ihnen später von den Habsburgern bestritten wurden. Als der deutsche König Rudolf von Habsburg, der Graf von Habsburg (1273–1291) versuchte, die Kantone seinem Hausbesitz einzuverleiben und Vögte als Verwalter einsetzte, widersetzten sich die Urkantone und schlossen 1291 den „ewigen Bund", die „Eidgenossenschaft". Mit diesem ersten Bund ist auch die historisch nicht belegbare Figur des Wilhelm Tell verbunden. Mit dem „ewigen Bund" von 1291 verschärften sich für die

Eidgenossen die Auseinandersetzungen mit dem Haus Habsburg, dem sie in den Schlachten von Morgarten 1315 und Sempach 1386 schwere Niederlagen zufügten. Doch erst um 1500 gaben die Habsburger endgültig die Schweiz verloren.

1476 und 1477 gelang es den Schweizern sogar, die eingedrungenen Burgunder unter Herzog Karl dem Kühnen vernichtend zu schlagen. Die Schweizer Söldner gewannen in Europa einen legendären Ruf und das „Reislaufen", der Kriegsdienst in der Fremde, gehörte bis ins 19. Jahrhundert zu einer der wichtigsten Einnahmequellen der Schweiz. Die Schweizer Garde im Vatikan erinnert noch heute an dieses „Reislaufen". Bis ins 16. Jahrhundert trieben die Schweizer auch eine erfolgreiche „Kolonialpolitik", indem sie im Süden Italienisch und Französisch sprechende „Untertanengebiete" eroberten, darunter etwa auch das Gebiet am Genfer See, das von Bern einverleibt wurde. Im Westfälischen Frieden von 1648 ließ sich die Eidgenossenschaft bestätigen, daß sie nicht mehr zum Deutschen Reich gehörte. Nach einem revolutionären Zwischenspiel erhielt die Schweiz auf dem Wiener Kongreß 1815 ihre heutige Gestalt und bekam die Zusicherung dauernder Neutralität. Diese Neutralität nach außen war nicht zuletzt bedingt durch die inneren Zwistigkeiten zwischen katholischen und protestantischen Kantonen, die dann im Sonderbundskrieg von 1847 zum Ausbruch kamen. In der Folgezeit entwickelte sich die Schweiz zu einem der Hauptziele des anwachsenden Tourismus, blieb aber, wie schon früher, Zufluchtsort von politischen Flüchtlingen. Viele der nach 1848/49 aus Deutschland geflohenen Revolutionäre fanden in der Schweiz Zuflucht.

Die Schweiz, auf die Elisabeth traf, war nicht nur Zufluchtsort von vertriebenen Politikern, sondern bereits auch der Ort internationaler Diplomatie, offener wie geheimer. Hier auf neutralem Boden hatten und haben die Mächte die Möglichkeit, diskret Probleme zu lösen. Bezeichnenderweise finden sich in der Schweiz auch die Anfänge internationaler Organisationen. Hier residiert das Internationale Rote Kreuz und der Internationale Postverein. Für Elisabeth war die Schweiz der Staat der Zukunft. Sie investierte in der Schweiz nicht nur Teile ihres Privatvermögens, sondern sie wollte dort auch ihren literarischen Nachlaß verwahrt wissen. Eineinhalb Jahre nach dem Tod ihres Sohnes Rudolf schloß sie ein Manuskript und mehrere private Druckausgaben ihrer Gedichte in eine Kassette, versiegelte sie und verfügte, daß diese im Jahre 1950 an den Präsidenten der Schweizer Eidgenossenschaft zu übergeben sei. Ihr Vertrauen in die Beständigkeit der Schweizer Demokratie war groß und – richtig. Freilich konnte die Schweiz mit den Gedichten der Kaiserin nicht viel anfangen und übergab sie schließlich der Historikerin Brigitte Hamann, die sie edierte.

Zürich – Bern – Schaffhausen

Die Städte Zürich, Bern und Schaffhausen hat Elisabeth zwar vor allem als Durchreise- und Umsteigestationen kennengelernt, in denen sie jeweils nur kurz übernachtete, aber sie hat die Aufenthalte immer auch zu Besichtigungen genutzt.

Zürich war der erste Ort in der Schweiz, den Elisabeth kennenlernte. In der zweiten Hälfte des 19. Jahrhunderts war die Stadt unbestritten das wirtschaftliche Zentrum der Schweiz und es galt mehr denn je der Spruch von 1692 : „Wem Gott in der Eidgenossenschaft wol wil, dem gibt er ein Hauß zu Zürich". In der Stadt, in herrlicher Lage am Zürichersee und an der Limmat, war schon damals die Bahnhofsstraße der Treffpunkt der reichen und feinen Welt, doch war Zürich immer auch eine Stadt der Menschenfreunde und Literaten. Von dem strengen Huldreich Zwingli (1484–1531), dem kämpferischen Reformator der Stadt, spannt sich der Bogen der großen Züricher von dem großen Pädagogen Johann Heinrich Pestalozzi (1746–1827) bis zu den beiden Zeitgenossen Elisabeths, den Schriftstellern Gottfried Keller (1819–1890) und Conrad Ferdinand Meyer (1825–98).

Der Anlaß für den ersten Besuch Elisabeths in Zürich war rein familiärer Art. Er galt ihrer Schwester Mathilde, Gräfin von Trani, die dort am 15. Januar 1867 eine Tochter zur Welt gebracht hatte. Elisabeth traf am 24. Januar 1867 in Zürich ein, nachdem sie vorher in München der Verlobung ihrer Schwester Sophie mit König Ludwig II. beigewohnt hatte. Elisabeth wurde auf ihrer Reise nach Zürich von ihrem Hofmeister Graf Königsegg und anderen Bediensteten begleitet. Als „Gräfin von Hohenembs" logierte sie im Hotel „Baur au Lac", das man trotz Wintersaison für sie geöffnet hatte. Gleich nach der Ankunft besuchte sie ihre Schwester. Diese wohnte mit ihrem Mann Ludwig Graf von Trani, den sie 1861 geheiratet hatte, um diese Zeit zur Miete im „Venedigli", einer Dependance des Hotels Baur au Lac. Elisabeth blieb bis zum 8. Februar und kehrte dann nach Wien zurück. Schon im August kam sie wieder nach Zürich, um sich dort mit den „italienischen" Schwestern Mathilde, Gräfin Trani und Marie, Königin von Neapel, zu treffen. Wegen der Cholera verließen die Schwestern jedoch bald wieder die Stadt. Nun sollte es bis zum Jahre 1892 dauern, bis Elisabeth wieder nach Zürich kam. Am 31. August quartierte sie sich in dem ihr vertrauten Hotel Baur au Lac ein, um am nächsten Tag nach Luzern weiterzufahren. Inzwischen war die Züricher Bahnhofsstraße bis zum See fertig gebaut (1888). Am Ende ihrer Schweizreise wohnte sie am 23. September 1892 wiederum in Zürich im Hotel Baur au Lac, diesmal unter dem Namen „Madame de Tolna". Einen ganz kurzen Frühstücksaufenthalt im gleichen Hotel machte Elisabeth noch einmal im September 1895.

Eher zufällig ist der Aufenthalt Elisabeths in *Schaffhausen* im Jahre 1867. Da – wie berichtet – im August während ihres Besuchs bei den Schwestern in Zürich eine Choleraepidemie ausgebrochen war, fuhren die drei Anfang September weiter nach Schaffhausen, wo sie inkognito im Hotel „Schweizerhof" am Rheinfall logierten. Das Hotel Schweizerhof war dank der Bemühungen des Besitzers Franz Wegenstein zu einem der bevorzugten Aufenthalte der vornehmen Schweiztouristen geworden. Wegenstein legte um sein Hotel Parkanlagen und Waldwege an und ließ auf seine Kosten einen Weg vom Bahnhof zum Hotel bauen.

Da Elisabeth wie auch an anderen Aufenthaltsorten Wert auf eine separate Meßfeier legte, machte sie die Bekanntschaft des letzten Abtes des 1862 aufgelösten Klosters Rheinau, dem sie später von Wien aus noch ein wertvolles Kreuz als Erinnerung schicken ließ. In Schaffhausen konnte sie die malerische Altstadt und das berühmte ehemalige Benediktinerkloster Allerheiligen besichtigen. Eine besondere Sehenswürdigkeit aus dem Klosterschatz, die man Fremden gerne vorzeigte, war der berühmte „Onyx" von Schaffhausen, eine römische Gemme aus dem 1. Jahrhundert nach Christus mit kostbarer Goldfassung aus dem 13. Jahrhundert. Am 12. September besuchte sie der Kaiser in Schaffhausen, der dann mit ihr tags darauf über Winterthur, Romanshorn, Lindau nach Wien zurückfuhr.

Nach *Bern* kam Elisabeth zum ersten Mal im Jahre 1892 auf dem Rückweg von Interlaken. Sie besuchte zu Fuß das Haus des Bundesrats und die Plattform, das Schänzli und den Bärengraben. Begleitet wurde sie von einer Ehrendame, einem Kammerherren und zwei Bediensteten. Wenn man bedenkt, daß 1890 Elisabeth ihren poetischen Nachlaß dem Schweizer Bundespräsidenten zu treuen Händen vermachte, so ist ihr damaliger Besuch in der Bundeshauptstadt und ihr Interesse am Schweizer Bundeshaus nicht ohne Bedeutung. Der monumentale Bundespalast, der Sitz des Schweizer Bundesrats, hoch über der Aare, wurde erst 1902 vollendet, war also beim Besuch Elisabeths noch im Bau. Der Blick von oben auf das Tal der Aare, die sich um die Altstadt schlingt sowie die Altstadt selbst, haben sich bis heute wenig verändert. Berühmt ist die Altstadt von Bern für seine Brunnen und für seine Lauben. Für die unermüdliche und begeisterte Spaziergängerin Elisabeth dürften die schützenden und kühlenden Lauben Berns ebenso angenehm gewesen sein wie für die heutigen Besucher.

Die schönen Brunnen in Bern stammen fast alle aus dem 16. Jahrhundert und sind von reichen Patriziern gestiftet. Das Berner Münster ist von Matthäus Ensinger, dem Architekten des Ulmer Münsters, 1421 begonnen worden. Die Ähnlichkeit beider Kirchen ist also nicht zufällig. Der 100 m hohe Turm wurde im Jahre 1893, also ein Jahr nach Elisabeths Besuch vollendet.

Zum Muß einer jeden Bernbesichtigung, auch einer so kurzen wie der von Elisabeth, gehört der Bärengraben. Seit 1480 halten die Berner ihre Wappentiere im Stadtgraben. Die Sage berichtet, daß bei der Gründung der Stadt durch Herzog

Berchthold von Zähringen im Jahre 1191 dieser hier einen Bären gefangen habe, nach dem die Stadt genannt wurde. Unter diesem Wappentier entwickelte sich die Stadt zu einer der mächtigsten Städte der Eidgenossenschaft, die sich u. a. das Französisch sprachige Waadtland und das Juragebiet als Untertanenland hielt. Das ungebrochene Selbstbewußtsein der Berner spiegelt der alte Spruch wider:

O Wunder über Wunder,
Wie hat doch Gott ganz bsunder
Den Bär und syni Sprossen
Mit Wysheit übergossen

Luzern – Interlaken

Das klassische Ziel aller Schweiz-Reisenden im 19. Jahrhundert war Luzern und der Vierwaldstätter See. Luzern liegt am Ausfluß der Reuß gegenüber den Aussichtsbergen Rigi und Bürgenstock. Im Süden wird die Stadt von ihrem Hausberg, dem Pilatus, überragt.

Die wirtschaftliche Entwicklung der Stadt Luzern im Mittelalter war vor allem durch die Lage an der Gotthardstraße bestimmt. Der Handel machte den Ort reich. Seit 1332 war die Stadt Mitglied der Eidgenossenschaft. Im 16. Jahrhundert blieb Luzern katholisch und wurde bald das Zentrum der Gegenreformation in der Schweiz. Die Jesuiten errichteten hier 1574 ihr erstes Kolleg in der deutschsprachigen Schweiz. 1601 bis 1873 war die Stadt Sitz eines päpstlichen Nuntius. An die guten Verbindungen zwischen Vatikan und Luzern erinnert heute noch die Schweizergarde des Vatikans, die sich vor allem aus Freiwilligen aus Luzern rekrutiert. Das Löwendenkmal von Luzern, das nach den Entwürfen des dänischen Bildhauers Berthel Thorwaldsen direkt aus der Felswand gehauen ist, ist ein Zeugnis dafür, daß Schweizer Söldner früher in ganz Europa gefragt waren: Es stellt ein Ehrenmal für die 800 Schweizergardisten des französischen Königs dar, die 1792 während der französischen Revolution bei der Verteidigung der Tuilerien ums Leben kamen.

Eisenbahnstation und Hotel Kaltbad auf dem Rigi

Die Stadt hat sich noch viel von ihrem mittelalterlichen Charakter gewahrt. Ihr Wahrzeichen ist die malerische hölzerne Kapellbrücke über die Reuß. Sie ist 200 m lang und wurde schon 1133 gebaut. An die Brücke angelehnt steht im Fluß der alte achteckige Leuchtturm (von dem die Stadt ihren Namen haben soll: lateinisch lucerna = Leuchtturm), der schon als Schatzkammer, Gefängnis, Folterkammer und Archiv gedient hat.

Im 19. Jahrhundert reagierte man auch in Luzern auf den steigenden Fremdenverkehr durch den Neubau großer Hotels und durch die Anlage von Uferpromenaden (Schweizerhofquai, Nationalquai).

Der bekannteste Aussichtsberg in der Nähe Luzerns ist der Rigi, der weniger ein Berg ist als vielmehr ein umfangreiches Massiv mit 50 km Länge. Die Besonderheit des Rigis ist nicht seine Höhe – der höchste Punkt, Rigi-Kulm, mißt 1797 m – sondern die Isoliertheit seiner Lage, was den Rigi zum ersten Aussichtsberg der Schweiz machte. Seit der Eröffnung des ersten Kulm-Gasthauses 1816 gehörte es zum guten Ton eines jeden Schweizreisenden, auf dem Berg zu übernachten, um den Sonnenaufgang zu erleben. 1869–1872 wurde die erste Zahnradbahn der Welt von Vitznau auf den Rigi gebaut. 1875 eröffnete man die Arth-Rigi-Bahn. Von der Endstation mit dem Hotel Rigi-Kulm sind es noch 15 Minuten bis zum Gipfel, der eine überragende Aussicht auf die Säntisgruppe, die Berner Alpen, die Berge von Glarus und Uri und auf den Titlis gewährt. Das Bergmassiv ist durch viele Wanderwege erschlossen. Auf halbem Weg liegen in geschützten Mulden die Hotelsiedlungen Rigi-Kaltbad und Rigi-Klösterli.

Ihren ersten und einzigen Besuch in Luzern machte Kaiserin Elisabeth von Zürich kommend am 6. September 1892. Sie wanderte 9 Stunden lang durch die Stadt und am nächsten Tag fuhr sie weiter nach Rigi-Kaltbad ins Hotel Bellevue. Dort mietete sie sich mit 11 Personen unter dem Namen Frau von Tolna ein, blieb aber nur bis 9. September. In Luzern wandelte die Kaiserin im übrigen auf den Spuren eines anderen unruhigen Geistes ihrer Zeit, dessen Reiserouten sich mit der Kaiserin nicht selten kreuzten. Gemeint ist der Komponist Richard

Wagner, der von 1866 bis 1872 als Gast der Familie Wesendonk in Tribschen, einem Vorort von Luzern, weilte. Es hätte nicht viel gefehlt, und Wagner hätte hier sein Festspielhaus bauen lassen.

Von Luzern aus fuhr die Kaiserin weiter nach Interlaken, wo sie im Hotel „Jungfraublick" abstieg. Der lateinische Name „inter lacus" (= zwischen den Seen) bezeichnet die Lage des Orts zwischen dem Brienzersee und dem Thunersee, die früher ein Seebecken gebildet haben und heute durch die Aare verbunden werden, die durch Interlaken fließt. In Interlaken wurde 1180 ein Doppelkloster für Männer und Frauen gegründet, das der größte Grundbesitzer im Berner Oberland war und schließlich 1528 der Reformation zum Opfer fiel.

Im 19. Jahrhundert entwickelte sich Interlaken zum international bekannten Kurort und Fremdenverkehrszentrum des Berner Oberlands. Berühmt ist die Promenade, der „Höheweg", von dem man eine schöne Aussicht auf den 4158 m hohen Gletschergipfel der „Jungfrau" hat, die sich über dem Einschnitt des Lütschinentals erhebt. „Hier promenieren Hochstapler und Dandies, alte Ladies und amerikanische Farmer, Ölscheiche und Filmstars und die Inderin mit dem Sari zufällig neben dem Sennen von der Wengeralp." Diese Schilderung von heute gilt auch viceversa für das 19. Jahrhundert. Was die Touristen von damals anzog, war natürlich das Bergerlebnis, vor allem die Fahrt ins Lauterbrunnental mit dem Blick auf die eisstarrende „Jungfrau". Im Jahre 1880, also etwa zehn Jahre vor Elisabeth, besuchte der amerikanische Schriftsteller Mark Twain auf seiner Europareise Interlaken und schilderte dabei den Blick auf die „Jungfrau": „In ihrer stillen, ernsten und schrecklichen Gegenwart lag etwas Überwältigendes; es war, als stände man dem Unveränderlichen, dem Unzerstörbaren, dem Ewigen von Angesicht zu Angesicht gegenüber und fühlt im Gegensatz dazu das Oberflächliche und Flüchtige der eigenen Existenz um so deutlicher. Man hatte den Eindruck, unter dem abschätzenden Blick eines Naturgeistes zu stehen, nicht einer fühllosen Masse von Fels und Eis – eines Geistes, der im langsamen Dahinströmen der Zeit schon Millionen vergangener Generationen gesehen und eingeschätzt hatte und der noch über weitere Millionen sein Urteil fällen und immer noch stehen würde, unverändert und unveränderlich, bis alles Leben erloschen und die Erde eine öde Wüste ist." Von Dichtern besungen wird auch der berühmte Wasserfall im Lauterbrunnental. Lord Byron schrieb in sein Tagebuch: „Der Fall schwingt sich über den Felsen wie der Schweif eines weißen Rosses, der im Winde flattert; man vergleicht ihn in Gedanken mit dem des „weißen Rosses", auf dem in der Apokalypse der Tod reitet. Es ist weder Nebel noch Wasser – vielmehr ein Drittes zwischen beiden; seine unermeßliche Höhe bewirkt, daß es weht und schwingt, sich hier verbreiternd, dort verdichtend, wunderbar und unbeschreiblich." Und auch Goethe wurde durch den Fall zu einem seiner tiefsten Gedichte inspiriert, dem „Gesang der Geister über den Wassern".

Montreux – Territet – Caux

Die Riviera des Genfer Sees und ihre Geschichte

Montreux im Kanton Waadt, an der „Waadtländer Riviera" des Genfer Sees gelegen, galt schon im 19. Jahrhundert als das „schweizerische Nizza", ein Kurort, der mit einer mittleren Jahrestemperatur von 10 Grad Celsius besonders von Rekonvaleszenten im Herbst und Winter besucht wurde. Im Winter sinken die Temperaturen selten unter 0 Grad, so daß die Vegetation schon ganz südländisch ist. Besonders üppig gedeihen Rosen, und am Seeufer findet man neben Feigen- und Mandelbäumen auch Oleander, Magnolien, Pinien, Zypressen und selbst Palmen. Der Weinbau wird über dem See bis zu einer Meereshöhe von 600 m betrieben. Im 19. Jahrhundert erlebte der Ort seine Blütezeit. Besonders beliebt war der Ort bei den Engländern. Berühmte Dichter wie Byron und Shelley besuchten Montreux. Die prachtvollen Hotelbauten aus der zweiten Hälfte des 19. Jahrhunderts, die heute vielfach anderen Zwecken dienen, erinnern an die große Zeit des Ortes. Inzwischen sind die früher selbständigen Uferorte Territet,

Vegetation an Genfer See

Montreux und Clarens vollständig zusammengewachsen und in der neuen Großgemeinde Montreux aufgegangen. 1881 wurde in Montreux ein Kurhaus für Theater und Konzert gebaut. Gefördert wurde die Entwicklung des Ortes durch die günstige Verkehrslage an der Eisenbahn Genf–St. Maurice.

Durch die Zahnradbahn, die von Montreux über Glion (689 m) auf die Rochers de Naye (2042) führt, ist das auf 1050 m liegende Caux erreichbar. Der Abschnitt Glion-Caux der Zahnradbahn wurde 1892 eröffnet, wenig später begann man mit der Errichtung eines schloßähnlichen Hotelbaus, einem der großzügigsten der Schweiz. Im Juli 1893 wurde das Hotel, das von einer weitläufigen Parkanlage umgeben war, eröffnet. 1897 legte man für die Wintersportgäste vor dem Hotel einen Eislaufplatz und eine Schlittenbahn an. Später ist das Hotel in Caux als Tagungsort der Weltkonferenz der von dem Amerikaner Frank Buchmann (1878–1961) begründeten Bewegung der „Moralischen Aufrüstung“ bekanntgeworden, die nichts weniger als die Erneuerung der Welt zum Ziel hatte und gegen Rassenhaß, Klassenkampf, Atheismus, Materialismus und Kommunismus kämpfte. – Der Gipfel der Rochers de Naye (2042 m) bietet einen einzigartigen Rundblick über den Genfer See, die Walliser und Berner Alpen, Savoyen und den Jura. Der Gipfel ist von der Bahnstation Naye in 10 Gehminuten erreichbar. In deren Nähe liegt Europas höchster Alpenblumengarten.

In der Nähe von Territet befindet sich das berühmte Schloß Chillon. Die Insellage, das malerische Aussehen, der gute Erhaltungszustand und seine geheimnisvolle, oft beschriebene Geschichte machen Chillon zu einer der berühmtesten Burgen Europas. Wegen des hier vorhandenen Engpasses zwischen dem See und dem steil ansteigenden Gelände besitzt die Burg eine Schlüsselstellung für die Route am rechten Ufer des Genfer Sees Richtung Großer St. Bernhard. Ursprünglich im Besitz des Bischofs von Sitten, bringen die Herzöge von Savoyen im 13. Jahrhundert die Burg in ihren Besitz. 1536 kam sie mit dem ganzen Waadtland an Bern und wurde Sitz eines Landvogts. Traurige Berühmtheit erlangte Chillon besonders als Gefängnis. 1816 schrieb Lord Byron das berühmte Gedicht „The Prisoner of Chillon", dessen tragischer Held François Bonivard (1496–1570), der zur Reformation übergetretene Prior von St. Victor in Genf, 1530 von den Herzögen von Savoyen hier eingekerkert wurde, weil er die Reformation in Genf begünstigt hatte. 1536 wurde er von den Bernern aus seiner Kerkerhaft befreit. Das Gedicht Byrons, das die geschichtliche Wahrheit sehr verzerrt, begründete den Ruhm Chillons, besonders bei den Engländern.

Elisabeth und der Genfer See

Die Schweiz kannte Elisabeth zwar schon seit einem kurzen Besuch von Zürich und Schaffhausen im Jahre 1867; näher lernte sie das Land erst bei ihrem Aufenthalt 1892 kennen, als sie den Vierwaldstätter See, Luzern und Interlaken besuchte. Nun wollte sie gleich im nächsten Jahr 1893 – wohl nach Rücksprache mit dem Kaiser – die „Riviera" am Genfer See um Montreux aufzusuchen.

Für Ende Februar 1893 hatte Oberststallmeister (später Obersthofmeister) Prinz Liechtenstein das 1. Stockwerk des „Grand Hotel" Territet gemietet, ohne anzugeben, für wen. Schließlich traf dort Elisabeth mit einigem Gefolge ein und ließ sich als „Gräfin von Hohenems" ins Gästebuch eintragen. Am 28. Februar folgte Franz Joseph als „Graf von Hohenems" und blieb dort bis zum 19. März. Die Kaiserin bewohnte zwei Zimmer, der Kaiser drei Zimmer. Vorher hatten in diesem Teil des Hotels schon andere gekrönte Häupter genächtigt, etwa die Kaiserin Augusta, die Mutter Kaiser Wilhelms II. Erst später wurde im Ort bekannt, wer sich einquartiert hatte. Damals besuchte Elisabeth auch zum ersten Mal Genf und machte Bootsausflüge auf dem Genfer See. Da die Zahnradbahn von Montreux über Glion nach Caux schon fertiggestellt war, konnte man problemlos auf das Plateau von Caux hinauffahren, wo man gerade dabei war, das Grand Hotel zu bauen, das dann 1898 von Elisabeth bewohnt wurde. Der Tag in Territet begann für Elisabeth in der Regel mit einem Spaziergang in die Höhen. Sie wanderte hinauf nach Montfleury, wo auch ein Hotel stand. Der Weg führte daran vorbei zu einem von ihr entdeckten verschwiegenen Plätzchen, von dem aus man einen schönen Blick auf die Schlucht von Veutaux, auf den See und auf die Berge hatte. Nach diesem Spaziergang nahm sie dann mit ihrem Mann das Frühstück ein. Zusammen mit ihm machte sie auch Ausflüge nach Chillon und nach Clarens. Beide Orte waren mit dem Andenken an Lord Byron verbunden. Deswegen war das Hotel Territet vor allem von Engländern belegt, die nicht selten mit Byrons Werken in der Hand ihre Wanderungen machten.

Als dann im Laufe des Aufenthalts die Wanderungen des Kaiserpaars insbesondere auf Drängen Elisabeths immer alpiner wurden, ließ man sich von dem ortskundigen Forsthüter Auguste Dufaux begleiten. Dufaux mußte Elisabeth als Gräfin von Montreux ausgeben, wenn er in Geschäften oder anderswo auf die hohe Gesellschaft angesprochen wurde.

Im Anschluß an ihre Kur in Aix-les-Bains logierte Elisabeth dann wieder im September 1895 für einige Tage im Grand Hotel Territet, um dann nach Zürich und Österreich weiterzufahren. Sie war des Lobes voll über Territet. Zur Gräfin Sztáray meinte sie: „Es freut mich, daß mein begeistertes Lob dieses Ortes den Eindruck nicht beeinträchtigt hat. Man muß mit dem Lobe vorsichtig sein, weil wir die Erwartung aufs höchste spannen und diese dann durch die schönste Wirklichkeit nicht befriedigt werden kann. Dies habe ich bei Menschen, die noch wenig gereist sind, oft erfahren." Erstmals fuhr Elisabeth mit der Zahnradbahn hinauf auf den 2040 m hohen Rochers de Naye.

Im Frühjahr 1897 hielt sich Elisabeth erneut in Territet auf und im März 1898 kam sie wieder. Die Zimmer waren kalt, und draußen schneite es. Doch die Kaiserin ließ sich nicht vom Bergsteigen abhalten. Der griechische Vorleser Barker, der sie begleitete, beschwor den Kaiser, „er soll die Kaiserin innig bitten, das beständige Beanspruchen des geschwächten Körpers aufzugeben und sich nicht systematisch zugrunde zu richten"[1]. Da sich das Wetter nicht besserte, reiste Elisabeth im Mai nach Kissingen. Ende August kam sie nach ihrer Kur in Nauheim erneut an den Genfer See.

Elisabeth traf am 30sten in Territet ein, blieb aber diesmal

Schloß Chillon

nicht im dortigen Grand Hotel, sondern logierte nun erstmals in dem 1893 eröffneten Grand Hotel Caux[2], das auf einer Terrasse hoch über dem See lag. Dort oben gab es ideale Wandermöglichkeiten. Wenige Meter hinter dem Hotel befand man sich in ländlicher Bergeinsamkeit. Jeden Morgen zwischen 10 und 11 Uhr ging Elisabeth in einen nahegelegene Bauernhof, dem Chalet Fornerod, um dort ihre Milch zu trinken und um ein frisches Ei auszuschlürfen, das erst aus dem Hühnerstall geholt wurde. Die Kaiserin fühlte sich in dieser Umgebung sehr wohl. Ihre Begleiterin, Gräfin Sztáray schrieb in ihr Tagebuch: „Die Kaiserin liebt Caux über alles in der Welt".[3] Am 3. September 1898 fuhr man mit der Zahnradbahn zu den Rochers de Naye hinauf. Zwei Tage später folgte ein Ausflug nach Evian, das auf dem französischen Südufer des Genfer Sees liegt: Gräfin Sztáray notierte in ihrem Tagebuch:

> Bis Territet brachte uns die Bahn, dort bestiegen wir das Schiff. Obwohl es von Reisenden überfüllt war, blieb Ihre Majestät unerkannt. Das bot ihr manchmal eine Unterhaltung ohne daß sie dabei im geringsten geniert war. In Ouchy hielt das Schiff ungefähr 25 Minuten, hier stiegen wir aus, ließen uns im Schatten auf einer Bank nieder und löschten unseren Durst mit frischem Obste. Auf dem Heimweg von Evian besprachen wir unsere weiteren Ausflüge. Namentlich sprachen wir viel von Pregny und dem Besuch bei Baronin Rothschild.[4]

Erinnerungen an Elisabeth

Am Ufer des Genfer Sees in Montreux-Territet, in der Nähe des ehemaligen Grand Hotels Territet, das heute ein Wohn- und Geschäftshaus ist, steht in einer Parkanlage ein Denkmal der Kaiserin Elisabeth. Die Inschrift lautet: „In Erinnerung an die zahlreichen Aufenthalte der Kaiserin Elisabeth von Österreich in Montreux". Das von dem aus Lugano stammenden Bildhauer Antonio Chiattone gestaltete Denkmal ist eines der ersten und schönsten Elisabeth-Denkmäler in Europa. Das Denkmalskomitee in Montreux wählte bereits am 3. August 1899 unter den eingereichten Entwürfen den Entwurf Chiattones aus. Das aus Carrara-Marmor gestaltete Denkmal zeigt eine aufwendig bekleidete Elisabeth in Lebensgröße, die wehmütig sinnend auf den See hinaus blickt. Mit der rechten Hand stützt sie sich auf einen Baumstamm, in der linken Hand hält sie ein Buch. Die Enthüllung des Denkmals dürfte im Frühjahr 1900 stattgefunden haben.[5]

Pregny

Pregny nimmt in der Biographie Elisabeths eine besondere Rolle ein, weil sie dort den letzten Tag ihres Lebens verbrachte. Sie war hierher gekommen, um der Familie Rothschild einen Besuch abzustatten.

Die Villa Rothschild wurde in dominierender Lage über dem Genfer See 1858 bis 1860 von den Engländern Paxton und Stockes für Baron Adolphe de Rothschild im prunkvollen Stil des Second Empire erbaut. Gewächshaus und Nebenbauten sind in den verschiedensten Stilrichtungen gehalten. In Pregny stehen noch zahlreiche andere, freilich weniger auffallende Villen und Schlösser berühmter Persönlichkeiten. Im Schloß Tournay, teilweise noch mit mittelalterlichem Baubestand, wohnte 1758 bis 1760 beispielsweise Voltaire. In der Chemin de l'Impératrice lebte seit 1811 die Exkaiserin Josephine Beauharnais (1763–1714), bis 1809 Gemahlin Napoleons und Mutter des in München begrabenen Eugéne Beauharnais, Vizekönig von Italien und Stammvater der in Bayern residierenden Herzöge von Leuchtenberg. Eugénes Frau, Auguste von Leuchtenberg, war Elisabeths Tante und so wird ihr möglicherweise das Schicksal von Josephine bei ihrem Aufenthalt in Pregny durch den Kopf gegangen sein. Nicht weit von Pregny, in Coppet, hatte im übrigen eine weitere berühmte Frau, die Schriftstellerin Madame des Staël (1766–1817), ihren Wohnsitz.

Sehenswert in Pregny ist auch das Landhaus Le Reposoir, das 1755 von dem hier ansässigen Architekten und Bildhauer Jean Jaquet für die reiche Genfer Familie Pictet erbaut wurde. Der schönste Landsitz auf Genfer Gebiet ist das Landhaus Creux-de-Genthod, das 1723–1733 für Amédée Lullin nach Plänen des berühmten französischen Architekten François Blondel erbaut wurde. Die Familie Lullin, die von der Familie de Saussure beerbt wurde, gehörte zu den reichsten Patrizier- und Bankiersfamilien der Stadt Genf. Die elegante Front des Schlosses ist dem See zugewandt. Ein nach französischem Vorbild gestalteter Park ergänzt die Anlage.

Zu Besuch bei den Rothschilds

Am 9. September machte die Kaiserin von Caux aus einen Ausflug nach Pregny und Genf. Ihre Hofdame, Gräfin Sztáray, schrieb:

Am 9. September morgens 8 Uhr, begaben wir uns bei herrlichem, herzerquickendem Herbstwetter nach Pregny. Diesmal begleitete uns ein Lakai, der die Paletots und eine Handtasche nachtrug. In Territet betraten wir um 9 Uhr das Schiff, dessen weiße Rippen im Sonnenschein blendend leuchteten. Die blauen Wellen des Genfer Sees brachen sich, sanft plätschernd, an dem Körper des Schiffes und wiegten uns in eine Stimmung, die aus dem Lächeln des Himmels, aus der Heiterkeit der Erde und dem Rauschen der über die Tiefen spielend dahinrollenden Wogen gewebt war. Noch nie hatte ich die Kaiserin in so ruhiger Seelenstimmung gesehen. Punkt 12 Uhr erklang die Schiffsglocke. Wir waren in Genf. Ein Wagen brachte uns in raschem Trabe durch die herrliche Landschaft gegen Pregny. Baronin Julie Rothschild empfing die Kaiserin am Eingang der Villa …[6]

Von dem dreistündigen Aufenthalt Elisabeths in der Rothschild-Villa von Pregny berichtet uns Corti:

Nach dem Frühstück macht man einen Rundgang durch die Villa. Ein wahres kleines Museum von Kostbarkeiten und Kunstschätzen aller Art, alles mit Geschmack und nicht protzig aufgestellt. Aber dann kommt das Schönste. Volieren angefüllt mit fremdartigen Vögeln aus aller Welt, Aquarien mit den absonderlichsten Fischarten, zwei herzige zahme kleine Stachelschweinchen aus Java erregen Elisabeths Entzücken. Am Schluß die Hauptsache, die feenhaften Glashäuser mit einer Blumenpracht, die ihresgleichen sucht. Am längsten bleibt Elisabeth fast sprachlos vor Bewunderung in einem Orchideenhause, dessen Blüten in tausendfältiger Pracht, mit Farnkräutern und Immergrün vermengt, wie ein riesiger Blumenstrauß aussehen. Lange kann sie sich von diesem Anblick nicht trennen. Dann geht es durch den Park mit seinen gewaltigen Libanonzedern und den künstlich angelegten kleinen Felspartien mit Krummholz und Alpenblüten.[7]

Nach dem Besuch bei der Baronin von Rothschild fuhr die Kaiserin gegen 5 Uhr nach Genf zurück, wo sie im Hotel „Beau

Rivage" wohnt. Am nächsten Tag, dem 10. September 1898, wollte sie um 13 Uhr mit dem Schiff nach Caux zurückfahren. Elisabeth sollte Caux nicht mehr wiedersehen.

Genf

Fromm und reich: Die Geschichte der Stadt Genf

Genf, die Hauptstadt des gleichnamigen Kantons, liegt am Ausfluß der Rhone aus dem Genfer See. Genf war schon zur Römerzeit wegen seines Rhoneübergangs von großer Bedeutung und gehörte als keltisches oppidum Genava seit 120 v. Chr. zur Provinz Gallia Narbonensis. Um 470 wird Genf als Hauptstadt des an der Rhone liegenden Reichs der Burgunder genannt. Der deutsche Kaiser Konrad II. ließ sich dort 1034 zum König von Burgund krönen. Auf die ehemalige Zugehörigkeit zum Deutschen Reich verweist heute noch der Adler im Wappen der Stadt. Im Mittelalter teilten sich der Bischof und die Bürger das Stadtregiment. Dank der Genfer Messen und des Leinwandhandels wurde die Stadt im Mittelalter reich. Als 1532 die Reformation in Genf Fuß faßte, mußte sich der Bischof aus der Stadt zurückziehen. In der neuen selbständigen Republik reformierte nun vor allem Johann Calvin (1509–1564) das religiöse und politische Leben. Genf wurde Mittelpunkt des Calvinismus, einer besonders rigorosen Variante des reformatorischen Bekenntnisses. Unter dem unnachsichtigen Regiment Calvins entstand in Genf ein „Musterstaat", der die Bürger der Stadt disziplinierte. Man sagt, daß sich die Genfer diesen puritanischen calvinistischen Geist, der sich durch persönliche Genügsamkeit, Sittenstrenge und Arbeitsamkeit auszeichnet, bis heute bewahrt haben.

Von großem Einfluß auf die wirtschaftliche Entwicklung nicht nur in Genf war die These Calvins, daß über jeden Menschen von Gott bereits das Urteil gefällt sei und daß vor allem materieller Reichtum und der Erfolg im Beruf den Beweis dafür erbringe, daß jemand von Gott auserwählt sei. So wurde Genf zur Wiege des Kapitalismus, aber auch der Toleranz.

Schon zur Zeit Calvins fanden hier viele Protestanten aus Deutschland und Italien Zuflucht. 1559 wurde die Akademie, die heutige Universität, gegründet und nach der Bartholomäusnacht 1572 strömten die französischen Hugenotten ins Land und brachten neue Fertigkeiten und Gewerbe mit. Jetzt entwickelte sich neben der Seidenindustrie vor allem auch das Bankgewerbe. Um sich vor den dauernden Überfällen der benachbarten Grafen bzw. Herzöge von Savoyen zu schützen, verbündete sich Genf immer wieder mit der Schweizer Eidgenossenschaft. 1603 mußte Savoyen die Unabhängigkeit Genfs anerkennen. Als König Ludwig XIV. 1685 das Edikt von Nantes aufhob, flohen wiederum viele Hugenotten nach Genf. Jetzt kam auch die Uhrmacherei zur Blüte. Das Bankwesen und der internationale Handel bildeten im 18. Jahrhundert die Haupterwerbsquelle vieler sagenhaft reicher Genfer Familien, die nach guter calvinistischer Tradition ihren Reichtum versteckten. Seit dem 17. Jahrhundert wurde Genf der Zufluchtsort und Treffpunkt der Intellektuellen Europas. Wissenschaft und Philosophie blühten an den Ufern der Rhone. Der in Genf geborene Philosoph Jean Jacques Rousseau (1712–1778) verbreitete von hier aus seine Gedanken. Der französische Philosoph Voltaire (1694–1778), der antiklerikale Aufklärer und Philosoph des liberalen Bürgertums, fand in Genf seit 1755 Zuflucht. Doch gab es auch innerhalb der Bürgerschaft, vor allem zwischen der regierenden aristokratischen Partei und dem Volk, im 18. Jahrhundert heftige politische Auseinandersetzungen, nicht zuletzt wegen der unerwünschten Anwesenheit Voltaires. Auch gegenüber Rousseau, dem Sohn der Stadt, verlor die Genfer Obrigkeit bald die Geduld und verbot 1762 seine Werke.

Nach dem Sturz Napoleons erhielt Genf auf dem Wiener Kongreß noch französische und savoyische Gebiete, sowie Zollfreizonen. 1815 wurde Genf als 22. Kanton in die Eidgenossenschaft aufgenommen. Es behielt seinen Charakter als liberaler Zufluchtsort der europäischen Intelligenz und wissenschaftliches Zentrum bei und entwickelte seit der 2. Hälfte des 19. Jahrhunderts zunehmend seine internationale Stellung. 1864 erfolgte in Genf die Gründung des Roten Kreuzes, und 1872 wurde dort der erste internationale Schiedsspruch gefällt (Alabamafrage). 1920 wurde die Stadt Sitz des Völkerbundes und nach dem 2. Weltkrieg das europäische Zentrum der Vereinten Nationen. Zum puritanischen Geist der Stadt paßte freilich auch, daß der Pastor Louis Rochat 1877 in Genf die Abstinenzbewegung des Blauen Kreuzes gründete.

Die Rhone teilt Genf in einen nördlichen und südlichen Stadtteil. Während sich im Südteil der historische Stadtkern befindet, ist der Nordteil der Stadt im wesentlichen im 19. Jahrhundert angelegt worden. Hier befinden sich auch die großen Hotels und die Parkanlagen der Stadt. Zu nennen ist der seit 1851 angelegte Quai du Mont-Blanc mit dem Hotel Beau Rivage, dem letzten Übernachtungsort Elisabeths. Das Hotel liegt nicht weit von der 1862 angelegten Brücke über die Rhone, dem „Pont du Mont Blanc". Am Südende der Brücke steht das 1869 errichtete Genfer Nationaldenkmal, das an den 1815 erfolgten Eintritt Genfs in die Eidgenossenschaft erinnert. Unmittelbar neben dem Hotel Beau Rivage und am Quai du Mont-Blanc befindet sich das Monument Brunswick, das Mausoleum für den 1873 in Genf verstorbenen Herzog Karl von Braunschweig, der der Stadt Genf sein ganzes Vermögen vermachte unter der Bedingung, daß er an dieser Stelle sein Grabmonument erhält. Die Gestaltung des Denkmals orientiert sich nach dem Testament des Herzogs am Vorbild der gotischen Skaliger-Gräber in Verona.

Von der Mitte der zweiten Rhonebrücke, dem seit 1832 erbauten „Pont des Bergues", führt ein Fußsteg zur kleinen Rousseau-Insel mit einer 1835 errichteten Bronzestatue des Dichters

Elisabeth und die Republik Genf

In den letzten Jahren ihres Lebens hielt sich Kaiserin Elisabeth mit Vorliebe in der Schweiz auf und dort vor allem am Genfer See. Hier fand sie nicht nur die heroische Berglandschaft, die ihr von Jugend an vertraut war, sondern auch eine Landschaft, die sie an das Mittelmeer erinnerte. Wiederholt bemerkte Elisabeth zu Gräfin Sztáray, der Genfer See habe „ganz die Farbe vom Meer". Darüber hinaus war sie von der Weltläufigkeit, Vornehmheit und Diskretheit Genfs begeistert. Für sie war Genf die schönste Großstadt der Welt, und es erscheint uns wie inszeniert, wenn Elisabeths Lebensgeschichte ausgerechnet dort endet, wo all das vereint ist, was sich ihr Herz im Reisen ersehnt hat: ein See, der an die Unendlichkeit des Meers erinnert, die Berge am Horizont mit den Gletschern des Montblanc, und eine Großstadt, die in ihrer toleranten und bürgerlich-liberalen, aber trotzdem vornehm diskreten Art allen unerfüllten Geistern der Zeit Heimat bietet. Genf ist eine Stadt, die mit ihrem Geist der Völkerverständigung und ihrer Internationalität Ende des 19. Jahrhunderts weit in die Zukunft weist, eine ideale Zukunft des friedlichen Miteinanders. Daß Elisabeth gerade in Genf gestorben ist, wo man sich mehr als anderswo um den Erhalt des alten Europas und um den Frieden bemüht hat, ist nicht ohne Symbolkraft.

In Genf war Elisabeth das erste Mal 1893 anläßlich ihres Aufenthaltes in Territet. Auch 1895, 1897 und im Frühjahr 1898 besuchte sie von dort aus Genf. Schließlich folgte am 9. September in Anschluß an die Besichtigung der Rothschild-Villa in Pregny der letzte verhängnisvolle Besuch Genfs am 10. September 1898.

England und Irland

Als im Jahre 1874 Elisabeth zum ersten Mal nach England auf die Insel Wight kam, ging es zunächst nur um die Gesundheit ihrer 1868 geborenen Tochter Marie Valerie; bei ihren Aufenthalten 1876, 1878, 1881 und 1882 in England (Grafschaften Northamptonshire bzw. Cheshire) sowie 1879 und 1880 in Irland (Grafschaft Meath) widmete sich Elisabeth vorwiegend der Reiterei. 1887 kehrte sie nach England zurück, um sich im Seebad Cromer ausschließlich auf das Baden und Wandern, auf die Nordsee und auf ihre Gedichte zu konzentrieren. Von den Aufenthalten 1889 und 1890 wissen wir wenig. Sie galten vor allem London und dem Seebad Bournemouth.

Isle of Wight

Die 38 km lange und 21 km breite Isle of Wight liegt nur 6 km vom Festland getrennt an der Südküste Englands. Zur Zeit Elisabeths zählte sie ca. 74.000 Einwohner (1881). Besonders der südliche, durch Felsmauern geschützte Teil der Insel ist es, welcher durch sein mildes und gesundes Klima weltbekannt geworden ist. Faszinierend ist die herrliche Vegetation der Insel – Eichen, Magnolien, Zedern und alle Arten von Blumen.

Die Insel hat eine weit zurückreichende interessante Geschichte und war im 15. Jahrhundert sogar ein eigenes Königreich. Queen Viktoria ließ sich in Osborne bei Cowes einen eigenen Landsitz bauen.

Die Insel Wight war das erste Stück englischer Boden, auf dem Elisabeth für längere Zeit Aufenthalt nahm. Sie kam auf die Insel im Jahre 1874, weil ihr die Ärzte für die Tochter Marie Valerie einen Seeaufenthalt empfohlen hatten. Elisabeth hatte sich schon im Winter 1860 von den klimatischen Vorzügen der Insel überzeugen können, als sie mit der Jacht der englischen Königin Viktoria von Antwerpen nach Madeira fuhr, um dort ihre Krankheit auszuheilen. Nun nahm sie Quartier in Ventnor. Ventnor wurde als Kurort insbesondere von Brustleidenden besucht. Das Klima ist dort wie auf der ganzen Insel im Winter von südlicher Milde; Frost und Schnee sind selten und im Sommer wird die Hitze durch frische Seewinde erträglicher. Da Queen Viktoria 1874 auf ihrem Landsitz Osborne in Wight weilte, erhielt Elisabeth sehr gegen ihren Willen bald Besuch von ihr. Vor dem obligaten Gegenbesuch drückte sich Elisabeth zunächst, konnte aber nicht verhindern, daß die Queen noch einmal bei ihr erschien.

Von Wight aus unternahm Elisabeth eine Reise nach London, wo sie mit Alfred, Herzog von Edinburgh, dem zweitältesten Sohn Viktorias und dessen Frau Marie, Tochter des Kaisers Alexander III., zusammentraf. Beide hatten in diesem Jahr geheiratet. Besonders beeindruckte Elisabeth die Leibesfülle der Zarentochter. Vom Claridge-Hotel aus, wo sie in London wohnte, schrieb sie an Franz Joseph: „Sie ist so kolossal dick, ich habe so etwas noch nie gesehen. Ich dachte mir die ganze Zeit: Wie muß sie im Bett ausschauen?“[1] Mit dem österreichischen Botschafter in London, dem ehemaligen Ministerpräsidenten Friedrich Graf Beust ritt Elisabeth durch den Hydepark und im Wachsfigurenkabinett der Madame Tussaud fand sie die Darstellung des Kaisers „ungeheuer amüsant, aber doch teilweise sehr grauslich“.[2]

Ferner besuchte Elisabeth die damals größte Irrenanstalt der Welt, Bedlam. In Belmore Castle begutachtete sie die Jagdhunde des Herzogs von Rutland und nahm an ihrer ersten englischen Jagd teil. Dieses Ereignis sollte schwerwiegende Folgen haben, denn nun waren der Ehrgeiz, die Neugierde und der

Kampfgeist der Kaiserin geweckt. Bei dieser Jagd traf Elisabeth auf einen Kreis von reichen österreichischen bürgerlichen und adeligen Dandys, die sich der gerade modischen Parforcejagd verschrieben hatten, die man nach Meinung der guten Reiter stilvoll nur in England betreiben konnte. Unbemerkt hatte sich hier eine internationale Gemeinschaft der Luxussportler gebildet. Über die Jagdteilnehmer, die sich bereits der Bekanntschaft der Königin Marie von Neapel rühmen konnten, schrieb Elisabeths mißtrauische Hofdame, Marie Festetics, in ihr Tagebuch: „Man muß sehr achtgeben, sie sind gescheite Leute (die Baltazzis), Brüder einer Baronin Vetsera, die in Wien auftauchte, geistreich, reich, alle dieselben interessanten, schönen Augen; niemand weiß recht, wo die Leute herkommen mit dem vielen Gelde, Streber und mir nicht heimlich. Die Brüder gehen im Sport auf, reiten famos, drängen sich überall hin, sind für uns gefährlich, weil sie ganz englisch sind, und wegen der Pferde!“[3]

Danach reiste Elisabeth wieder auf die Insel Wight zurück. Zurückgekehrt forderte sie den Kaiser auf, sie in Schottland zu besuchen:

> Zu schade, daß Du nicht kommen kannst. Nach den vielen Manövern könntest Du Dir eigentlich vierzehn Tage London ansehen, einen Rutscher nach Schottland machen, dabei die Königin besuchen und in der Nähe von London ein wenig jagen. Pferde und alles haben wir, also wäre es schade, es nicht zu benützen. Denke einige Tage darüber nach, ehe Du gleich mit gewohnter Stützigkeit „nein“ sagst ...[4]

Doch Franz Joseph wollte nicht nach England, und Elisabeth ging nicht nach Schottland.

Northamptonshire – Cheshire

Elisabeths Aufenthalte

Bei ihrem ersten Englandaufenthalt hatte sich Elisabeth auf die Insel Wight und auf London beschränkt. In den ersten Märztagen 1876 reiste Elisabeth zum zweiten Mal nach England. Sie will nun in ihrem Lieblingssport, der Reiterei, die

Grenzen ausloten. Nirgendwo sonst, hat man ihr versichert, nirgendwo sonst als in England und Irland, könne man sich so der Krone der Reiterei, der Jagdreiterei, hingeben.

Der Hofsekretär und Reisekassenführer Karl Linger mietete einen früheren Landsitz des Earl of Pomfret, nämlich Easton Neston in der Grafschaft Northamptonshire, an. Vermittelt hatte diesen alten Herrensitz mit herrlichem Park wohl Elisabeths Schwester Marie, Königin von Neapel, die nicht weit entfernt wohnte. Als Gesellschafter fanden sich neben dem engeren Hofstaat unter Leitung des Obersthofmeisters der Kaiserin, Freiherrn von Nopcsa, auch einige österreichische Kavaliere ein, wie etwa Fürst Rudolf Liechtenstein, die Grafen Hans und Heinrich Larisch, Ferdinand Kinsky, Tassilo Festetics u. a. „Ihre Kolonie" nennt die Kaiserin diesen Anhang.

Eine wichtige Hilfe bei der Organisation der Reise war Elisabeth der 1835 geborene Lord John Pointy, fünfter Graf von Spencer, von 1868 bis 1874 Vizekönig von Irland, dann Präsident des Geheimen Rates und wieder Vizekönig von Irland. Der Stammsitz seiner Familie, das Schloß Althorp, befand sich gleich in der Nähe. Berühmt war Althorp für seine Kunstsammlungen und Bibliotheken, die selbst im reichen England ihresgleichen suchten. Elisabeth, die öfters Gast bei den Spencers war, konnte bei ihrem Besuch in Althorp Gemälde von Rembrandt, Van Dyk, Gainsborough und Romney bewundern.[5] Die Familie der Grafen Spencer hatte viele berühmte Politiker, Wissenschaftler und Kunstsammler hervorgebracht und war von großem politischen Einfluß. Da Lord Spencer die Reitkünste der Kaiserin nicht einschätzen konnte, stellte er ihr zwei seiner besten Reiter als „Piloten" zur Verfügung, Oberst Hunt und Captain Middleton. Mit letzterem, einem der besten Reiter Englands, sollte Elisabeth eine gute und lange Freundschaft verbinden.

Im Hintergrund spann auch Schwester Marie ihre Fäden. Ihr kam es nicht zuletzt auch darauf an, Elisabeth bei den Rothschilds, ihren Finanziers, einzuführen. Am 13. März sollte daher auch bei Ferdinand Rothschild in Leighton Buzzard in Bedfordshire geritten werden. Der Ritt mußte jedoch wegen schlechten Wetters ausfallen. Ersatzweise besichtigte man das

Schloß Easton Neston

Rothschildsche Vollblutgestüt. Ferdinand Rothschild stammte aus dem österreichischen Zweig der Familie und war einer der exzentrischsten der an Exzentriker nicht gerade armen Familie Rothschild. Seit 1874 ließ er in Buckinghamshire eines der größten Schlösser der Insel bauen: Waddesdon Manor, das sogar 1890 die Queen mit ihrem Besuch beehrte. Ferdinand Rothschilds Schwester Julie, die nach Neapel geheiratet hatte (ihr Gatte war Adolphe von Rothschild), war die Besitzerin der Villa Pregny am Genfer See.

Bei der Anreise nach Easton Neston wollte Elisabeth in London auch Königin Viktoria besuchen, erhielt aber eine Absage: „Die Königin kann sie nicht empfangen, sie ist zu sehr beschäftigt", hieß es. Freilich wollte sich Queen Viktoria nur für die vorausgegangenen Absagen Elisabeths revanchieren. Empört schrieb Elisabeth dem Kaiser: "Wenn ich so ungezogen wäre! ..."[6] Doch die Queen ist nicht nachtragend und lädt Elisabeth am 12. März 1876 nach Windsor ein. Und diesmal läßt Elisabeth es sich nicht nehmen, die Queen besuchen.

Die Kaiserin genoß diesen Englandaufenthalt offensichtlich sehr, dem Kaiser berichtete sie am 26. März 1876: „Müde war ich nie einen Moment ..."[7] Anfang April verließ Elisabeth schließlich England und traf am 5. April wieder in Wien ein. Die gesamte Reise kostete den stattlichen Betrag von 105.300 Gulden.

Im nächsten Jahr folgte Elisabeth einer Einladung des Ehepaars Spencer nach England. Sie verließ am 27. Dezember 1877 um 9 Uhr abends Gödöllö und kam nach einem Zwischenaufenthalt in München an Sylvester um 15.00 nachmittags in London an. Dann fuhr sie weiter nach Northamptonshire. Sie wohnte im Jagdhaus Cottesbrook in der Nähe von Althorp, dem Spencerschen Stammsitz, und blieb dort bis Mitte Februar 1878. In Begleitung von „Bay" Middleton, dem kühnen Reiter, wurden ihre Reitkunststücke immer gewagter. Ihren sportlichen Ehrgeiz und ihre Lust am Kräftemessen befriedigte Elisabeth nun vor allem durch die Teilnahme an Fuchsjagden. Als sich schließlich der Klatsch des innigen Verhältnisses zwischen Kaiserin und Middleton bemächtigte, fuhr sie nach Wien zurück. Erst in den Jahren 1881 und 1882, jeweils im

Schloß Windsor

Februar und März, hielt sich Elisabeth wieder in England auf.

Diesmal wurde die ehemalige Zisterzienser-Abtei Combermere in der Grafschaft Cheshire an der Westküste Englands angemietet. 1132 gegründet, wurde das Kloster unter König Heinrich VII. (1485–1509) aufgelassen; Gebäude und Grundstücke wurden an den Landadel verkauft. Eine Familie Cotton baute das Kloster 1563 zu einem Schloß um. Für Wilhelm von Oranien baute man es 1692 noch einmal um. Alle Zimmer gestaltete man nun in Orange, der Wappenfarbe der Oranier. Im 19. Jahrhundert erhielt die gesamte Anlage eine neugotisches Aussehen, und in dieser Form bezog sie auch Elisabeth. Für ihren Aufenthalt richtete man u. a. zusätzlich eine Kapelle und ein Turnzimmer ein.

Beim zweiten Aufenthalt 1882 in Combermere fehlte Middleton, der Elisabeth bis dahin immer begleitet hatte. Mit seinem Nachfolger Major Rivers-Bulkeley kam Elisabeth nicht zurecht. Jetzt verlor sie auch ziemlich schnell die Lust am Jagen, und nachdem sie am 6. März abgereist war, ließ sie bald die Pferde aus ihren englischen Ställen verkaufen. Anfang 1883 wurde dann bekannt, daß Elisabeth, die zunehmend von Rheuma geplagt war, das Reiten ganz aufgeben wolle. Bevor Elisabeth im März 1882 England verließ, machte sie noch der Queen in Windsor einen Höflichkeitsbesuch.

Summerhill

Wer Elisabeth auf die Idee gebracht hat, ihren Reiturlaub 1879 in Irland und nicht in England zu verbringen ist nicht ganz geklärt. Möglicherweise hat sie Lord Spencer, Vizekönig von Irland, auf diese Möglichkeit hingewiesen, obwohl ja gerade er wissen mußte, welch politischen Sprengstoff ein solche Reise in sich barg. Auch in diesem Jahr drohte wieder einmal ein Aufstand der armen katholischen Untertanen gegen die reichen anglikanischen und aus England kommenden Pächter. Terrorakte waren an der Tagesordnung.

Im Januar 1879 verließ die Kaiserin Wien, verfolgt von den

bissigen Kommentaren der Presse und ihrer Gegner. Das Quartier Summerhill in Irland lag wenig nördlich von Dublin in der Grafschaft Meath. Für die katholischen Iren war dieser Besuch ein außerordentliches Ereignis. Sie sahen sich durch den Besuch der Kaiserin in ihrem Widerstand gegen England bestätigt und huldigten der Kaiserin, wo immer sie konnten. Die Berichte über den Aufenthalt in Irland dürften Queen Viktoria nicht gefallen haben, und nicht ohne Grund drückte sich Elisabeth bei der Rückreise um den obligaten Besuch bei der Queen.

Die Reiterei in Irland war noch um ein Grad gefährlicher als die englischen Hetzjagden der letzten zwei Jahre. Marie Festetics, Elisabeths Hofdame, beschrieb in ihrem Tagebuch die Gefahren, die auf Elisabeth lauerten:

Es sind hohe Drops, so tiefe Gräben, Doubles auch und die Irish banks und Mauern und Gott weiß, was alles, zum Hand- und Fuß- und Halsbrechen, Ich höre nie so viel von gebrochenen Gliedern wie hier und alle Tage sehe ich jemand ‚tragen'. Bayzand ist recht böse gestürzt, Middleton hat sich überschlagen und auch Lord Langford, so geht das fort. Die Kaiserin hat herrliche Pferde, Domino ist das großartigste, ein prächtiger Rappe, der zu Lord Spencers Schrecken am ersten Tage mit der Herrin vom Fleck weg durchging. Das Feld war von scheußlichen Hindernissen begrenzt, allen standen die Haare zu Berge. Was würde sie wohl tun? Sie hatte die Geistesgegenwart, das Pferd laufen zu lassen, glücklich ging es über einige Gräben und dann hatte sie es wieder und galoppierte ruhig zurück. Es ist nur ein Urteil über sie, aber wirklich, mir stehen oft die Haare zu Berge.[8]

Überall, wo sich die Kaiserin in Irland sehen ließ, trieb man fast einen Kult mit ihr. Man sah in ihr die Vertreterin des mächtigsten katholischen Reiches in Europa. Selbst die ärmsten Dörfer errichteten ihr Triumphbögen. Elisabeth schlug alle Warnungen über eventuelle politische Implikationen in den Wind. Sie besuchte sogar mehrmals Maynooth College, ein großes katholisches Priesterseminar, das als ein Zentrum der anti-englischen Agitation galt. Anfang März kehrte die Kaiserin schließlich nach Wien zurück.

1879 verschärfte eine schlechte Ernte die Situation in Irland. Die Auseinandersetzungen zwischen Gutsbesitzern und Pächtern eskalierten. Am 5. Januar 1880 hieß es: „Im Westen von Irland finden ernstliche Ruhestörungen statt: auf dem einem

Mr. Kirwan gehörigen Grundeigentum, einem äußerst unfruchtbaren Landstrich, etwa 20 Meilen westlich von Galway, muß die Polizei den Pächtern, die ihren Pachtzins nicht bezahlt haben, die Exmissionsdekrete, die ihr das Volk entreißen will, mit Gewalt zustellen. Die Polizeimannschaft muß im ganzen Westen der Insel verstärkt werden."[9] Dennoch kam Elisabeth im Februar wieder nach Summerhill. In ihren Briefen berichtete sie dem Kaiser über zahlreiche Stürze bei der Hirschjagd:

... Bayzand, der zwar ein gutes Pferd ritt, das er ungeheuer lobt, fiel über eine Bank in die Wiese hinein und tat sich weh am Fuß ... Rudi Liechtenstein ist auch gefallen, ohne sich etwas zu tun, und Lord Langford, der Hausherr, der aufs Gesicht fiel, konnte jetzt nicht gut schlucken ...[10]

Auf der Rückreise kam Elisabeth diesmal nicht um einen Besuch bei der Queen herum. Deren Verärgerung über Elisabeths Irland-Reiterei, vor allem über die Reaktion der Bevölkerung war nun doch sehr deutlich, und Kaiser Franz Joseph hatte Elisabeth einen Besuch bei der Königin dringend ans Herz gelegt. Elisabeth traf sich in London auch mit dem österreichischen Botschafter in London und mit dem ehemaligen englischen Premierminister Disraeli. Den ihr mehr als lästigen Besuch bei der Queen hielt sie in einem Gedicht fest:

... Nun halten wir an
Am Fusse der Treppe
Mit Haube und Schleppe,
Die Kleine, die Dicke,
Mit Hoheit im Blicke,
Bewusst ihrer Würde;
Denn fünfzig Jahr führte
Sie's Szepter im Lande;
Sogleich ich erkannt,
Die Königin sei's.
Sie hebt sich gnädig auf die Zehen
Und reicht mir voll Herablassung
Den Schwesterkuss; Mich hier zu sehen,
Ist sichtlich ihr Genugtuung.
Sie liebt es, wenn von allen Enden
Der Welt man wallfahrtet zu ihr,
Devot ihr Huldigung zu spenden,
Als wär ein ind'scher Götz' sie schier ...

Nach einem Umweg über Brüssel, wo sich Kronprinz Rudolf am 10. März mit Prinzessin Stephanie von Belgien verlobt hatte, kehrte Elisabeth nach Wien zurück. Obwohl sie 1881 bis zuletzt hoffte, doch wieder in Irland reiten zu können, blieb dieser Wunsch aus politischen Gründen unerfüllt: Ende 1880 hatte sich die Lage in Irland dramatisch zugespitzt. Veranlaßt durch die steigende Zahl der Mordanschläge auf Gutsbesitzer und aufgrund der immer stärker werdenden Unabhängigkeitsbewegung waren alle verfügbaren englischen Truppeneinheiten nach Irland verlegt worden. Die Sache der Iren wurde von der irischen Landliga vertreten, einer mit terroristischen Mitteln und Femegerichten arbeitenden Organisation. Im Oktober 1880 beschwerten sich über hundert Gutsbesitzer beim Vizekönig Graf Cowper und dem Minister für Irland im Schloß von Dublin: „Es ist so weit gekommen, daß keiner von uns, die wir hier beisammen sind, gewiß ist, ob er heute lebendig seine Behausung erreichen werde. Mehrere von uns sind, wir wissen es, längst dem Vehmgericht verfallen, andere haben sich dem schleichenden Morde bisher nur dadurch entziehen könne, daß sie ihre Schwelle nicht ohne Polizeibedeckung verließen … Redliche Pächter, die zahlen können und auch zahlen möchten, wagen dies nicht aus Furcht … wenn sie es trotzdem tun, dann schleichen sie des Nachts heimlich mit dem schuldigen Geld zum Gutsherrn …"

Am 1. November 1880 wird gegen mehrere Mitglieder der Landliga Anklage wegen Verschwörung erhoben, darunter auch gegen ihren Anführer, das Parlamentsmitglied Parnell, der sich aber nicht einschüchtern läßt und mit einer Leibgarde von 200 Mann im Lande herumzieht. Ganz Irland müsse gemeinsam aufstehen, verkündet er. Vom 12.–27. November kommt es zur sogenannten „Boycott-Affäre", die den Namen des Gutsbesitzers Kapitän Boycott auch in den deutschen Sprachgebrauch eingeführt hat: „Capitän Boycott … ist von der Bevölkerung in Acht und Bann gethan worden. Seine Landarbeiter und seine Dienstboten haben ihn sämtlich verlassen; er ist in seinem Hause mit seiner Familie allein und wie belagert. Seine Kartoffelernte kann nicht eingeheimst werden und droht zu verfaulen. Da entschließen sich Gesinnungsgenossen im protestantischen Norden der Insel, ihm zu helfen und brechen 60–70 Mann stark auf, ihm seine Kartoffeln auszuthun. Aber die Regierung ist genöthigt, sie während der Arbeit mit Truppen zu schützen und auch aus der Gegend wieder wegzuführen. Die Kosten dafür werden auf 10.000 Pfund geschätzt. In Irland aber kommt die Bezeichnung „Boycottiren" auf …"[11]

Cromer

1882 hatte Elisabeth zwar das Reiten aufgegeben, nicht aber ihre Liebe zu England. Nach einem Besuch bei der Schwester Heinrich Heines in Hamburg und angeregt durch dessen „Nordseelieder", entschloß sie sich 1897 im Juli zu einem Aufenthalt in einem englischen Nordseebad, in Cromer in der Grafschaft Norfolk. Hauptstadt der Grafschaft war Norwich, das man mit der Great Eastern Railway von London aus in drei bis vier Stunden erreichen konnte. Von dort dauerte die Fahrt noch eine Stunde bis Cromer, das sich in den 80er Jahren zu einem der bekanntesten Seebäder Englands mit mehreren großen Hotels entwickelt hatte. Wegen seiner bis 60 m hohen Kalkfelsen und seines vorzüglichen Strandes wurde Cromer mit Etretat in der Normandie verglichen. In der Nähe von Cromer liegt Gunton Park, Wohnsitz des Lord Suffield. Norwich ist für seine aus dem 12. Jahrhundert im normannischen Stil gebaute Kathedrale bekannt.

In Cromer nahm sich Elisabeth viel Zeit zum Dichten. Jetzt entstehen viele ihrer Heinrich Heine nachempfundenen Nordsee-Lieder:

Auf dem Cromer Downs

Es tollen drei Schwalben im Blauen herum,
– Tief unten schäumen die Wogen – …

Gelagert auf dem Rasen
Hoch auf den grünen Downs,
Verloren in Extasen,
Werd' ich nicht müd' des Schaun's

Vor mir liegt ausgebreitet
Das dunkelblaue Meer;

Wie Silber tanzt und gleitet
Der Wellenschaum daher.

Es tauchen Segelschiffe
Am fernen Horizont
Urplötzlich aus der Tiefe,
Vom Mittagslicht besonnt.

Dann wieder graue Säulen
Des Rauches, lang gedehnt,
Die rasch alsbald enteilen,
Eh' sie das Aug' erkennt.

Und in der reinen Bläue
Des Sommerhimmels zieh'n
Der Möven, ihre dreie,
Vor meinem Blick dahin ...

Im Hintergrunde wogen
Die Ähren in dem Feld,
Mit rotem Mohn durchzogen. –
Und vor uns liegt die Welt.[12]

In Cromer badete und wanderte Elisabeth nicht nur, sie begann nun zunehmend die Schiffahrten auf der immer unruhigen Nordsee zu schätzen. In zahlreichen Gedichten hielt sie ihre Empfindungen fest. Und am Ende ihres Aufenthalts verfaßte sie wehmütig ein Abschiedsgedicht auf die Nordsee „Die letzte Fahrt“:

Die letzte Fahrt!
Dies fällt mir hart;
Ich sag' ade
Der teuern See;
Wie ich sie schau
So tief und blau,
Trübt sich mein Blick;
Kehr' ich zurück
jemals hieher
Aufs weite Meer?

Wo fern vom Land,
Die Zeit entschwand,
Beschwingt und leicht,
Bis Traum sie deucht;
Wo niemals lang
Der Stunden Gang
Und stets mein Geist
Jehova preist.[13]

Auch am Ende dieser Englandreise, machte die Kaiserin noch einen offiziellen Besuch bei Königin Viktoria von England, die sich wieder einmal in Osborne auf der Insel Wight aufhielt.

Im Jahr 1888 unternahm die Kaiserin mit ihrer jüngsten Tochter Marie Valerie noch einmal eine Englandreise. Sie hielt sich nun vorwiegend in London im Hotel Claridge und im

Seebad Bournemouth auf. Bournemouth war um diese Zeit bereits ein beliebter Winterkurort inmitten von Nadelwäldern mit zahlreichen Hotels und Promenade-Piers. Charakteristisch sind die „Chines“, die Schluchten in den Sandsteinklippen. Das Klima ist so mild, daß überall chinesische Rhododendren gedeihen. Diesmal blieb Elisabeth von März bis Mitte April. Besonders viel Zeit widmete Elisabeth ihrer Tochter zuliebe der Besichtigung Londons, obwohl sie die Stadt offensichtlich nicht besonders mochte. Marie Valerie vermerkte zu diesem Aufenthalt in ihrem Tagebuch: „Mama fühlte sich in London so unglücklich und wollte doch nicht weg, ehe ich alles gesehen.“[14] Der letzte Englandaufenthalt Elisabeths Ende August/Anfang September 1890 bedarf noch der genaueren Rekonstruktion. Er beschränkte sich weitgehend auf Dover und London. Von Dover aus wurden Bootsfahrten in den Kanal unternommen und schließlich eine große Schiffsreise über Spanien, Algier, Frankreich, Italien nach Korfu.

Spanien und Portugal

Das Spanien, das Elisabeth 1861 und dann wieder in den 90er Jahren besichtigte, war das Armenhaus Europas. 1886 schreibt ein deutscher Beobachter: „Noch immer ist die große Masse im Elend, unwissend und der regelmäßigen Arbeit im Innersten abgeneigt. Mit Ausnahme der drei nördlichen Provinzen Biskaya, Catalonien und Valencia ist noch heute der Nationalwohlstand Spaniens ein höchst dürftiger und trotzdem die Natur des südlichen, andalusischen Landes durch ihre Ueppigkeit berühmt ist, hat doch die spanische Sorglosigkeit und Trägheit in Verbindung mit den früheren Versündigungen an dem Wald-, Minen- und Felderschatz die große Verarmung des Volkes immer mehr befördert."[1]

Die Masse der Armen wurde noch vermehrt durch die Bürgerkriege, Dynastie- und Regierungswechsel, die das ganze 19. Jahrhundert hindurch das Land beunruhigten. 1868 wurde Königin Isabella II. abgesetzt, und bis 1876 erschütterte ein Bürgerkrieg das Land. Seit dem Tode des 28jährigen Königs Alphons XII. 1885 regierte bis 1902 dessen Witwe Maria Christine von Österreich als Prinzregentin für ihren 1886 geborenen Sohn. Dynastisch war also Spanien eng mit Wien verbunden, was freilich Elisabeth nicht bewegen konnte, Maria Christine, einer Tochter des Erzherzogs Karl Ferdinand, einen Besuch abzustatten.

Cadiz und Sevilla

Geschichte und Sehenswürdigkeiten

Das in Andalusien liegende Cadiz ist auf einer felsigen Halbinsel gebaut und wirkt, wenn man sich vom Meer der Stadt nähert, wie eine märchenhafte weiße Festung. Cadiz soll bereits 1100 v. Christus von den Phöniziern gegründet worden sein. Hier in der Nähe vermutete Platon das versunkene Atlantis. In der Zeit der römischen Herrschaft entwickelte sich „Gades" zur zweitgrößten Stadt des Römischen Reichs nach Rom. In der Zeit der Völkerwanderung sank sie jedoch zur Bedeutungslosigkeit herab. 711 wurden vor den Toren der Stadt, in Jerez de la Frontera, die Westgoten von den Mauren geschlagen, und damit begann die jahrhundertelange Herrschaft des Islams in Spanien, die durch große Toleranz und Förderung der Wissenschaft geprägt war. Jerez ist im übrigen ein Zentrum der spanischen Pferdezucht. 1262 wurde Cadiz durch Alphons X. von den Arabern zurückerobert und nahm – besonders nach der Entdeckung Amerikas 1492 – einen schnellen wirtschaftlichen Aufstieg. Dabei stand es immer in Konkurrenz zu dem von den spanischen Königen bevorzugten, nicht weit entfernten Sevilla, das man mit dem Schiff über den Guadalquivir erreichen konnte.

Cadiz wurde als Hauptumschlagsplatz für den Handel mit Amerika bald das Ziel von Seeräubern. Vollständig geplündert und zerstört wurde die Stadt Ende des 16. Jahrhunderts durch die englische Piratenflotte von Francis Drake und Lord Essex. Die meisten Bauwerke stammen daher aus dem 17. und 18. Jahrhundert. Ein später Aufschwung begann, als an Cadiz 1717 der Amerikahandel übertragen wurde, der bisher bei der Konkurrentin Sevilla lag. Das eindrucksvollste Bauwerk der Stadt ist die Kathedrale, mit deren Bau man 1722 begann. Die Kirche war monumental geplant: Sie sollte mit ihrer Höhe, ihren Türmen und ihrer Silhouette die Rivalin in Sevilla übertreffen und den Seefahrern schon von Ferne eine Orientierungshilfe bieten. Erst 1853 war sie fertiggestellt. Im 19. Jahrhundert kam Cadiz noch einmal in die Schlagzeilen, weil südlich der Stadt, auf der Höhe des Kaps Trafalgar, die französisch-spanische Flotte 1805 gegen die Engländer unter Admiral Nelson, der damals fiel, eine entscheidende Niederlage erlitt. 1812 war Cadiz die einzige aufständische spanische Stadt, die von Napoleon nicht eingenommen werden konnte.

Historisch weit bedeutender als Cadiz ist das nur 100 km entfernte, an den Ufern des Guadalquivir liegende Sevilla, Südspaniens wichtigste Stadt. Im Schloß von Sevilla empfing Isabella I. von Kastilien 1493 den aus Amerika zurückgekehrten Kolumbus. Von hier aus segelte Amerigo Vespucci nach Amerika, und von hier aus begann 1519 der Portugiese Magellan seine Reise um die Welt. 1503 erhielt die Stadt das Monopol für den Handel mit der neuen Welt: Zweimal jährlich legten nun im Hafen die aus „Westindien" kommenden Silberflotten mit ihren unermeßlichen Schätzen an. Der ungeheure Reichtum, der nun nach Sevilla strömte, veränderte das Stadtbild völlig. Palast- und Kirchenbauten machten die Stadt zum „neuen Rom". Sevilla galt im 16. Jahrhundert nach Paris, London und Neapel als die viertgrößte Stadt Europas. Hier kamen 1599 Diego Velásquez und 1618 Bartolomeo Esteban Murillo zur Welt. Als die großen Schiffe nicht mehr den Guadalquivir hinauffuhren und Cadiz 1717 den Amerikahandel übertragen bekam, begann der Niedergang der Stadt. Anfang des 19. Jahrhunderts wurde sie von den Romantikern entdeckt. Lord Byron und Hans Christian Andersen weilten hier ebenso wie Prosper Mérimée oder der Maler Eugène Delacroix.

Den besonderen Reiz Sevillas macht ihr großartiger in die maurische Zeit zurückgehender Baubestand aus. Der Alcázar, der Königspalast mit seinen reichen Sälen und Höfen, stellt eine wunderbare Kombination von maurischer und abendländischer Baukunst dar. Ein Wahrzeichen der Stadt ist die „Giralda", ein Glockenturm, der im 12. Jahrhundert als Minarett der Moschee gebaut worden war. 1401 riß man die Moschee ab und beschloß, einen gigantischen Kirche zu bauen. Die Kathedrale von Sevilla ist nach der Peterskirche in Rom und nach der St. Paulskathedrale in London der drittgrößte Kirchenbau Europas.

Elisabeths Aufenthalte

Erstmals spanischen Boden betrat Elisabeth, als sie mit der ihr von der englischen Königin zur Verfügung gestellten Jacht „Victoria und Albert" auf ihrer Heimreise von Madeira war. Am 28. April 1861 landete sie in Cadiz, wo sie sich jeden offiziellen Empfang verbat. Sie durchstreifte unerkannt die Stadt.

Als sie jedoch am 1. Mai nach Sevilla weiterreiste, wurde sie dort gegen ihren Willen vom Schwager der regierenden Königin Isabella II. mit großem Gepränge empfangen. Die Einladungen des spanischen Hofes lehnte sie ab. Sie sah sich vielmehr am 5. Mai das ihr unbekannte Schauspiel eines Stierkampfes an.[2] Das zweite und letzte Mal besuchte Elisabeth im Januar 1893 Cadiz und Sevilla.

Stierkampfarena in Sevilla

Gibraltar

Der Felsen von Gibraltar galt im Altertum als eine der Säulen des Herkules, als das Ende der Welt. Die beiden Säulen finden sich auch im Wappen der Habsburger, seitdem diese Spanien geerbt hatten und damit ein Reich, „in dem die Sonne nicht unterging.“ Die Geschichte Gibraltars beginnt mit der Eroberung Spaniens durch die Mauren nach der Schlacht von Jerez de la Frontera 711. Gibraltar wird zu einer wichtigen Festung. Erst 1462 gelingt es den Königen von Kastilien, Gibraltar zurückzuerobern. Im spanischen Erbfolgekrieg, als sich nach dem Aussterben der spanischen Habsburger (1700) die österreichischen Habsburger mit König Ludwig XIV. von Frankreich um die iberische Halbinsel stritten, eroberten die Engländer, die auf der Seite der österreichischen Habsburger standen, die Festung Gibraltar. Im Frieden von Utrecht 1714, mit dem der Krieg beendet wurde, wurde ihnen dieser Besitz bestätigt.

Das erste Mal besuchte Elisabeth Gibraltar auf dem Rückweg von Madeira um den 6. Mai 1861. Vorher war sie in Cadiz und Sevilla gewesen. Dann mit Beginn ihrer großen Reisen im Jahre 1890 machte die Kaiserin in Gibraltar am 15. September Station. Am 23. Januar 1893 war Elisabeth zum dritten Mal in Gibraltar. Sie schrieb an Marie Valerie:

So ein lieber sympathischer Ort. In ganz Spanien liebe ich es am meisten, hauptsächlich, weil es englisch und alles in der Stadt so rein ist… Sehr lustige Negergeschäfte gibt es hier. Jeden Tag gehe ich in eines und so ist es nur das Verdienst der Marie Festetics, daß ich noch nicht im Schuldturm sitze. Doch kann sie derart gut handeln, daß wir fabelhaft billig einkaufen.

Valencia und Granada

Geschichte und Sehenswürdigkeiten

Valencia, nach Madrid und Barcelona die drittgrößte Stadt Spaniens, ist wohl eine römische Gründung. Die römische, westgotische und maurische Zeit spiegeln sich in der Baugeschichte der Kathedrale La Seo, die auf den Fundamenten eines

Diana-Tempels, eines westgotischen Gotteshauses und einer Moschee errichtet wurde. 1094 wurde die Stadt von Rodrigo Diaz, genannt Cid el Campeador, erobert, dem das berühmteste mittelalterliche Heldenepos Spaniens „Cantar de Mio Cid" gewidmet ist. Endgültig wurde Valencia erst unter Jaime I. im Jahre 1238 für das Christentum erobert; er regierte Valencia als Königreich zusammen mit den Königreichen Aragon und Katalonien. Einen schweren Verlust erlitt Valencia, als 1609 der damalige Erzbischof Juan de Ribera die Morisken, die getaufte islamische Bevölkerungsgruppe, vertreiben ließ. Ein Drittel der Bevölkerung verließ Valencia, das wirtschaftlich zusammenbrach.

Valencia liegt inmitten einer fruchtbaren Ebene, der „Huerta", mit ausgedehnten Orangen- und Zitronenpflanzungen und Reisfeldern. Größte Anstrengungen erforderte seit dem Mittelalter die Bewässerung der Huerta. Daran erinnert noch heute das Läuten der Wasserglocke auf dem Glockenturm Miguelete und das Wassergericht, das noch bis vor kurzem jeden Donnerstag vor der Kathedrale tagte, um Wasserstreitigkeiten zu regeln. Von großer Bedeutung war früher die Seidenherstellung und der Seidenhandel. Wieviel Geld die Seide in die Stadt brachte, zeigt die berühmte im Spätmittelalter gebaute Lonja de la Seda (Seidenbörse) mit ihren mächtigen Spiralsäulen.

Die im Landesinneren auf einer Höhe von 700 m liegende andalusische Stadt *Granada* hatte ihre erste große Blüte als Residenz der 1238 begründeten Nasriden-Dynastie. Die Stadt profitierte im 13. und 14. Jahrhundert von den Flüchtlingen, die aus den durch die Reconquista im Norden Spaniens christianisierten Gebieten geflohen waren. Granada konnte sich noch als letztes muslimisches Territorium bis zur Belagerung und Eroberung in der Nacht zum 2. Januar 1492 halten. Die von den Eroberern Isabella I. von Kastilien und Ferdinand II. von Aragon zugesicherte Toleranz endete bald durch Zwangsbekehrungen und Vertreibungen. Gegen Ende des 16. Jahrhunderts wanderten fast 100.000 getaufte Mauren (Morisken) aus Granada aus. Geblieben ist aus der maurischen Zeit die märchenhafte Palaststadt der Nasriden, dies sich vor den ver-

In Hafen von Valencia

schneiten Bergen der Sierra Nevada besonders malerisch ausnimmt. Die Alhambra von Granada gehört zu den architektonischen Wundern dieser Welt; bekannt ist vor allem der um 1370 entstandene Löwenhof. Nach der Eroberung von 1492 wurde der Palast zunächst weiterbewohnt und ausgebaut, doch seit dem 16. Jahrhundert verloren die Herrscher das Interesse an der Alhambra, die durch Bewohner ausgeplündert und ruiniert wurde. Erst mit Washington Irvings „Erzählungen von der Alhambra" 1829 entdeckten die Romantiker aus allen Teilen Europas, Künstler und Wissenschaftler die Alhambra, die so vor der völligen Zerstörung bewahrt wurde. Das kirchliche Zentrum Granadas ist die monumentale Kathedrale Santa Maria de la Encarnación, die bedeutendste Renaissancekirche Spaniens aus dem 16. Jahrhundert. Im Mausoleum der „katholischen Könige", der Capilla Real, befindet sich der Sarkophag von Isabella I. von Kastilien († 1504) und Ferdinand II. von Aragon († 1516). Deren Tochter, Johanna die Wahnsinnige, brachte durch ihre Heirat mit Philipp dem Schönen den Habsburgern das spanische Erbe zu. Deren Sohn bestieg als Carlos I. 1516 den spanischen und als Karl V. 1519 den deutschen Thron. In seinem Reich „ging die Sonne nie unter".

Elisabeths Aufenthalte

Im Jahre 1892 hatte sich Elisabeth innerlich vollständig von Wien und ihrer Familie gelöst. Im November dieses Jahres beschloß sie, mit dem Schiff „Miramar" ein größere Winterreise zu unternehmen. Jedenfalls wollte sie Weihnachten und Neujahr nicht mehr zuhause verbringen. Von Triest führte die Reise über Messina auf die Balearen und dann nach Valencia. Dort verbrachte sie ihren Geburtstag und den heiligen Abend. Den heiligen Abend nutzte sie zu einer Stadtbesichtigung. Sylvester und Neujahr verbrachte sie in Malaga und Granada. In Granada, wo sie die Alhambra besichtigte, erreichte sie eine Einladung des spanischen Königshauses. Die Königinregentin, die Erzherzogin Maria Christine, wollte Elisabeth nach Aranjuez einladen. Doch Elisabeth entschuldigte sich mit einem Ischiasleiden.

Madeira

Zur Geschichte der Insel

Die zu Portugal gehörende Insel Madeira, 900 km Luftlinie von Lissabon entfernt im Atlantik gelegen, wurde von den Portugiesen 1419 anläßlich einer Expedition entdeckt, die der berühmte portugiesischen Infant Heinrich der Seefahrer organisiert hatte. Die Entdeckung und Kolonisierung Madeiras markiert den Anfang der portugiesischen Entdeckungsreisen. Die Kathedrale von Funchal ist der erste portugiesische Kirchenbau in Übersee!

Madeira ist vulkanischen Ursprungs und gebirgig. Höchster Berg ist der Pico Ruivo mit 1861 m. Die Insel hat ein außerordentlich günstiges Klima. Bis zur Höhe von 300 m findet sich eine subtropische Vegetation mit Zuckerrohr und Bananen. Über 300 m ist die Vegetation mediterran. Und über 700 m in der gemäßigten Temperaturzone herrscht der Pinienwald vor. Berühmt ist Madeira für seine Dessertweine. Der Weinhandel lag in der Hand der Engländer, die bis heute auf der Insel den Ton angeben. Ein weiterer wichtiger Erwerbszweig war und ist die Spitzenklöppelei, die 1856 von einer Engländerin, Miss Phelps, der Tochter eines englischen Weinhändlers auf der Insel heimisch gemacht worden ist. Den großen Aufschwung des Fremdenverkehrs seit der 2. Hälfte des 19. Jahrhunderts verdankt die Insel vor allem ihrem für Lungenkranke günstigen Klima und den Engländern.

Der Hauptort Funchal, der sich mit seinen weißen Häusern terrassenförmig über einer sanft geschwungenen Bucht erhebt, wird von schützenden Bergen überragt. Der Hafen der Stadt der früher von der Transatlantikschiffahrt stark frequentiert wurde, hat Funchal reich gemacht, noch bevor es vom Tourismus entdeckt wurde.

Für die österreichische Geschichte ist Madeira nicht nur als Reiseziel Elisabeths von Interesse, sondern vor allem wegen des Aufenthalts des letzten österreichischen Kaisers Karl I. Dieser war durch Gesetz vom 3. April 1919 seiner Herrscherrechte und sonstigen Vorrechte in Österreich für verlustig erklärt und mitsamt allen Mitgliedern seines Hauses des Landes verwiesen worden. Auch in Ungarn hatte man Karl I. sowie das gesamte Haus Habsburg durch Beschluß der Nationalversammlung vom 5. November 1921 des Thrones für verlustig erklärt und aus dem Land gewiesen. Die Engländer brachten Karl daraufhin nach Madeira. Den Aufenthalt in einem Hotel konnte sich der entthronte und enteignete Kaiser bald nicht mehr leisten, und so zog er in die feuchte und unfreundliche „Quinta do Monte" im 600 m hoch gelegenen Ort Monte bei Funchal. Dort starb er bereits am 1. April 1922. Begraben ist er in der Barockkirche Nossa Senhõra do Monte.

Elisabeths Aufenthalte

Madeira hat Elisabeth nur zweimal besucht, 1860/61 und 1893: Der erste Aufenthalt dauerte fast ein halbes Jahr. Die damals offensichtlich sehr spontan gefällte Entscheidung Elisabeths, sich so schnell wie möglich auf die ferne Insel Madeira zu begeben, dürfte vor allem auf den Einfluß Erzherzogs Maximilian, des Bruders des Kaisers und Oberbefehlshabers der Marine, zurückzuführen sein. Er hatte 1860 eine Reise nach Brasilien unternommen und dabei auch Madeira kennengelernt.

Da Elisabeth nicht warten wollte und im Augenblick kein Schiff der österreichischen Marine zur Verfügung stand, bat man die englische Gesandtschaft in Wien um „Amtshilfe": Prompt stellte Queen Viktoria ihre Jacht „Victoria und Albert" zur Verfügung. Der Kaiser begleitete seine Gemahlin auf der Zugreise bis Bamberg, wo man am 18. November im Gasthof „Zum Deutschen Haus" übernachtete. Dann fuhr die Kaiserin allein weiter. Zum ersten Male reiste sie nun für längere Zeit ohne ihren Gemahl und nutzte die neuen quer über den Kontinent gezogenen Eisenbahnverbindungen. Am 20. November 1860 machte die Kaiserin Station in Mainz im Hotel „Rheinischer Hof" am Ufer des Rheins. Dann ging es mit der Eisenbahn weiter nach Antwerpen, wo die englische Jacht bestiegen wurde.

Ende November traf Elisabeth auf Funchal in Madeira ein, wo für sie etwas außerhalb eine eher bescheidene Villa, die „Quinta Vigia", angemietet worden war:

Die Villa Quinta Vigia in Madeira

Elisabeth ist entzückt. Auf einem hoch in das Meer hinausragenden Felsen liegt ein tropischer Zaubergarten. Darin das Haus mit einer schönen, von Säulen getragenen Veranda, an der sich prächtige Lianen mit gelben und lila Glockenblumen in üppiger Fülle emporranken, Von den breiten Fenstern hat man den Blick auf das freie Meer, aus dem Garten steigt berauschender Duft empor. Ein unter Blüten begrabener Pavillon steht auf dem äußersten Felsrand, der senkrecht einige hundert Fuß ins Meer stürzt. Lorbeer und Palmen umrahmen das malerische Bild.[3]

In Madeira geht Elisabeth zunächst wenig aus dem Haus. Sie sitzt am offenen Fenster und sinniert. Sie kümmert sich um Tiere, vermehrt ihre „Menagerie“, sammelt Pflanzen, liest, unterhält sich mit ihren Hofdamen und schreibt Briefe. Sie reitet wenig und sie wandert wenig. Am 28. Februar 1861 verläßt die Kaiserin Madeira. Aber es ist keine Heimreise. Es ist der Beginn ihrer Wanderschaft, ihrer Neugierde auf die Welt. Jetzt erst fängt sie an, die Freiheit, die sie sich geschaffen hat, auszunützen: Sie fährt nach Spanien und weiter nach Korfu. Im Mai ist sie in Wien, nur um es gleich wieder zu verlassen.

Bei ihrem zweiten Aufenthalt in Madeira an Weihnachten und Neujahr 1893 spürte Elisabeth kein Heimweh mehr wie

1860/61. Im Gegenteil. Diesmal wohnt sie auch nicht in einer privaten Villa, sondern im Luxushotel des Hoteliers Reid.

Porto und Lissabon

Seit dem Jahr 1890, in dem Andrássy und ihre Schwester Helene starben und in dem ihre Tochter Marie Valerie Erzherzog Franz Salvator heiratete, begannen die Reisen für Elisabeth zum Lebensinhalt zu werden. Im Juli besuchte Elisabeth zum letzten Mal England, d. h. Dover und London. Warum sie das tat, ist nicht mehr genau zu rekonstruieren. Bei ihrem Londonaufenthalt bot der dänische Gesandte der Kaiserin seinen Segelkutter „Chazalie" an, mit dem sie in der Folgezeit für drei Monate im Atlantik und Mittelmeer unterwegs war. Schon bei ihrer Abfahrt von Dover war das Schiff im Kanal in einen Sturm geraten, was Elisabeth so begeisterte, daß sie sich am Mastbaum anbinden ließ, um das Naturschauspiel voll genießen zu können. Mit Verspätung lief dann das Schiff einige Tage später Richtung Bucht von Biskaya aus. Der zunächst vorgesehene spanische Hafen La Coruna, von dem aus man die berühmte Jakobswallfahrt von Santiago de Compostela in Compostella hätte besuchen können, war jedoch wegen der in Spanien ausgebrochenen Cholera gesperrt. Also nahm die „Chazalie" Kurs auf Portugal. Es war Elisabeths erster und einziger Aufenthalt in diesem Land.

Man lief zunächst den Hafen Porto an. Trotz großer Hitze ging Elisabeth an Land und sah sich zwei Tage Stadt und Umgebung an. Dann ging es weiter nach Lissabon. Der Atlantik war derart stürmisch, daß nahezu alle Besatzungsmitglieder seekrank waren. Selbst der kaiserliche Griechischlehrer konnte seinen Dienst nicht verrichten. In Lissabon angekommen, lehnte Elisabeth eine Einladung des portugiesischen Königshauses ab, sondern widmete sich zunächst der Besichtigung der Stadt und ihrer Umgebung. Da die Königinwitwe Maria Pia, Tochter des Königs Viktor Emanuel II., aber auf ein Treffen drängte und Elisabeth eventuell auch auf dem Schiff besuchen wollte, erschien diese dann doch wohl oder übel für kurze Zeit am Hof in Lissabon.[4] Damals regierte in Portugal der noch junge Karl I.(1863–1908), der mit Marie Amelie von Orléans verheiratet war.

Mit dem portugiesischen Königshaus war Elisabeth zweifach verbunden. Zum einen hatte ihr Bruder Karl Theodor eine portugiesische Infantin geheiratet, die von Elisabeth sehr geschätzte Maria José von Braganza (1857–1943); zum anderen stammte Elisabeths Schwägerin Maria Theresia, die Frau von Erzherzog Karl Ludwig, aus dem portugiesischen Königshaus.

Griechenland: Korfu und die Ionischen Inseln

Die Geschichte der Ionischen Inseln (Korfu, Paxos, Leukas, Ithaka, Kephallinia, Zakynthos und Kythera) unterscheidet sich wesentlich von der des griechischen Festlandes. Seit dem 14. Jahrhundert zusammen mit Dalmatien von Venedig besetzt, gelang es der „Serenissima", die Inseln bis zum Ende der Markusrepublik durch Napoleon gegen die Angriffe der Türken zu behaupten. 1797 besetzten die Franzosen auch die Ionischen Inseln, und Korfu wurde zum Sitz der „Republik der Sieben Vereinigten Inseln". 1799 erschien eine russisch-türkische Flotte vor Korfu und zwang die Franzosen zur Kapitulation. 1800 entstand unter türkischer Oberherrschaft ein de facto souveräner Staat unter dem „Fürsten" und Präsidenten Graf Theotokis. Zum ersten Mal in der Neuzeit gab es einen selbständigen griechischen Staat, doch innere Gegensätze führten zu Interventionen der Großmächte. Russen, Franzosen und Engländer stritten sich um den Besitz der Insel. Schließlich wurde im Pariser Vertrag vom 5. November 1815 bestimmt, daß die Inseln unter der Bezeichnung „Vereinigte Staaten der Ionischen Inseln" einen unabhängigen Staat unter dem Schutze Englands bilden sollen. Der wahre Herr auf der Insel war trotz aller Verfassungen der englische Lordoberkommissar.

Als 1821 der griechische Freiheitskampf ausbrach, zählten die Ionischen Inseln, die durch ihre Schiffahrt zu Wohlstand gekommen waren, zu den einzigen nicht von Türken besetzten griechischen Gebieten. Die vermögenden Familien unterstützten den Freiheitskampf der Griechen auf dem Festland und griffen nach den ersten Erfolgen der Aufständischen auch bald massiv in die griechische Politik ein: So stammt etwa der erste Präsident des neuen griechischen Staates, der 1831 ermordetete Kapodistrias, aus Korfu. Als aber 1832 unter dem Wittelsbacher König Otto, dem Sohn König Ludwigs I., das Königreich Griechenland proklamiert wird, verweigern die Engländer den Anschluß der Ionischen Inseln an das Königreich Griechenland. Dies geschieht erst, nachdem 1862 König Otto vertrieben wurde und die Dynastie Glücksburg mit Georg I. den griechischen Thron bestieg. Um König Georg zu stützen, treten die Engländer 1864 die Ionischen Inseln an Griechenland ab.

Elisabeth, die „letzte Griechin"

Seitdem Elisabeth auf ihrer Heimreise von Madeira am 15. Mai 1861 mit dem Schiff im Hafen von Gasturi eingelaufen war und zum ersten Mal Korfu gesehen hatte, ließ sie der Zauber der Insel nicht mehr los. Schon einen Monat später kehrte sie zurück, um dort als Gast des englischen Oberkommissars in dessen Villa auf der Halbinsel Analipsis vom 27. Juni bis Ende Oktober zu bleiben. Sie wohnte in der noch aus venezianischer Zeit stammenden Villa Braila. Korfu wurde zu Elisabeths Trauminsel. Nun entwickelte sie ihren „mediterranen" Lebens- und Reisestil mit Wanderungen, Seefahren, Bädern im Meer, Lesen und Dichten. Und was wichtig war: Sie begann Neugriechisch zu lernen. Aber auch die meditative Seite ihres Wesens entwickelte Elisabeth vor allem in Korfu. Am 28. Juli 1861 schrieb die Kaiserin an Erzherzog Ludwig Viktor, den Bruder des Kaisers:

> Mein Leben ist hier noch stiller wie in Madeira. Am liebsten sitze ich am Strand, auf den großen Steinen, die Hunde legen sich ins Wasser und ich schaue mir den schönen Mondschein im Meer an.

Doch es sollte noch weit über 20 Jahre dauern, bis Elisabeth zur überzeugten Griechin wurde. Ihre ganz persönliche Entdeckung des klassischen Griechenlands, ihr „Bekehrungserlebnis", fällt in das Jahr 1885. Damals beschließt sie, auf den Spuren Schliemanns nach Kleinasien zu fahren. Die Reise führte sie über Korfu, das sie wieder wie 1861 völlig verzaubert. Schicksalhaft sollte nun ihre Begegnung mit dem dortigen österreichischen Konsul Alexander von Warsberg werden.

Warsberg war ein besonderer Kenner der griechischen Antike, der in seinen Büchern, besonders in seinen 1878 erschienenen „Odysseeischen Landschaften", Korfu und die Ionischen Inseln mit großer Leidenschaft geschildert hat. „Die Kaiserin und Warsberg verbindet eine überschwengliche Liebe zur Natur und zur unberührten Landschaft. Korfu ist für Warsberg eine der Gegenden, welche den Menschen die ersten Vorstellungen vom verlorenen Paradies gegeben hat, als ob der Fluch der Erbsünde, so drückt er es überschwenglich aus, diese Insel nicht getroffen hat."[1]

Die Seereise führte von Korfu weiter nach Leukas (Santa Maura). Dort zeigt man Elisabeth den Felsen, von dem sich angeblich Sappho in den Tod gestürzt hat – eine Vorstellung, die Elisabeth immer wieder faszinierte. Am 1. Oktober waren die Dardanellen erreicht. Trotz des gespannten Verhältnisses Österreichs zum Osmanischen Reichs wird Smyrna angefahren, und was noch schlimmer ist, Elisabeth wandert sogar durch die Stadt. Es folgen Rhodos, Zypern und schließlich Ägypten. Am 1. November war man wieder zurück in Schloß Miramare.

Die Fahrt von 1885 hat Elisabeth nicht nur zur Griechin, sondern auch zur Seefahrerin werden lassen. Welche Faszination nun das Meer auf sie ausübte, hielt sie in ihrem Gedicht „Seelenbrautfahrt" fest, in dem sie ihren Weg zum Grab (und zur Seele) des Achilles in Troja schildert. Sie erinnert sich dankbar an ihren ersten Korfuaufenthalt, auch daran, wie ihre „kranke Seele" seit dieser Rast in Korfu alle Leiden abgestreift hat und zur „freien Seele" geworden war, die kein irdisches Band mehr quält:

Weit die Schwingen ausgebreitet,
Über blauen Wassern gleitet
Meine Seele leicht dahin,
Alles Irdische vergessend,
Keine Fernen mehr bemessend,
Will sie freiheitstrunken flieh'n.

Bald in tiefen Felsenschluchten
Bald in weinumkränzten Buchten,
Sucht die Seele stets nur ihn;

Mit den Meereswogen reisend,
Mit den Möven mastumkreisend,
Rastlos vorwärts muss sie zieh'n ...

Zwei Delphine folgen hüpfend,
Ueber Wellen gleitend, schlüpfend,
In des Fahrzeugs weisser Bahn;
In den Lüften Schwalbenschwärme,
ziehend nach Egyptens Wärme,
Kommen dort von Nord heran.

An den jonischen Gestaden,
Wo sich Zantes Blumen baden,
Denkt die Seele liebend sein;
Wo Korfus Orangenhainen
Sich Cypressen ernst vereinen,
Weilt der Geist mit ihm allein.

Rauscht der Wind durch Oleander,
In der Seele Antwort fand er,
War's ja doch von ihm ein Wort;
Botschaft langen, treuen Sehnens,
Immer nur ihn nahe Wähnens
Trägt die Brise mit sich fort.

Lebe wohl, Korfu, du Holde,
Flüchtig manch' Jahrzehnt entrollte,
Seit der kranken Seele Rast
Du in dem Olivenschatten,
Rosmarin bedeckter Matten
Liebevoll gespendet hast.
Von dem Erdenwahn genesen,
Alle Leiden die gewesen,
Abgestreift im Lebensflug,
Richtet heut' die freie Seele,
Die kein irdisch' Band mehr quäle,
Gegen Troja ihren Zug.

... Riffe, Klippen, Myrtensträuche,
Weingelände, kleine Eiche,
hier der Fels, wo Sappho sprang;
Klingt's wohl noch in stillen Nächten,
Als ob Nixen Kunde brächten
Von der Dichterin Gesang?

... Das ersehnte Land rückt näher,
Sehnsuchtswogen steigen höher
Mit den Meereswogen auf;

Meine Seele steht am Steuer,
Und mit heissem Liebesfeuer
Schleunigt sie des Schiffes Lauf ...[2]

1886 hält sich Elisabeth im Februar nur kurz in Miramare auf. Sonst sieht sie nichts vom Mittelmeer und nichts von der südlichen Sonne. Sie vermißt die Abende und Nächte in Korfu. Im Oktober 1887, noch während ihres traditionellen Aufenthaltes in Ischl, verspürte die Kaiserin Fernweh. „Sehnsucht nach Corfu" heißt das Gedicht, das sie damals verfaßte:

Mir bangt nach Phöbus' heissen Gluten,
Nach Lunas holdem Silberlicht,
Nach tiefen, blauen Meeresfluten
Nach Palmen, die der Zephir wiegt.

Ich sehne mich nach den Cypressen,
Die hoch auf grauem Felsen steh'n,
Von welchem, ernst und weltvergessen,
Sie träumend nach Albanien seh'n.

Die Meereswogen plätschern lauschig
Tief unter ihnen in der Bucht,
Und in der Ferne, weiss und bauschig,
Eilt manches Schiff auf leichter Flucht.

O könnt' ich wieder sinnend schreiten
Im duftenden Orangenhain,
Wie einst in längstentschwund'nen Zeiten
Allein mit meinen Träumerei'n!

Das Haus auch will ich wieder sehen,
Auf Säulen steht's, mit flachen Dach;
Die wilden Oleander wehen
Durchs Erkerfenster ins Gemach.

Ins stille Zimmer, wo ich weinte
Und schrieb und sann so manche Nacht,
Weil mir der Himmel das verneinte,
Was ich als Eden mir erdacht ...[3]

Kurze Zeit darauf macht sich Elisabeth dann wieder nach Süden auf. Von Miramare aus eilt sie mit der kaiserlichen Jacht, dem Raddampfer „Greif" nach Korfu. Hier entwickelt Elisabeth nun mehr und mehr dieses mystische Verhältnis zum Meer, das sie nie mehr loslassen sollte. Diese Faszination spiegelt sich in der Beschreibung einer nächtlichen Meerfahrt mit dem Kutter „Lizzy". In diesem Gedicht spricht Elisabeth ihr Freiheitsstreben und ihre Todessehnsucht an. Freiheit und Tod werden sich im letzten Jahrzehnt ihres Lebens zu beherrschenden Themen entwickeln:

Auf dem kleinen Cutter „Lizzy"
Glitten auf dem Meer wir hin,
Dessen bläulich schwarze Wogen
Silberhell der Mond beschien.

Von dem Purpurhorizonte
Hob sich schwarz und scharf Corfu;
Und der hohen Festung Leuchte
Glänzte weit in stolzer Ruh'.

Doch jetzt bauschte unsre Segel
Frischer kecker Maestral,
Und wir flogen gen Albanien
Auf der Wogen Silberfall ...

Nein, nur namenloses Sehnen
Füllte schmerzlich meine Brust;
Tod in diesen Silberfluten
Dünkte mir die höchste Lust ...

Meine Heimat, meine blaue,
Meine wunderbare See!
Wie ich trunknen Augs dich schaue,
Ist mir's Herz vor Lust fast weh ...[4]

Am 26. Oktober machte die Kaiserin einen Ausflug nach Ithaka, der Insel des Odysseus:

Der Regen fällt in Strömen,
Es wütet der Orcan,
Als könnte nichts sie zähmen,
So tobt die See heran ...

Von Santa Maura's Küste
Da fällt der Leuchten Schein
In diese Meereswüste
Aus dunkler Ferne ein.

„Wir dürfen hier nicht bleiben",
Zur Möve spricht der Greif;
„Die bösen Fluten treiben
Um uns den Zauberreif ...

Sie ziehen nun gen Süden
An Wald und Fels vorbei;
Hier sind Orangenblüten,
Dort graues Einerlei;

Und fern im Hintergrunde
Spannt weit sich übers Meer
Der farbenreiche, bunte,
Der Friedensbogen her.

Bald blaut der Himmel helle
Und tiefer blaut die See;
Die sanftgekrauste Welle
Vergass des Sturmes Weh ...

Und rechts und links Ruinen
Auf niedern Felsen steh'n,
Die mit verfallnen Zinnen
Herab zum Hafen seh'n.

Im Hintergrunde steiget
terrassenförmig auf
Olivengrün umzweiget,
Vathy den Hang hinauf.

Die weissen Häuser winken,
Gar freundlich aus dem Grün
Die Fensterscheiben blinken,
Wie Phöbus sie beschien …

Luna hat sich erhoben
Am dunkeln Himmelszelt
Und silbern rings umwoben
Die kleine Zauberwelt.

„Sag an, o mein Gefährte,
Sind wir im Paradeis,
Entflogen schon der Erde?"
Frägt jetzt die Möve leis.

Der flüstert von der Welle:
„Wir sind in Ithaka;
– Geheiligt ist die Stelle –
Odysseus' Seele nah'.[5]

Das „Schiff des Odysseus"

Am 15. November 1887 nahm die Kaiserin wieder Abschied von Korfu, um pünktlich zu ihrem Namenstag am 19. November in Wien zu sein. Wie schwer ihr der Abschied fiel, zeigt ihr wehmütiges Gedicht:

Es stöhnt der Wind, die Möven klagen,
Und graue Wolken fallen ein,
So muss ich Lebewohl heut' sagen
Corfu, dir und dem Sonnenschein?

Lebewohl den weinumrankten Küsten,
Den Höh'n, olivenwaldbedeckt,
Die stets mich heimatlich begrüssten,
Die oft mich bargen, weltversteckt.

Wann werd'ich deinen blauen Fluten
Mein Schifflein wieder anvertrau'n;
Und wann die tiefen Purpurgluten
Auf deinen Wellen wieder schau'n?

Ich rufe Lebewohl auch ihnen,
Den Spielgefährten, dorten zu,
Den ewigspielenden Delphinen,
Den Möven, ohne Rast und Ruh.

Schon trägt der Greif mich in die Ferne;
Corfu, du schwindest meinem Blick!
Des Bären Bild, die Wagensterne,
Sie weisen ihm den Weg zurück.

Doch kehr' ich heim in deine Buchten,
Wenn mir des Lebens Sturm missfällt.
Was ich und meine Möven suchten,
Hier find' ich's – Ruhe vor der Welt.[6]

Vor ihrer Abreise hatte Elisabeth ihrem Obersthofmeister Baron Nopcsa den Auftrag erteilt, sich auf der Insel Korfu nach einem geeigneten Grundstück für den Bau einer Villa umzusehen, denn: „Korfu ist ein idealer Aufenthalt, Klima, Spaziergänge im endlosen Olivenschatten, gute Fahrwege und die herrliche Meeresluft, dazu den prachtvollen Mondschein."[7]

Als die Kaiserin im Oktober 1888 zurückkam, wurde mit dem Villenprojekt ernst gemacht. Konsul Alexander Freiherr von Warsberg erhielt nun den konkreten Auftrag zur Planung einer Villa. Sie soll dort entstehen, wo Elisabeth ihre schönsten und gleichzeitig wehmütigsten Stunden erlebt hatte, auf den Höhen über dem Dorf Gasturi:

Corfu im Herbst 1888

Wir standen auf tiefgrünem Hügel
Im silberbeblätterten Hain
Der schwermütig dunklen Oliven,
Der Himmel war tiefblau und rein.

Vor unsern Blicken erglänzte
Das strahlende endlose Meer –
Wir schauten uns tief in die Augen,
Wir lachten und scherzten nicht mehr.

Und Helios sank in die Fluten,
Ein feurig erglühender Ball,
Es kamen an's Ufer gezogen,
Die Wellen mit klagendem Schall.

So wird meine Seele einst klagen,
Wenn grausam das Schicksal uns trennt …
Ein leuchtender Helios entschwunden,
Ein dunkelndes Nachtfirmament.[8]

Einen Sonnenuntergang über Gasturi beschreibt Elisabeth am 30. Oktober 1888:

Es rauschen die Wogen, es rauschet das Meer,
Der Abendwind treibt sie an's Ufer daher.
Wo purpurn die Sonne am Horizont sank,
Da segeln nun goldene Wolken entlang …[9]

Wie sehr sich Elisabeth von der malerisch gegliederten Insellandschaft, von dem Blick auf das albanische Festland und überhaupt von den Ausblicken auf das Meer verzaubern ließ, zeigt ein weiteres Gedicht vom Herbst 1888, das den Ausblick von der Kapelle „Aja Kiriaki“, südlich über der Villa Braila beschreibt, wo sie schon 1861 allein hinaufgestiegen war.

… Du stehst auf hoher Felsenkante,
Gelehnt an die Kapellenwand,
Zu deinen Füssen ausgebreitet
Schaust du das zaubrisch schönste Land.

Doch diese lieblich grünen Thäler,
Hier von Olivenwald bedeckt,
Und dort von blühenden Orangen,
Und Oleandern fast versteckt.

Die edle weisse Bergeslinie
Die majestätisch sich erhebt,

In's Ätherblau, wo hin und wieder
Ein leichtes Silberwölkchen schwebt.

Den Blick nur fesselt dir dies alles,
Denn deine Seele lauscht dem Klang,
Der Leier wunderbaren Tönen,
Dem milden brausenden Gesang.

Und soll ich dir den Sänger nennen?
Es ist der mächt'ge Maestral
Und seine Leier sind zwei Meere,
Sein Lied der Purpurwogen Schall.

Er schlägt mit Macht in beide Meere,
Es dröhnt sein Lied so siegbewusst,
Wie wild anschwellende Accorde
Von überird'scher Liebeslust.

Dann wieder scheint er leis zu weinen,
Ob deinem Haupt im dunklen Hain
Der hohen trauernden Cypressen,
Die sich um die Kapelle reih'n.

Er weint; und deiner Seele Klagen
Eint unbewusst sich diesem Klang,
Der wie ein längstvergess'nes Märchen,
Wehmütig eben dich durchdrang.

Das Lied verhallt, und Nebel decken
Mit grauen Schleiern Scheria's Bild;
Und deiner Seele wildes Sehnen
Wird nie und nimmermehr gestillt.

In langen schlummerlosen Nächten
Da tönt wohl etwas an dein Ohr,
Aus weiter Ferne diese Töne,
Was lockte wied'rum sie hervor?

Des Liedes Echo ist's gewesen,
In deiner Seele wohnt es nun,
Und lässt sie nimmermehr genesen –
Das Echo lässt sie nie mehr ruhn![10]

Warsberg wußte zwar schon genau, wo diese Villa stehen sollte, aber er hatte noch nie ein Haus gebaut. Die idyllisch gelegene Villa Braila, ein Bau, der noch aus venezianischer Zeit stammte, war Warsbergs erste Wahl. Er selbst hätte sich gerne dort niedergelassen. In seinem Buch „Odysseeische Landschaften" von 1878 beschrieb er die Villa bereits in den schönsten Farben:

Dort oben ... hielt ich bei der Villa Braila. Der Garten und das Haus sind einfach, beinahe ärmlich, für unsere Begriffe in einem Culturzustande, der bei uns Jahrhunderte zurückliegt. Aber was die Menschen nicht dazutaten, das gab der Himmel, und so wie das Haus und der Garten wildert, möchte ich mein Leben lieber dort als in allen Palästen Wien's und Paris' verbringen; nie weggehen, nur immer schauen, ausblicken und genießen, die Luft einatmen und die Augen weiden. Es steht ein Baum mit einer runden Bank um seinen Stamm wie auf einem Balkone dort, über dem Abhange zum See hin, der in der ganzen Herrlichkeit seiner Rundschau mein Lieblingssitz würde. Den Musen nach dem Parnasse und den Göttern selbst zum Olympe hinauf kann die Welt nie schöner erschienen sein als mir nach diesem Aussichtspunkte der Villa Braila. Mit solchen Bildern muß der Teufel unseren Herren in der Wüste nach den vierzigtägigen Fasten versucht haben.

Das war natürlich Elisabeth aus der Seele gesprochen und sie wünschte nun hier ihren Traum zu verwirklichen, obwohl das Gelände der Villa Braila noch nicht erworben war. Warsberg, damals schon ein schwerkranker Mann, machte sich mit Feuereifer an die Planung. Im Frühjahr 1889 berichtete Freiherr von Nopsca über Elisabeths Korfu- und Griechenlandleidenschaft, die auf sie nach dem Tode Rudolfs eine beruhigende und tröstliche Wirkung ausübte:

Ihre Majestät ist gottlob gesund, auch viel ruhiger und redet schon fließend griechisch. Mir scheint, dies nimmt ihr ganzes Denken in Anspruch, und dies ist ein günstiges Zeichen ... Warsberg ist sehr krank. Ihre Majestät und ich sind sehr besorgt wegen des Baues von Corfu, da wir nicht wissen, was Warsberg schon dafür bestellte und wo er ist.[11]

Am 28. Mai 1889 starb Warsberg. In Wien schien man zu hoffen, Elisabeth würde ihre Korfu-Pläne aufgeben. Doch Elisabeth trieb das Projekt, das nun dem aus Neapel stammenden Architekten Raffaele Carito übertragen wurde, unermüdlich voran. Nun wurde die Villa Braila bei Gastouri erworben und durch weitere Zukäufe der kaiserliche Besitz auf 200.000 Quadratmeter erweitert. Im Juni 1889 legte man die Baupläne vor, und unmittelbar darauf begann man mit den Arbeiten. „Ich möchte einen Palast mit Säulenhallen und hängenden Gärten, vor unberufenen Blicken geschützt – märchenhaft, hochmütig, heilig", meinte Elisabeth. Ende 1889 und Ende 1890 über-

Das Achilleion auf Korfu

zeugte sie sich persönlich von den Baufortschritten. Gewaltige Erdbewegungen waren notwendig, um für den Palast mit seinen 128 Zimmern und dem zum Meer abfallenden Park Platz zu schaffen. Umfangreiche Nebengebäude mußten errichtet werden, etwa das Telegraphenamt und die Stallungen sowie in der Nähe der Mole die Maschinenhalle für die Stromerzeugung.

Das Statuen- und Bildprogramm des „Achilleion" ist weitgehend das Werk der Kaiserin. Bei den Malereien dominiert der pompejanische Stil. Die Möbel werden nach griechischen und römischen Vorbildern von Künstlern aus Neapel und Wien gestaltet. Vom Wiener Maler Franz Matsch stammt das Hauptgemälde „Der triumphierende Achilles". Das eigens für das Achilleion gefertigte Geschirr zeigt einen gekrönten Delphin, das hl. Tier der Thetis, der Mutter des Achilles. Ein eigener Hafen sicherte die Exklusivität des Besitzes. Der Rosengarten war berühmt für seine hochstämmigen Rosensorten, die aus den Gärten der Thun-Hohenstein in Tetschen an der Elbe stammten. Die Statue des sterbenden Achilles im Park stand ursprünglich in der Hermes-Villa. Sie war eine Schöpfung des Bildhauers Herter und wurde im Jahre 1890 nach Korfu gebracht.

1891 war Elisabeths „Tusculum" auf Korfu fertiggestellt. Man hatte die besten Architekten und Künstler beauftragt. Elisabeth sagte „Das ist mein Asyl, wo ich mir ganz gehören darf, hier beschränken mich keine weltlichen Rücksichten."[12] Baron Nopcsa beschreibt der Vorleserin der Kaiserin, Ida Ferenczy, den Bau sehr wohlwollend:

Die Schönheit des Hauses besteht darin, daß es gelungen ist, den pompejanischen Stil mit der heutigen Bequemlichkeit zusammen zu verbinden, kein Gold und gewöhnte Pracht; alles einfach, aber dem Kenner sehr reich, da viel Kunst dabei ist, an den Möbeln teure und seltene Stoffe; die Möbeln ihrer Majestäten nach alt römischen Modellen sehr schön ausgearbeitet ... mich stimmt nur der eine Gedanke traurig, welche Zukunft es haben wird und für wen?[13]

Tatsächlich beginnt sich Elisabeth 1892 bei einem langen Aufenthalt in Korfu innerlich von der Insel und ihrem Achilleion zu lösen, auch wenn sie bis 1896 der Insel treu blieb. Über den

Im Park des Achilleion

Aufenthalt vom März bis Mai 1892 sind wir dank der gleich nach dem Tode der Kaiserin publizierten „Tagebuchblätter" des Constantin Christomanos gut unterrichtet. Der 22jährige Constantin Christomanos, Student der Geschichte und Philosophie und Byzantinist, war im Herbst 1891 als Griechischlehrer zur Kaiserin gekommen und reiste mit ihr am 6. März 1892 nach Korfu ab. Die Kenntnisse der Kaiserin in der neugriechischen Sprache waren inzwischen so gut, daß sie es in Wort und Schrift beherrschte. Jetzt war sie vor allem mit Übersetzungen in das Neugriechische beschäftigt. Elisabeth gehörte also nicht zur großen Zahl derjenigen Philhellenen, denen allein das klassische Altertum der gültige Maßstab war. Elisabeth liebte auch – und ohne Verklärung – die griechische Gegenwart. In dem geistreichen Christomanos fand sie einen Menschen, der ihr das Wesen der Griechen, der alten und der jetzigen, näherbringen konnte. Der Literaturkritiker Hermann Bahr meinte dazu:

Bei solchen Freunden ist sie ruhiger geworden, von ihnen hat sie gelernt, unser Los mit griechischen Blicken anzusehen. Zum Wesen der Hellenen hat sie eine unendliche, fast religiöse Zuneigung gehabt. Wenn man sagen will, wie ihr Andenken unter nachdenklichen und sehnsüchtigen Menschen dastehen wird, so möchte man sie als die letzte Griechin nennen.[14]

Christomanos schildert uns sehr detailliert die manchmal zwiespältige Wirkung, die dieses Eiland auf Elisabeth ausübte. Sie sagte zu ihm:

Man muß sich, um mit dem Leben auszukommen, schließlich zu einer Insel machen ... denn die Menschen tun den Dingen immer Unbill an, nur wo die Dinge allein sind, behalten sie ihre ewige Schönheit. Man denke nur, daß nach hundert Jahren kein Mensch mehr aus unserer Zeit da sein wird, kein einziger, und wahrscheinlich auch kein Königsthron mehr. Immer wieder neue Menschen, neue Mohnblumen, neue Wellen. Die sind wie wir, wir sind auch nichts mehr. Als ich das erste Mal in Corfu war, habe ich die Villa Braila oft besucht; sie war herrlich, weil sie inmitten ihrer großen Bäume ganz verlassen war. Das hat mich so zu ihr hingezogen, daß ich aus ihr das Achilleion gemacht habe ... Eigentlich bereue ich es jetzt. Unsere Träume sind immer schöner, wenn wir sie nicht verwirklichen ...[15]

Und weiter dann ihr berühmter Satz:

Wo immer ich wäre, wenn man mir sagen würde, ich müsse immer dort bleiben, dann würde auch das Paradies für mich zur Hölle werden.[16]

Bereits 1893 trug sich Elisabeth wieder mit Verkaufsabsichten. Der Kaiser ist verzweifelt und versucht sie in einem Brief vom 6. April 1893 umzustimmen:

... Wenn ich auch schon seit einiger Zeit merkte, daß Dich Dein Haus in Gasturi nicht mehr freut, seit es fertig ist, so war ich doch durch Deinen Entschluß, es jetzt schon zu verkaufen, etwas erstaunt und ich glaube, daß Du Dir die Sache doch noch überlegen solltest. Valerie und ihre wahrscheinlich zahlreichen Kinder werden auch ohne den Erlös für Dein Haus nicht verhungern, und es wird sich doch ganz sonderbar machen und zu keinen angenehmen Bemerkungen Anlaß geben, wenn Du gleich, nachdem Du die Villa mit so vieler Mühe, mit so vieler Sorgfalt und mit so vielen Kosten gebaut, so Vieles hintransportiert hast, nachdem noch in aller letzter Zeit ein Terrain dazu gekauft wurde, plötzlich den ganzen Besitz losschlagen willst ... Vergesse nicht, welche Bereitwilligkeit die griechische Regierung bewiesen hat, um Dir zu dienen, wie von allen Seiten alles mitwirkte, um Dir angenehm zu sein und Dir Freude zu machen und nun war Alles umsonst ...[17]

Und schließlich prophezeit er ihr: „Du wirst nur mehr reisen und in der Welt herumirren."

Zum letzten Mal besuchte Elisabeth Korfu im Frühjahr 1896. Die Bewohner ahnten, daß es mit der für Korfu so glanzvollen Zeit der kaiserlichen Aufenthalte zu Ende ging. Ein letztes rührendes Schauspiel bot eine Prozession, die vor das Achilleion zog, nachdem Elisabeth der Kirche von Gasturi eine gestickte Fahne gestiftet hatte, die nun der Pope der Kirche mit seiner Gemeinde in Empfang nahm. Eine Deputation des Dorfes bat bei dieser Gelegenheit um die Erlaubnis, den Cressidabrunnen in „Vasilissa Elisabetha" umbenennen zu dürfen. Dann zog man unter Zivio- und Evivarufen und dem Singen des Kyrieeleisons ins Dorf zurück.[18] Für die meisten Bewohner des Dorfes war es die letzte Begegnung mit der Kaiserin. Bei ihrer Abreise bemerkte die Kaiserin zum wiederholten Male:

Ein Heidengeld steckt im Achilleion, es wäre besser, es zu verkaufen, dann würden doch nach meinem Tode meine Kinder aus dem Erlös mehr Nutzen ziehen als aus dem fernliegenden Schlosse[19]

Das Achilleion, das schließlich die älteste Tochter Gisela geerbt hat, wurde 1906 von Wilhelm II. erworben. Wie für Elisabeth war dieses Schloß auch für den weit weniger öffentlichkeitsscheuen deutschen Kaiser ein Fluchtpunkt, ein Ort, an dem er ohne Uniform und fern von Regierungsgeschäften vor allem seinen wissenschaftlichen und literarischen Neigungen nachgehen konnte. In Korfu selbst veranlaßte er umfangreiche archäologische Ausgrabungen. Begleitet wurde er auf Korfu meist von seiner Frau Auguste Viktoria und seiner Tochter Viktoria Luise.

Wilhelm II. bewahrte auch das Andenken an die Kaiserin, freilich in einer Weise, die Elisabeth sicher nicht gebilligt hätte. Im Park des Achilleion hatte diese in einem kleinen Rundtempel eine lebensgroße Figur Heinrich Heines des dänischen Bildhauers Louis Hasselriis aufstellen lassen. Die Figur war schon 1879 für andere Zwecke geschaffen und 1891 nach

Korfu gebracht worden. Wilhelm II. ließ die Statue 1908 entfernen und ersetzte sie durch eine Kopie des Salzburger Elisabeth-Denkmals von Prof. Edmund Helmer.

Zum Abschluß: Das alte Europa, die Kunst des Reisens und des Müßiggangs

Im alten Europa des 19. Jahrhunderts gab es noch viele Menschen, die sich die Freiheit nahmen, den kultivierten Müßiggang als eine Form der Selbstverwirklichung zu pflegen. Dazu gehörte sicher auch Kaiserin Elisabeth. Der kultivierte Müßiggang darf nicht mit Untätigkeit verwechselt werden. Er bedarf der Anstrengung, zumindestens für den Mitteleuropäer, dem die Zufriedenheit, die Kunst des Stillsitzens und Genießens nicht in die Wiege gelegt wurden. Seit dem 19. Jahrhundert begibt man sich – um Ruhe zu finden – auf Reisen in die Einsamkeit, in die Wälder, auf die See und in die Berge. Die echte Heimat ist nur dort, wo man zufrieden ist, wo die Seele Frieden findet.

Erinnern wir uns, was Elisabeth sagte: Ihre Heimat sei dort, wo die Natur schön sei und wo es fröhliche Menschen gibt. Elisabeth hat die Fähigkeit des Südländers zum natürlichen Müßiggang bewundert. Bei einem Besuch in Neapel meinte sie zu ihrer Hofdame: „Sehen Sie nur, wieviele Müßiggänger es da gibt und lauter heitere Gesichter. Nur unter der südlichen Sonne kann es so glückliche Tagediebe geben; die kältere, feuchtere Luft des Nordens macht auch die Seelen düster, so daß in ihnen nur die Sorge gedeiht."

Auch Elisabeth hat versucht, im Reisen ihre Ruhe zu finden, den gestalterischen und produktiven Müßiggang zu kultivieren. Die Reisen führten sie in die Natur, in die Einsamkeit, zum Lesen, zum Schreiben, zum Nachdenken, zur Selbstfindung – in die Freiheit. Daher ist es falsch, Elisabeth als eine „getriebene Frau" abzutun. Das Reisen in die Einsamkeit, in die Wälder, aufs Meer und in die Berge ist für sie eine Suche nach Zufriedenheit und Erkenntnis. Ihre Kritiker nehmen ihr übel, daß sie die Öffentlichkeit meidet, daß sie in die Einsamkeiten dieser Welt, aber auch in die Schönheiten dieser Welt eintaucht. „Die zivilisierten Menschen ziehen mir nicht nach in die Einöden – da haben sie wohl Besseres zu tun. Das sind meine langen Einsamkeiten, aus welchen ich erkenne, daß man die Schwere seiner Existenz am meisten fühlt, wenn man in Kontakt mit den Menschen ist." Elisabeth ist kein Mensch, der sich im Trubel der Gesellschaft ablenken muß, kein extrovertierter Unterhalter und niemand, der in einem vorgegebenen Pflichtenkatalog aufgeht. Sie lebt konsequent in der Verwirklichung der Freiheit: „Die Leute wissen nicht", meint sie, „was sie mit mir beginnen sollen, weil ich in keine ihrer Traditionen und längst gekannten Begriffe hineinpasse. Sie wollen nicht, daß man ihre Schubladenordnung störe."

Elisabeths Reisen sind zeitlos modern. Sie kennen keine Vorurteile, was Nationen, Menschen oder politische Systeme betrifft. Sie sind intensiv, was die Aneignung des fremden Wesens, der Geschichte, der Sprache der anderen betrifft und sie sind intensiv, was die Selbsterkenntnis betrifft. Sie sind Versuche, das Dasein und das eigene Wesen zu begreifen. Ein solcher Erkenntnisversuch bleibt immer offen, endet vielleicht in der Wehmut über die Vergänglichkeit allen Daseins, in der Wehmut über die Brüchigkeit des alten Europa, endet vielleicht in der Hoffnung auf die Zukunftsseelen oder in einer unbestimmten Todessehnsucht.

Die „Spuren der Wehmut", die Elisabeth hinterlassen hat, sind die einer im Reisen suchenden Seele.

ANHANG

Zeittafel

1837 Geburt Elisabeths (24. Dezember)
1853 Verlobung in Bad Ischl (19. August)
1854 Fahrt München – Wien (München 20. April, Landshut 20. April, Straubing 20./21. April, Passau 21. April, Linz 21. April), Wien (24. April: Vermählung in der Augustinerkirche), Laxenburg (11. Mai – 27.Juli), Böhmen/Mähren (Juni), Wien, Ischl, Ausseerland (18. August), Wien (ab Mitte September)
1855 Wien (5. März: Geburt der Tochter Sophie), Wien/Laxenburg, Possenhofen (ab 21. Juni), Ischl (September/Oktober), Wien
1856 Wien (15. Juli: Geburt der Tochter Gisela), Kärnten und Steiermark (2.–14. September; Klagenfurt bis 5. September, Heiligenblut 7. September; Besteigung des Großglockners, Hermagor 9. September, Graz); Wien, Ischl (September/Oktober), Laibach (17. November), Triest (20. November), Venedig (25. November bis 1. Januar 1857).
1857 Venedig, Vicenza, Verona (5. Januar), Brescia (11. Januar), Mailand (bis 2. März), Mantua, Görz, Laibach, Wien, Budapest (ab 4. Mai), Umgebung von Budapest (ab 13. Mai), Jászberény (23. Mai), Debreczin (28. Mai); Budapest (29. Mai: Tod der kleinen Sophie), Wien/Laxenburg (ab 30. Mai), Mariazell (16. Juli: 700 Jahrfeier von Mariazell), Kloster Admont (17. Juli), Wien, Bisamberg, Ischl (September/Oktober), Wien
1858 Wien/Laxenburg, Triest (August: Elisabeth begleitet ihre nach Neapel heiratende Schwester Marie), Laxenburg (21. August: Geburt des Thronfolgers Rudolf), Ischl (Oktober/November), Wien
1859 Wien (bis Mai), Triest (Mai), Mürzzuschlag (Mai), Wien/Laxenburg, Reichenau (23. Juli), Reichenau (18.–20. August), Wien/Laxenburg, Reichenau (18. bis 22. September), Wien
1860 Wien (bis Mai/Juni), Laxenburg (13. Juli: Besuch von Elisabeths Brüder Ludwig und Karl), Bayern (Juli–Anfang August; Possenhofen), Wien (bis Oktober), München (17. November); Bamberg (18. November), Mainz (20. November), Antwerpen, Jacht „Osborne“, Überfahrt nach Madeira), Madeira (November bis 28. April 1861)

1861 Madeira (von November 1860 bis 28. April), Cadiz, Sevilla (1.–5. Mai), Gibraltar, Mallorca, Malta, Korfu (ab 15. Mai, kurzer Aufenthalt), Miramare (18.Mai), Wien, Laxenburg (Mai), Miramare (23. Juni), Korfu (27. Juni bis 26. Oktober), Venedig (26. Oktober bis Mai 1862).

1862 Venedig (von Oktober 1861 bis Mai), Reichenau (15. Mai bis 2. Juni), Kissingen (2. Juni–25. Juli), Possenhofen (Juli), Wien (ab 14. August), Reichenau (18. bis 25. August), Passau (9.–14. September; Treffen mit Mutter und Schwester)., Reichenau (15. bis 25. September), Wien

1863 Wien, Kissingen (16. Juni – 25. Juli), Wien

1864 Wien, Kissingen (16. Juni – 15. Juli), Wien, Feldafing/Possenhofen, Wien

1865 Wien, Dresden (10. – 17. Februar: Hochzeit ihres Bruders Karl Theodor mit Prinzessin Sophie), Wien, München (28. März), Wien (1. Mai: Einweihung der Ringstrasse), Ischl (Mai/Juni), Kissingen (1. Juli – 15. August), Ischl, Wien, München (13.–30. Dezember)

1866 Wien, Budapest (29. Januar – 5. März), Wien, Mariazell (9. Mai: Wallfahrt der Kaiserin), Ischl (Juni), Wien (ab 29. Juni), Ungarn (9. Juli – Budapest), Wien (12. Juli), Budapest (13.-30. Juli), Wien (30. Juli – 2. August), Budapest (ab 2. August), Wien (13.–19. August), Ungarn (19. August – 2. September), Ischl, Wien

1867 Wien, München (Ende Januar: Verlobung Ludwigs II. mit Elisabeths Schwester Sophie), Zürich (24./25. Januar – 8. Februar im Hotel „Baur au Lac"; Schwester Mathilde, Gräfin Trani: 16. Januar, Geburt einer Tochter), Wien (ab 8. Februar), (Ungarnreise des Kaiserpaares, (8. Mai – 12. Juni in Budapest: kurzer Aufenthalt in Tokay bei Andrássy, Budapest 8. Juni: Königskrönung), Ischl (12. Juni), Regensburg (Ende Juni: Beerdigung des Erbprinzen von Thurn und Taxis), Feldafing/Possenhofen, Ischl (ab 2. Juli), Salzburg (August; mit Kaiser Napoleon III. und Kaiserin Eugenie), Zürich (August; mit Gräfin Trani und Königin Marie von Neapel), Schaffhausen (9.–12. September in Hotel Schweizerhof am Rheinfall), 13.–16. September: über Romanshorn, Lindau, München zurück nach Wien

1868 Wien, Ungarn (ab 5. Februar; Gödöllö: 22. April: Geburt von Marie Valerie), Ischl (ab 9. Juni), Garatshausen (ab 9. August), Wien, Gödöllö (Oktober), Ofen (Anfang Dezember), Wien (ab 24. Dezember)

1869 Wien, Agram (März), Ungarn (März/April), Wien (Mai), Garatshausen (4. Juli – 17. August), Ischl (ab Mitte August), Triest (4.–5. September), Budapest/Gödöllö (Oktober/November/Dezember), Ancona, Rom (8. Dezember – Frühjahr 1870)

1870 Rom; Budapest/Gödöllö (Januar – Mai), Ischl (Juni), Neuberg, Mürzsteg (ab 5. Oktober), Meran (17. Oktober – 5. Juni 1871; Schloß Trauttmannsdorff)

1871 Meran (Oktober 1870 – März 1871), Wien (Anfang März), Budapest (ab Mitte März), Meran (Ostern – Anfang Juni), Bayern, Ischl, Meran (15. Oktober – 27. Dezember), Wien

1872 Wien (bis 21. Januar), Meran (ab 23. Januar), Budapest/Gödöllö (März/April), Meran (April – 16. Mai), Wien (ab 16. Mai; 27. Mai: Tod der Erzherzogin Sophie), Ischl (Juni – November), Possenhofen (ab Mitte September), Ischl (Oktober), Budapest/Gödöllö (ab Oktober)

1873 Gödöllö (Januar), Wien (April), München (20. April; Hochzeit Giselas mit Leopold von Bayern), Wien (Eröffnung der Weltausstellung), Payerbach bei Reichenau (Juli; mit Marie Valerie); Ischl, Wien, Ischl (ab Mitte August), Wien (September), Gödöllö (Oktober/November), Wien (2. Dezember: 25. Regierungsjubiläum des Kaisers), Gödöllö (ab 3. Dezember)

1874 Gödöllö, München (8. Januar), Budapest (ab Mitte Januar), Wien (Februar; Hofball und Fasching), München (Ende Februar), Ischl (Juni/Juli), Straßburg, Le Havre, England (ab 28. Juli), Insel Wight (ab 2. August; Ventnor; Osborne: Besuch bei Queen Viktoria), London (August; Hotel Claridge), Boulogne, Baden-Baden (Ende September), Possenhofen, Pardubitz/Böhmen (Oktober; mit Franz Joseph), Wien, Gödöllö

1875 Wien, Ungarn: Budapest, Gödöllö (ab 22. Januar), Wien, Garatshausen, Ischl (Juni), Fecamp (31. Juli) Sassetôt-les-Mauconduits/Normandie (31. Juli – 27. September), Paris (26. September), München, Wien, Budapest/Gödöllö (ab Mitte Oktober), Wien (19. November: Elisabeths Namenstag), Budapest/Gödöllö

1876 Budapest/Gödöllö (31. Januar; Tod Déaks), England (Anfang März), London (12. März: Empfang in Windsor bei Queen Viktoria), Towcester (Landsitz Easton Neston), Wien (ab 5. April), Ischl (Juni, Juli), Feldafing/Possenhofen (ab 1. Juli), Ischl, Korfu (Anfang September), Athen, Triest (13. September Schloß Miramare), Gödöllö

1877 Budapest/Gödöllö (bis Ende Januar), Wien (Februar), Göding (März), Ischl (Sommer), Feldafing, Gödöllö (September – 27. Dezember), über München (28. Dezember), London (31. Dezember), Combermere/Cheshire nach Cottesbrook/Northamptonshire (Dezember – Februar 1878)

1878 Cottesbrook/Northamptonshire (Anfang Januar – Mitte Februar), Wien (ab 23. Februar), Ischl (Juli/August), Tegernsee (September; 9. September: Goldene Hochzeit der Eltern), Wien, Gödöllö (ab Mitte September), Budapest, Gödöllö (bis Januar 1879)

1879 Gödöllö (Januar), Wien (Januar/Februar), (Mai – Juni) Ischl, (Juni, Juli) Irland (Februar, Schloß Meath bis Mitte März), Wien (März, April – Silberhochzeit), Ungarn, Bayern (August), Gödöllö (November/Dezember), Wien

1880 Wien, Bayern (Februar), Irland: Summerhill (Anfang Februar – Anfang März), London (10. März), Brüssel, Wien, Ungarn (Mai/Juni), Ischl (August), Bayern, Gödöllö (Herbst)

1881 Wien (Januar – Februar), England: Combermere/Cheshire (15. Februar – Ende März), Paris (28. März: Zusammenkunft mit Geschwistern), Wien (10. Mai: Hochzeit Rudolfs), Garatshausen (Juni), Ischl, Gödöllö (Mitte September), Wien, Gödöllö (ab Ende Oktober)

1882 Wien (Januar), England: Combermere/Cheshire (Februar – 6. März), London, Paris (Zwischenstation, um ihre Schwestern zu sehen), Wien, Göding (April – Reitjagden), Budapest/Gödöllö, Wien, Feldafing (Juni), Ischl (bis August), Budapest/Gödöllö

1883 Budapest/Gödöllö, Wien (ab 17. Januar), Baden-Baden (4. April – 8. Mai; Ausflug nach Heidelberg), Bayern (ab 8. Mai; München, Feldafing), Ischl (ab Juli), Mürzsteg (August – im kaiserlichen Jagdhaus), Laxenburg (Anfang September; Geburt der Kronprinzentochter), Wien, Ungarn

1884 Wien; Wiesbaden (17. März – 6. April; Hotel „Vier Jahreszeiten"), Heidelberg (5. April – 1. Mai; Ausflüge: Worms 21. April, Heilbronn 26. April), Amsterdam/Zandvoort (3. Mai – 10. Juni; Massagekur im „Amstel-Hotel" bei Dr. Metzger; Elisabeth wohnt im „Doelen Hotel"), Feldafing (Juli), Ischl (August), Mariazell (11. September), Budapest/Gödöllö (Herbst), Wien.

1885 Budapest, Wien (Januar), Miramare (ab 19. Januar), Amsterdam/Zandvoort (Februar – 1.April; Kur bei Dr.Metzger im „Amstel Hotel", Elisabeth wohnt in Zandvoort in der Villa „Paula" sowie in Amsterdam im Hotel „Doelen"), Heidelberg (2. April -10. Mai; Ausflüge: Trier und Koblenz 11. April, Baden-Baden: 4. Mai), Feldafing (ab Ende Mai), Roseninsel (20. Juni), Gastein (ab 5. August), Zell am See (7. – 9. August: Hotel „Kaiserin Elisabeth"; 9. August: Wanderung auf die Schmittenhöhe), Ischl (ab 9. August), Kremsier (25./26. August: mit Kaiser Franz Joseph; Treffen mit dem Zaren), Wien, Eisenerz (Jagdhütte bei Radmer 9. September), Orientreise (ab 5. Oktober auf dem Schiff „Miramar"), Lacroma, Lissa, Korfu, Santa Maura, Patras, Korinth, Zante, Milo, Santorin, Dardanellen (21. Oktober), Troja, Smyrna, Rhodos, Zypern, Port Said, Alexandria, Ithaka, Korfu, Miramare (1. November), Wien, Gödöllö (Dezember)

1886 Wien (28. Januar: Hofball), Miramare (ab 6. Februar), Wien, Baden-Baden (ab 2. März – 25. April; Ausflüge: Heidelberg 3. und 18. April), München, Feldafing, Wien (Mai), Hermesvilla (24. Mai), Ungarn, Bayern (Feldafing, Garatshausen Anfang Juni), München (Ende Juni – Beisetzung König Ludwig II.), Gastein (1. – 4. Juli), Ischl, Mariazell (21. Juli), Gastein (12. August), Ischl (Ende August), Gödöllö (Oktober), Wien (ab November; 11. Dezember: Besuch der Landesirrenanstalt)

1887 Wien (Januar/Februar/März), Ungarn: Budapest (Anfang März), Herkulesbad (4. – 21. April), Ischl (22. – 25. April; 22. April: Geburtstag Marie Valeries), Herkulesbad (25. April – 13. Mai; 28. April: Besuch der Königin Carmen Sylva), Ischl (Mai), Rumänien (Kurzbesuch), München (Kurzbesuch am 22. Mai), Hermesvilla (Ende Mai erste Übernachtung der Kaiserfamilie), Ischl (Juni), Hamburg (Juli; Besuch bei Heinrich Heines Schwester Charlotte Emden), England: Seebad Cromer (Juli), Insel Wight (Osborne: Treffen mit Queen Viktoria), Kreuth (August), Ischl (ab Mitte August – Oktober), Korfu (ab 21. Oktober – 15. November), Albanien (Ausflug), Leuka, Ithaka (30. Oktober – 1. November), Triest (18. November), Wien (19. November: Elisabeths Namenstag), Gödöllö (24. Dezember: 50. Geburtstag)

1888 Wien, Budapest/Gödöllö (10. Februar mit Marie Valerie), England (März/April – London; Hotel Claridge mit Marie Valerie), Bournemouth (April), München (Zwischenstation), Baden-Baden (17. – 22. April), München, Wien (Mitte Mai, 13. Mai: Enthüllung des Denkmals für Maria Theresia), Gastein (Juli), Ischl (August; u. a. Ausflug Langbathseen), Bayreuth (August: Richard Wagner-Festspiele), Kreuth (29. August: 80. Geburtstag Ludovicas), Zell am See (1. September – 3. September mit Marie Valerie; Hotel Elisabeth), Ischl, Korfu (Anfang Oktober; Villa „Braila" bei Gasturi), Miramare (Oktober), Missolunghi, Leuka (= Santa Maura), Korfu (Anfang Dez. Abfahrt), Miramare (mit Franz Joseph), Wien, München (26. Dezember)

1889 Wien (ab Anfang Januar; 30. Januar: Tod Rudolfs), Budapest (ab Mitte Februar), Ischl (Ostern), Wiesbaden (April – 22. Mai; Langenbeck'sche Villa), Wien, Ischl (Juni Ausflüge), Feldafing (Juli), Gastein (Juli – „Villa Helenenburg"), Ischl (ab Mitte August), Madonna di Campiglio, Mendel, Meran (Oktober Schloß Trauttmannsdorff – mit Leibarzt Widerhofer), Miramare, Korfu, Messina, Palermo, Malta, Tunis, (Ruinen von Karthago), München (Kurzbesuch), Wien (ab 4. Dezember), Miramare (Weihnachten)

1890 Miramare, Wien, Mayerling (30. Januar: Rudolfs Todestag), Budapest/Gödöllö (18. Februar: Tod Graf Andrássy), Wiesbaden

(16. März – 30. April; Massagekur bei Dr. Metzger; Hotel Rheingold), Heidelberg (3. – 8. April; Schloßhotel), Wien, Regensburg (Mai; Tod der Schwester Helene), Feldafing, Possenhofen, Starnberger See, Gastein (Juni), Ischl (Ende August; Hochzeit Marie Valerie), Bayern (Kurzaufenthalt), Paris, Dover (Ende August), Portugal: Porto, Lissabon, Gibraltar (15. September), Tanger, Oran, Algier, Korsika: Ajaccio, Marseille, Toulon, Cannes, Monaco, Mentone, Italien: Livorno, Florenz, Pompeji, Capri, Neapel (in Neapel Ende November auf Schiff „Miramar" umgestiegen), Korfu (ab 25. November), Miramare (1. Dezember), Wien

1891 Wien (Januar), Schloß Lichtenegg bei Wels (26. und 27. Januar Besuch bei Tochter Marie Valerie), Korfu (ab Mitte März mit Valerie und deren Ehemann), Korinth, Athen (Ausflüge), Sizilien, Hermesvilla (Ende April: erste Begegnung mit Constantin Christomanos), Gastein (Juli), Bayern-Feldafing, Miramare, Korfu (Achilleion bezugsfertig), Ägypten (November; 3 Wochen Kairo), Korfu, Wien

1892 Wien, Korfu (Januar), Athen, Wien (Anfang Mai), Lichtenegg, Karlsbad (Juni; "Villa Teresa"), Bayern, Schweiz: Zürich (31. August), Rigi; Luzern (6./7. September) Rigi-Kaltbad (Hotel „Bellevue" bis 9. September), Interlaken (14. – 23. September, Hotel Jungfraublick), Gödöllö (Ende September: Auflösung des Reitstalles), Wien (November), Winterreise mit Schiff „Miramar": Triest, Messina, Balearen, Valencia (Heiligabend), Malaga, Granada (31. Dezember/1. Januar), Cadiz, Gibraltar

1893 Sevilla (18. Januar), Cadiz, Gibraltar (23. Januar), Mallorca, Barcelona, Marseille, Villefranche (Februar), Riviera, Turin (Februar), Schweiz: Genf, Territet (28. Februar – Ende März), Comer See, Mailand, Genua, Neapel, Korfu, Wien (Mai: Verlobung der Tochter Giselas mit Erzherzog Joseph August), Gastein (Juli), Venedig (September), Ungarn-Ofen (bis November),Wien (November – Kurzaufenthalt), Miramare (1. Dezember), Winterreise (mit der „Greif" von Miramar nach Algier: Algerien (Dezember), Madeira (Weihnachten und Neujahr)

1894 Mit dem Schiff „Greif" an der spanischen Küste, Alicante, Marseille, Cap Martin (Kaiser vom 1. – 14. März), Wien (Mai, Hermesvilla), Feldafing, Bad Vöslau (9. Juni), Madonna di Campiglio (Ende Juni), Korfu (September), Gödöllö (ab Oktober), Winterreise (ab 2. Dezember): Miramare, Pola, Marseille (Notre Dame de la Garde), Algier, Biskra, Constantine

1895 Algier, Marseille (Januar; „Hotel de la Paix"), Cap Martin (Abreise am 1. März), mit dem Schiff „Miramar" nach Korsika, (2. März: Ajaccio), Neapel, Korfu (bis 23. April), Venedig, Wien

– Hermesvilla (Mai und Juni), Bartfeld (1.-22. Juli), Ischl (August), Aix-les-Bains (August/September), Territet (September), Zürich, Wels (Schloß Lichtenegg), Gödöllö (Oktober), Wien (November), Cap Martin (Dezember – Februar 1896)

1896 Cap Martin (29. Januar-15. März; 24. Februar: Ankunft des Kaisers), Sorrent, Neapel (18. März), Korfu (23. März), Ungarn-Budapest (ab 30. April Millenniumsfeiern: 2. Mai Eröffnung, 8. Juni Empfang des Reichstags), Wien (Mai), Budapest (Juni), Hermesvilla (Juni), Ischl (August – September), Korfu, Biarritz (ab Anfang Dezember)

1897 Biarritz, Cap Martin (ab 19. Januar), Territet am Genfer See (März), Hermesvilla (Mai), Kissingen, (ab 10. Mai), Schwalbach (ab 10. Juni), Hermesvilla (bis 15. Juli), Ischl (ab Mitte Juli), Bozen (10. August morgens), Karersee (ab 10. August; Grand Hotel), Meran, (am 29. August – 28. September), Wallsee, Budapest (Oktober), Wien, Biarritz (am 25. November), Paris (Ankunft 18. Dezember; Massagekur bei Dr. Metzger), Marseille, San Remo; Turin

1898 San Remo, Territet (März), Kissingen (14. Mai bis 21. Mai), Brückenau (ab 21. Mai für vier Wochen), Wien (Hermesvilla), Ungarn, Ischl, Salzburg (15. Juli: Bahnhof), München („Hotel Continental"), Nauheim (16. Juli bis 29. August), Mannheim, Homburg, Frankfurt, Caux (ab 30. August), Pregny (9. September: Besuch bei Baronin Julie Rothschild), Genf (9./10. September; Hotel „Beau Rivage"; 10. September: Ermordung durch Luigi Lucheni)

Literatur

Andicis, H.: Das Österreichische Jahrhundert. Die Donaumonarchie von 1804 bis 1900. Wien u. a. 1974

Bayern, A., Prinz von: Die Wittelsbacher. Geschichte unserer Familie. 2. Aufl. München 1995

Benedikt, H.: Elisabeth. Kaiserin von Österreich. In: NDB 4 (1959). S. 442f.

Biehn H./Herzogenberg, Baronin J.: Große Welt reist ins Bad. München 1960

Biehn, H.: Residenzen der Romantik, München 1970

Bled, J.-P.: Franz Joseph. Der letzte Monarch alter Schule. Wien u. a. 1988

Burgh, A., de (= Alborough, Edward Morgan): Elizabeth. Empress of Austria. A Memoir. London 1899

Claud-Saar, A.: Kaiserin Elisabeth auf Cap Martin. Zürich 1902

Corti, E.: Elisabeth. Die seltsame Frau. 14. Aufl. Salzburg-Leipzig 1935

Corti, E.: Mensch und Herrscher. Wege und Schicksale Kaiser Franz Joseph I. zwischen Thronbesteigung und Berliner Kongreß. Graz u. a. 1952

Corti, E./Sokol, H.: Kaiser Franz Joseph. 3. Aufl. Graz u. a. 1960

D'Albon, E.: Unsere Kaiserin. Wien 1890

Duff, D.: Eugénie und Napoleon III. Biographie. 1. Aufl. Düsseldorf-Köln 1979
Enepekides P. K.: Elisabeth und die Griechen. Der Kaiserin Vorliebe für das zeitgenössische Griechenland und seine Volkssprache,in: Elisabeth von Österreich. Einsamkeit, Macht und Freiheit, Wien 1987, S. 58–73
Elisabeth von Österreich: Einsamkeit, Macht und Freiheit (99. Sonderausstellung des Historischen Museums der Stadt Wien). Wien 1987
Falke, J. v.(Hg.): Das Rumänische Königsschloß Pelesch. Wien 1893
Falkenau, D.: Auf Sisis Spuren in Madeira. Wien 1996
Feuerstein-Praßer, K.: Die deutschen Kaiserinnen (1871–1918). Regensburg 1997
Fischer, L. und Brix, E. (Hg.): Die Frauen der Wiener Moderne. Wien-München 1997
Flesch-Brunningen, H. (Hg.): Die letzten Habsburger in Augenzeugenberichten. München 1982
Fleury, C., Graf: Memoiren der Kaiserin Eugénie. 2 Bde. Leipzig 1921
Friedjung, H.: Österreich von 1848 bis 1860. Bd. 1, 2. Aufl., Stuttgart- Berlin 1908, Bd. 2, 3. Aufl., Stuttgart-Berlin 1912
Friedjung, H.: Der Ausgleich mit den Ungarn. 1877
Gathmann, P.: Elisabeth. Bild und Sein. In: Elisabeth von Österreich. Einsamkeit, Macht und Freiheit. Wien 1987. S. 13–23
Glatz, F./Melville, R. (Hg.): Gesellschaft, Politik und Verwaltung in der Habsburgermonarchie 1830–1918. Stuttgart 1987
Gonda, I./Niederhauser, E.: Die Habsburger. Ein europäisches Phänomen. Budapest 1978
Grubitzsch, H./Cyrus, H./Haarbusch, E.: Grenzgängerinnern. Revolutionäre Frauen im 18. und 19. Jahrhundert. Weibliche Wirklichkeit und männliche Phantasien. Düsseldorf 1985
Hacker, R.: Ludwig II. in Augenzeugenberichten. Düsseldorf 1966
Haider, B.: Die Protokolle des Verfassungsausschusses des Reichsrates vom Jahre 1867. (Österreichische Geschichtsquellen Bd. 88). Wien 1997
Hamann, B.: Elisabeth, Kaiserin wider Willen. 7. Aufl., München 1995
Hamann, B.: Kronprinz Rudolf. Der Weg nach Mayerling. München 1979
Hamann, B. (Hg.): Kronprinz Rudolf. Majestät, ich warne Sie ... Geheime und private Schriften. Wien-München 1979
Hamann, B.: Die Habsburger. Ein biographisches Lexikon. Wien 1988
Hamann, B.: Der Wiener Hof und die Hofgesellschaft in der zweiten Hälfte des 19. Jahrhunderts. In: Hof und Hofgesellschaft in den deutschen Staaten im 19. und beginnenden 20. Jahrhundert. (Büdinger Forschungen zur Sozialgeschichte 1985 und 1986). Hrsg. von Möckl, Karl. Boppard am Rhein 1990. S. 61–78
Hamann, B. (Hg.): Kaiserin Elisabeth. Das poetische Tagebuch. Wien 1984
Hamann, B.: Die Familie Habsburg unter Kaiser Franz Joseph. In: Das Zeitalter Kaiser Franz Josephs. Von der Revolution bis zur Gründerzeit. 1848–1880. Wien 1984. S. 23–42
Hamman, B./Hassmann E.: Elisabeth. Stationen ihres Lebens. Wien-München 1998
Hanak, P.: Ungarn in der Doppelmonarchie. Probleme der bürgerlichen Umgestaltung eines Vielvölkerstaates. München 1984
Hanak, P.: Das Zeitalter des Neoabsolutismus (1849–1867). In: Die Geschichte Ungarns. Budapest 1971. S. 337–375

Hantsch, H.: Die Geschichte Österreichs von 1648 bis 1918. 2 Bde. 3. Aufl., Graz u. a. 1962
Hantsch, H. (Hg.): Gestalter der Geschicke Österreichs (Studien der Wiener Katholischen Akademie). 2. Bde. Innsbruck u. a. 1962
Haslip, J.: Elisabeth von Österreich. London 1964
Herre, F.: Kaiser Franz Joseph von Österreich. Sein Leben-seine Zeit. Köln 1978
Heyden-Rynsch, V., von der (Hg.): Elisabeth von Österreich. Tagebuchblätter von Constantin Christomanos. München 1983
Hof- und Staats-Handbuch des Kaiserthumes Österreich für das Jahr 1857. Wien 1857
Holzschuh, R.(Hg.): Die letzte Griechin, Aschaffenburg 1996
Katona, T.: Elisabeth, Königin von Ungarn. In: Elisabeth. Königin von Ungarn. Wien u. a. 1991. S. 14–19
Kiss, M. T. (Hg): Kedves Idám, Ersébet királyné, Ferenc Jósef, Andrássy Gyula és Schratt Katalin levelei Ferenczy idához. (Die Briefe von Königin Elisabeth, Franz Joseph, Gyula Andrássy und Katherine Schratt an Ida von Ferenczy). Budapest 1992 (mit ausführlichem deutschen Auszug)
Körner, H.-M.: Maximilian. Herzog in Bayern. In: NDB 16 (1990). S. 495f.
Körner, H.-M./Körner, I. (Hg): Leopold Prinz von Bayern 1846–1930. Aus den Lebenserinnerungen. Regensburg 1983
Krenig, E.G.: Bad Kissingen. Bilder aus seiner Geschichte (Mainfränkische Hefte 41), Würzburg 1964
Langes G.: Burggrafenamt und Meran. 4. Aufl. Bozen 1978
Larisch-Wallersee, M.: Meine Vergangenheit. Wahrheit über Kaiser Franz Joseph/Schratt. Kaiserin Elisabeth/Andrássy. Kronprinz Rudolf/Vetschera. Berlin 1913
Larisch-Wallersee, M.: Königin Elisabeth und Ich. Leipzig 1935
Maier, M.: Achilleion (Große Baudenkmäler 179), München 1963
Mailáth, J.: Neuere Geschichte der Magyaren. Von Maria Theresia bis zum Ende der Revolution. Bd. 2: Die Revolution 1848 und 1849. Regensburg 1853
Mayer, H.F/Winkler D.: Mit Bahn und Schiff auf den Spuren der Habsburger. Wien 1995
Möckl, K. (Hg.): Hof und Hofgesellschaft in den deutschen Staaten im 19. und beginnenden 20. Jahrhundert (Büdinger Forschungen zur Sozialgeschichte 1985 und 1986). Boppard am Rhein 1990
Möckl, K.: Die Prinzregentenzeit. Gesellschaft und Politk während der Ära des Prinzregenten Luitpold in Bayern. München-Wien 1972
Morton, F.: Die Rothschilds. Ein Porträt der Dynastie. Biographie. München 1992
Müller, P.: Die Reisen der Kaiserin. In: Elisabeth von Österreich. Einsamkeit, Macht und Freiheit. (99. Sonderausstellung des Historischen Museums der Stadt Wien). Wien 1987. S. 50–58
Nostitz-Rieneck, G. (Hg.): Briefe Kaiser Franz Josephs an Kaiserin Elisabeth. 2. Bde. Wien-München 1966
Die österreichisch-ungarische Monarchie in Wort und Bild, 24 Bde., Wien 1886–1902
Österreichisches Biographisches Lexikon 1815–1850: 9 Bde., Graz-Köln. 1957–1988
Owen, M.: The Martyrdom of an Empress. London 1899

Praschl-Bichler, G./Cachée, J.: „... von dem müden Haupte nehm' die Krone ich herab." Kaiserin Elisabeth privat. 3. Aufl., Wien u. a. 1996
Praschl-Bichler, G.: Die Habsburger in Bad Ischl, Graz-Stuttgart 1996
Rall, H. und M.: Die Wittelsbacher in Lebensbildern. Graz-Regensburg 1986
Redlich, J.: Kaiser Franz Joseph von Österreich. Eine Biographie. Berlin 1929
Reifenscheid, R.: Die Habsburger. Von Rudolf I. bis Karl. I. Graz u. a. 1994
Salis-Soglio, D., Freiherr von: Mein Leben. Bd. 1. Stuttgart 1908
Schad, M.: Die bayerischen Königinnen. 3. Aufl., Regensburg 1995
Schad, M.: Kaiserin Elisabeth und ihre Töchter. München 1997
Schmolle, L.: Elisabeth, Kaiserin von Österreich und Königin von Ungarn. Ein Lebensbild. Wien 1904
Schnürer, F. (Hg.): Briefe Kaiser Franz Josephs I. an seine Mutter 1838–1872. München 1930
Schreiber, G.: Habsburger auf Reisen. Wien 1994
Sexau, R.: Fürst und Arzt. Dr. med. Herzog Carl Theodor in Bayern. Graz u. a. 1963
Sigmund, A. M.: Das Haus Habsburg – Habsburgs Häuser. Wohnen und Leben einer Dynastie. Wien 1995
Sokop, B.: Jene Gräfin Larisch ... Marie Louise Gräfin Larisch-Wallersee. Vertraute der Kaiserin – Verfemte nach Mayerling, 3. Aufl., Wien u. a. 1992
Somogyi, Eva: Ungarn in der Habsburgermonarchie. In: Das Zeitalter Franz Josephs. Von der Revolution zur Gründerzeit 1848–1880. Wien 1984. S. 269–276
Stadtmüller, G.: Geschichte der Habsburgischen Macht. Stuttgart 1966
Sterzinger, I./Sterzinger, R.: Auf den Spuren von Kaiserin Elisabeth. Nürnberg 1996
Stephan, M.: Von der Fischerinsel zum königlichen Refugium, in: Bewahren und Erforschen (Festschrift Hojer), München 1996, S. 269–288
Sztáray, I., Gräfin: Aus den letzten Lebensjahren der Kaiserin Elisabeth. Wien 1909
Tolnay, M.: Ida von Ferenczy. In: Elisabeth. Königin von Ungarn. Hrsg. vom Museum Österreichische Kultur. Wien u. a. 1991. S. 37–43
Tschudi, C.: Elisabeth Kaiserin von Österreich und Königin von Ungarn. Leipzig o. J.
Uhlirz, M.: Handbuch der Geschichte Österreichs und seiner Nachbarländer Böhmen und Ungarn. Begonnen von Karl Uhlirz. Bd. 2. 2. Teil 1848–1914. Graz u. a. 1941
Vallotton, H.: Elisabeth die tragische Kaiserin. München 1947
Vehse, E.: Geschichte des österreichischen Hofs und Adels und der österreichischen Diplomatie. Hamburg 1853
Viribus Unitis. Das Buch vom Kaiser. Wien 1898
Vogel, J.: Elisabeth von Österreich. Momente aus dem Leben einer Kunstfigur. Wien 1992
Walter, F.: Die Entwicklung der Verfassung Österreichs. Graz-Wien 1963. S. 68–85
Walther, S.: Katalogteil. In: Elisabeth von Österreich. Wien 1987. S. 120–347
Wandruszka, A.: Das Haus Habsburg. Die Geschichte einer europäischen Dynastie. 6. Aufl., Wien u. a. 1987
Wandruska, A./Urbanitsch, P. (Hg.): Die Habsburger Monarchie 1848–1918. Bd. 6: Die Habsburgermonarchie im System der internationalen Beziehungen. 2. Teilband. Wien 1993

Warsberg, A. v.: Odysseeische Landschaften, Wien 1878
Weingartner J./Hörmann-Weingartner M.: Die Burgen Tirols, 3. Aufl., München 1981
Weiss, S.: Die Österreicherin. Die Rolle der Frau in 1000 Jahren Geschichte. Graz u. a. 1996
Weissensteiner, F.: Reformer, Republikaner und Rebellen. Das andere Haus Habsburg-Lothringen. München-Wien 1995
Weissensteiner, F. (Hg.): Lieber Rudolf. Briefe von Kaiser Franz Joseph und Elisabeth an ihren Sohn. Wien 1991
Welcome, J.: Die Kaiserin hinter der Meute. Elisabeth von Österreich und Bay Middleton. Wien 1975
Werner, K. F.: Hof, Kultur und Politik im 19. Jahrhundert (Akten des 18. Deutsch-französischen Historikerkollogiums Darmstadt 27.–30. September 1982). Bonn 1985
Witzleben, H./Vignau. I., von: Die Herzöge in Bayern. München 1976
Ziegler, P.: Die ruhelose Kaiserin. Elisabeth von Österreich auf Reisen. St. Michael 1981
Zöllner, E.: Geschichte Österreichs. Von den Anfängen bis zur Gegenwart. 5. Aufl., München 1974

Anmerkungen

Monarchisches Reisen, S. 13–24

1 Ziegler, P.: Die ruhelose Kaiserin. S. 169
2 ebd. S. 201 f.
3 BayHStA Gesandtschaft Wein 1421

Der Mensch erkennt sich im Handeln, S. 25–45

1 Hamann, B. (Hg.): Poetisches Tagebuch. (Ischl, Juni 1887). S. 214 ff.
2 Elisabeth 1888. Zitiert: nach Corti, E.: S. 400 f.
3 Hamann, B. (Hg.): Poetisches Tagebuch. S. 76
4 ebd. S. 367 ff. (21. Juni 1888)
5 Ziegler, P.: Die ruhelose Kaiserin. S. 180
6 ebd. S. 182 f.
7 Holzschuh, Die letzte Griechin. S. 86 ff.
8 Ziegler, P.: Die ruhelose Kaiserin. S. 109
9 Hamann, B. (Hg.): Poetisches Tagebuch. (Amsterdam, Februar 1885). S. 43
10 Hamann, B.: Kaiserin wider Willen, S. 496
11 Zitiert nach: Ziegler, P.: Die ruhelose Kaiserin. S. 214
12 ebd. S. 110
13 ebd. S. 110
14 ebd. S. 110
15 Holzschuh, Die letzte Griechin. S. 92 ff.
16 Elisabeth v. Österreich. Einsamkeit, Macht und Freiheit, S. 295
17 Ziegler, P.: Die ruhelose Kaiserin. S. 225 f.
18 Holzschuh, Die letzte Griechin. S. 7
19 ebd. S. 90 ff.
20 Hamann (Hg.): Das Poetische Tagebuch. S. 322
21 Festetics Tagebuch. (23. Februar 1872)

22 Zitiert nach: Ziegler, P.: Die ruhelose Kaiserin. S. 12
23 BayHStA Gesandtschaft Wien 1421
24 Holzschuh, Die letzte Griechin. S. 87
25 Enepekides, Elisabeth und die Griechen. S. 60 ff.
26 Zitiert nach: Ziegler, P.: Die ruhelose Kaiserin. S. 194
27 ebd. S. 277 f.

Deutschland, S. 48–95

1 Vgl. Corti, E.: Elisabeth. S. 174 f.
2 ebd. S. 182 (26. Juli 1869)
3 ebd. S. 205
4 Sterzinger: Auf den Spuren von Kaiserin Elisabeth. S. 53
5 Hamann (Hg): Das Poetische Tagebuch. S. 46
6 Hamann: Elisabeth. S. 421
7 Hamann, B. (Hg.): Poetisches Tagebuch. (Bayern, 13.Juni 1886). S. 108 f.
8 Ziegler, P.: Die ruhelose Kaiserin. S. 17
9 ebd. S. 19
10 Corti, E.: Elisabeth. S. 109f.
11 Intelligenzblatt Kissingen. Nr. 48. (17. Juni 1863)
12 Corti, E.: Elisabeth. S. 119
13 Corti, E.: Elisabeth. S. 113, 123; ders.: Ludwig I. S. 542.
14 Original in Ungarisch; Ausstellungskatalog: Elisabeth. Königin von Ungarn, S. 45
15 Ziegler, P.: Die ruhelose Kaiserin. S. 251 f.
16 ebd. S. 252 f.
17 Nostitz-Rieneck. Bd. II. (Ofen, 23 Mai 1897). S. 263 f.
18 ebd. (Ofen, 27. Mai 1897). S. 265 f.
19 Zitiert nach: Ziegler, P.: Die ruhelose Kaiserin. S. 254 f.
20 ebd. S. 255
21 ebd. S. 281 f.
22 ebd. S. 267
23 ebd. S. 267 f.
24 ebd. S. 270 f.
25 ebd. S. 271
26 ebd. S. 272 f.
27 ebd. S. 275
28 ebd. S. 276 f.
29 ebd. S. 289
30 ebd.
31 Nostitz-Rieneck. Bd. II. (2. Juli 1897). S. 284
32 Corti, E., Elisabeth, S. 388 f.
33 ebd. S. 387.
34 Hamann, B. (Hg.): Poetisches Tagebuch. (Kreuth, August 1887). S. 247
35 ebd. (Kreuth, August 1887). S. 251 ff.
36 ebd. (Sommer 1888). S. 345
37 Biehn, Herzogenberg, Vornehme Welt reist ins Bad. S. 99 f.
38 Sterzinger. S. 312
39 Hamann, B. (Hg.): Poetisches Tagebuch. (Heidelberg, April 1885), S. 54 f.

Österreich, S. 96–144

1 Die österreichisch-ungarische Monarchie in Wort und Bild, Oberösterreich und Salzburg. Wien 1888, S. 42
2 Hamann, B. (Hg.): Poetisches Tagebuch. (Ischl, Sommer 1885). S. 71

3 Schnürer (Hrsg.): Briefe Kaiser Franz Josephs I. an seine Mutter 1838–1872. S. 345 f.
4 Hamann, B. (Hg.): Poetisches Tagebuch. (Ischl, Sommer 1885). S. 74
5 ebd. (Ischl, 29. August 1887). S. 279
6 Die österreichisch-ungarische Monarchie, Oberösterreich und Salzburg. Wien 1888, S. 50
7 Hamann, B. (Hg.): Poetisches Tagebuch. (Ischl, 14. August 1888). S. 364 ff.
8 ebd. (Ischl, Sommer 1886). S. 130 f.
9 ebd. (Ischl, Sommer 1886). S. 129
10 ebd. (Ischl, August 1887). S. 264 f.
11 ebd. (Ischl, 28. August 1887). S. 277 ff.
12 Vgl. dazu Elisabeths Gedicht „Der längste Tag. Vom Offensee Zitiert nach Elmgrub". In: Hamann, B. (Hg.): Poetisches Tagebuch. (Ischl, August 1888). S. 367 ff.
13 Corti, E.: Elisabeth. S. 447.
14 Hamann, B. (Hg.): Poetisches Tagebuch. (Ischl, Sommer 1886). S. 126 f.
15 ebd. (Ischl, Sommer 1885). S. 62 f.
16 GHA NL Prinz Georg Akten, Nr. 3
17 Sterzinger, Auf den Spuren Elisabeths, S. 92
18 Hamann, B. (Hg.): Poetisches Tagebuch. (Ischl, 1. Oktober 1886). S. 134 f.
19 Corti, E.: Elisabeth. S. 107
20 Haiko, P., Hermesvilla in Lainz – kaiserliche Jagdvilla – kein Heim und kein privates Refugium für Elisabeth. In: Hamann/Hassmann, Stationen. S. 92–97
21 Corti, E., Elisabeth. S. 362
22 wie Anm. 20. S. 97.
23 Hamann, B. (Hg.): Poetisches Tagebuch. (Sommer 1888). S. 347
24 ebd. (Sommer 1888). S. 346
25 Ziegler, P.: Die ruhelose Kaiserin. S. 183
26 Corti, E.: Elisabeth. S. 354
27 Hamann, B. (Hg.): Poetisches Tagebuch. S. 72
28 Tagebucheintragung vom 2. Juli 1886
29 Hamann, B. (Hg.): Poetisches Tagebuch. S. 110
30 Hamann/Hassmann, Stationen, S. 128 f.
31 Hamann, B. (Hg.): Poetisches Tagebuch. (Ischl, Sommer 1888). S. 355 ff.
32 Sterzinger. S. 357
33 Corti, E.: Elisabeth. S. 199
34 Ziegler, P.: Die ruhelose Kaiserin. S. 171
35 ebd. S. 259

Ungarn, S. 145–172

1 Körner (Hrsg.): Leopold. S. 113 ff.
2 Eintragung vom 12. Oktober 1900, GHA NL Prinz Georg, Akten Nr. 3
3 Corti, E.: Elisabeth. S. 131
4 Vgl. ebd. S. 138
5 ebd. (20. Juli 1866). S.143 f.
6 Ziegler, P.: Die ruhelose Kaiserin. S. 243
7 ebd. S. 244 f.
8 ebd. S. 245 f.
9 Elisabeth von Österreich. Einsamkeit, Macht und Freiheit. S. 12
10 Vgl. Corti, E.: Elisabeth. S. 149
11 GHA NL Prinz Leopold. Akten Nr. 4. (Eintrag vom 14. Oktober 1900)
12 Zitiert nach: Corti, E.. Elisabeth. S. 149 f.
13 ebd. S. 171
14 Vgl. hierzu ebd. S. 176 ff.

15 Zitiert nach Corti, E.: Elisabeth. (2. November 1868). S. 177
16 ebd. (15? Januar 1869). S. 179
17 Vgl. dazu ebd. S. 206
18 Hamann, B. (Hg.): Poetisches Tagebuch. (Gödöllö, November 1885). S. 102 ff.
19 ebd. (Gödöllö, November 1886). S. 138
20 Die österreichisch-ungarische Monarchie in Wort und Bild, Ungarn, 3. Bd., Wien 1893, S. 518
21 Die österreichisch-ungarische Monarchie, Ungarn, Bd. 6, Wien 1902. S. 596
22 ebd. S. 596 f.
23 Ziegler, P.: Die ruhelose Kaiserin. S. 133
24 Hamann, B. (Hg.): Poetisches Tagebuch. (Mehadia, April 1887). S. 174 f.
25 ebd. (Mehadia, April 1887). S. 178 f.
26 Biographisches findet sich in dem Werk: Mein Penatenwinkel, 1908 sowie: Briefe einer einsamen Königin, 1916; vgl. auch: W. Deetgen (Hg.) Aus Briefen Carmen Sylvas, 1920; E. Wolbe, Carmen Sylva, 1933; Elisabeth Heimpel, Carmen Sylva, in: NDB 3 (1957)
27 Ziegler, P.: Die ruhelose Kaiserin. S. 133 f
28 Hamann, B. (Hg.): Poetisches Tagebuch. (Mehadia, 22. April 1887). S. 189
29 Ziegler, P.: Die ruhelose Kaiserin. S. 134
30 Hamann, B. (Hrsg.): Poetisches Tagebuch. (Schloß Pelesch, Mai 1887). S. 196 ff.

Italien, S. 176–192

1 Corti, E., Elisabeth, S. 68
2 ebd. S. 11 ff.
3 Ziegler, P.: Die ruhelose Kaiserin. S. 47
4 Hamann, B. (Hg.): Poetisches Tagebuch. (Miramare, November 1885). S. 101
5 ebd. (Februar 1886). S. 106
6 ebd. (Adria, 18. Oktober 1887). S. 319
7 ebd. S. 332

Frankreich, S. 196–212

1 Ziegler, P.: Die ruhelose Kaiserin. S. 230
2 ebd. S. 242
3 ebd. S. 227 f.
4 ebd. S. 230
5 ebd. S. 247 f.
6 ebd. S. 249
7 ebd. S. 236
8 ebd. S. 236
9 Corti, E.: Elisabeth. S. 246
10 Ziegler, P.: Die ruhelose Kaiserin. S. 112
11 Haslip, S. 302
12 Corti, E.: Elisabeth. S. 247
13 ebd. S. 251
14 Ziegler, P.: Die ruhelose Kaiserin. S. 114

Schweiz, S. 213–234

1 ebd. S. 267
2 Später wurde das hoch über dem Genfer See gelegene Grand Hotel Caux umgebaut, heute befindet sich das Zentrum „Lectorium Rosicrucianum" darin.
3 Sterzinger. S. 403

4 ebd. S. 406
5 ebd. S. 370
6 ebd. S. 407
7 Corti, E.: Elisabeth, S. 508 f.

England und Irland, S. 235–248

1 Ziegler, P.: Die ruhelose Kaiserin. S. 107
2 ebd.
3 ebd.
4 ebd.
5 Corti, E.: Elisabeth. S. 254
6 ebd.
7 Zitiert nach ebd. S. 255
8 Ziegler, P.: Die ruhelose Kaiserin. S. 117
9 Schulthess, H.: Europäischer Geschichtskalender, 21. Jahrgang 1880, Nördlingen 1881, S. 343
10 Ziegler, P.: Die ruhelose Kaiserin. S. 119
11 Schulthess, H.: Europäischer Geschichtskalender, 21. Jahrgang 1880, Nördlingen 1881, S. 363
12 Hamann, B. (Hg.): Poetisches Tagebuch. (Cromer, Juli 1887). S. 216 ff.
13 ebd. S. 239
14 Zitiert nach ebd. (London, April 1888). S. 338

Spanien und Portugal, S. 249–261

1 Schmidt-Weißenfels: Das Volk der Armen in Spanien. Soziale Skizze, in: Das Buch für Alle 1886, S. 380 ff.
2 Ziegler, P.: Die ruhelose Kaiserin. S. 47
3 Corti, E.: S. 95
4 Ziegler, P.: Die ruhelose Kaiserin. S. 179

Griechenland, S. 262–278

1 Elisabeth 1861 an Erzherzog Ludwig Viktor. Zitiert nach Ziegler, P.: Die ruhelose Kaiserin. S. 48
2 Holzschuh, Die letzte Griechin. S. 125
3 Hamann, B. (Hg.): Poetisches Tagebuch. (Griechenland, Oktober 1885). S. 84 ff.
4 ebd. (Ischl, Oktober 1887). S. 308 f.
5 ebd. (Korfu, Oktober 1887). S. 321 ff.
6 Hamann, B. (Hg.): Poetisches Tagebuch. (Ithaka, 26./27. November 1887). S. 323 ff.
7 Ziegler, P.: Die ruhelose Kaiserin. S. 135
8 Hamann, B. (Hg.): Poetisches Tagebuch. (Korfu, 25. Oktober 1888). S. 373
9 ebd. (Korfu, 30. Oktober 1888). S. 375
10 ebd. (Korfu, Oktober 1888). S. 373 ff.
11 Ziegler, P.: Die ruhelose Kaiserin. S. 168 f.
12 ebd. S. 190/233
13 Hamann/Hassmann, Stationen, S. 114
14 Holzschuh, Die letzte Griechin, S. 7
15 Ziegler, P.: Die ruhelose Kaiserin. S. 193
16 ebd. S. 13
17 ebd. S. 213
18 ebd. S. 242
19 ebd. S. 242 f.

Register

Orte

Personen

Bildnachweis

Aus: Alte und neue Welt, 1896, 1. Heft: S. 211
Aus: Bayerland, 4. Jg., 1893: S. 79; 11. Jg. 1900: S. 89
Aus: Heiz Biehn, Residenzen der Romantik, München 1970: S. 169
Aus: Deutscher Hausschatz, Regensburg 1874 ff.: S. 219, 252, 255
Aus: Die österreichisch-ungarische Monarchie in Wort und Bild, 24 Bde., Wien 1886–1902: S. 101, 105, 115, 127, 131, 137, 141, 143, 147, 151, 155, 157, 163, 174, 185, 195
Aus: Theodor Gsell Fels, Bad Kissingen und seine Umgebung, Linz a. d. Donau 1889: S. 62, 71
Nach: E. Hassmann/B. Hamann, Elisabeth. Stationen ihres Lebens, Wien–München 1998: S. 239, 259
Aus: Illustrierte Zeitung, 23. Sept. 1871: S. 87; 26. April 1890: S. 76
Aus: Italien. Eine Wanderung von den Alpen bis zum Aetna, Stuttgart 1876: S. 181, 189, 203, 205
Aus: Stammbuch von Possenhofen, der Insel Wörth und Garatshausen am Würmsee, München 1854: S. 51, 55
Aus: Vom Fels zum Meer, 1893, Bd. 1: S. 241, 268, 273, 275
Privatbesitz: S. 83, 123, 199
Stadtarchiv, München: S. 26, 98, 110, 223, 227
Manfred Steiner, Sulzemoos: S. 166